Auslese

Auslese

Garland C. Richmond
Assistant Professor of German
Emory University

George H. Kirby

McGraw-Hill Book Company
New York, St. Louis, San Francisco, Toronto, London, Sydney

Auslese

Library of Congress Catalog Card Number: 68-11613

ISBN 07-052627-3

90 HDBP 754

❞ Since change is an essential element in diversion of all kinds, it is naturally more restful and refreshing to read in a different language from that in which one's ordinary daily work is done. To have a second language at your disposal, even if you only know it enough to read it with pleasure, is a sensible advantage. Our educationists are too often anxious to teach children so many different languages that they never get far enough in any one to derive any use or enjoyment from their study. The boy learns enough Latin to detest it; enough Greek to pass an examination; enough French to get from Calais to Paris; enough German to exhibit a diploma; enough Spanish or Italian to tell which is which; but not enough of any to secure the enormous boon of access to a second literature. Choose well, choose wisely, and choose one. Concentrate upon that one. Do not be content until you find yourself reading in it with real enjoyment. The process of reading for pleasure in another language rests the mental muscles; it enlivens the mind by a different sequence and emphasis of ideas. The mere form of speech excites the activity of separate brain-cells, relieving in the most effective manner the fatigue of those in hackneyed use. One may imagine that a man who blew the trumpet for his living would be glad to play the violin for his amusement. So it is with reading in another language than your own."

Winston S. Churchill, *Painting as a Pastime.*
(*Courtesy McGraw-Hill Book Company, New York, 1950.*)

PREFACE

Modern courses in German now place increasing emphasis on the attainment of reading skills, as opposed to the previous emphasis on word-by-word translation which forfeited an idiomatic comprehension of the text in either English or German. The new understanding of what reading is, or ought to be, is the natural consequence of the organic, linguistically oriented approach to the learning process.

Just as the modern language course seeks to provide students with the system of actual oral patterns of which a language consists, reading texts have increasingly attempted to supply reading matter simple enough that the urge to translate might be resisted and, at the same time, of sufficient interest and artistic merit to reward the extended effort required of the student.

In *Auslese* we have tried to assemble some of the best and most representative modern prose and poetry, the works of Germany's most distinguished writers of the present century. The selections are arranged so as to afford maximum variety within the broader principle of progression in difficulty. This arrangement, supplemented by extensive reading aids (see pp. xiii), allows for use of the text by either elementary or intermediate students of German. The Basic Word Lists preceding each unit in Parts 1 and 2, plus the glosses on the page facing the text, allow the beginner to read the selections without having constant recourse to the end vocabulary, thus encouraging "true" reading while systematically building his passive vocabulary. The study questions, following the reading selections, allow him to check his understanding of what he has read and afford a basis for formulating discussion of the material. For the more advanced student, these aids may be used to check and reenforce previously learned material and to pave the way for smoother, more rapid, and more independent reading. Recurring words are dropped from the glosses and from the Basic Word Lists after they have appeared twice, thus allowing for random selection by the teacher and systematic vocabulary building for the student within the given divisions of the text. The student may resolve questions concerning such basic grammatical forms as verb conjugations, noun and adjective declension, and the like by referring to the Grammatical Appendix (pp. 321). Finally, and perhaps most significantly, the section on Reading German encourages the student, at whatever level, to form the reading habits so essential to his progress and his enjoyment.

It is a pleasure to acknowledge with gratitude the assistance of a number of people who did so much to make this text possible: Mrs. Therese Oppenheimer, who was helpful in too many ways to mention; Elaine Preis, Ann Sessoms, Roberta Chapman, Laura Boddiford and Jean Storck, who cheerfully and patiently aided in the carding and sorting of so many glossary items; Professor Eleanor King, for her intelligent and thoughtful

reading of the manuscript; Frances Decker, especially for her help with the end vocabulary; Professor James V. McMahon, for sharing with us his experiences in teaching the earliest version of the text; and
Mr. George von Ihering, for his valuable counsel and for permission to include the hitherto unpublished story "Trimbo."

Garland C. Richmond
George H. Kirby

READING GERMAN

There are probably as many different methods of reading a foreign language as there are individual readers. Essentially, however, all of these various approaches can be reduced to two basic types, which we might call *translation* on the one hand and *reading* on the other. By the first method, the student of a foreign language is chiefly concerned with "looking up" each word he is not absolutely sure of, often writing down an arbitrary English equivalent, and then scanning along to the next unfamiliar word, which he proceeds in turn to look up and translate. More often than not, when he comes to the end of a sentence, he does not bother to look over the resulting string of translated words, which is perhaps just as well. For even if he does, he would probably find that it somehow falls just short of making any sense at all. For example, the opening sentence of Ludwig Thoma's *Besserung* (p. 99), thus "rendered" by the translation method, might yield: "How I in the Easter vacation driven am, has the aunt Fanny to me said. . . ." Surely we have missed something along the way!

Obviously, such a method will never allow us to discover the pleasures of reading a second language. The translator will probably never reach the point of reading German with real enjoyment, which is, after all, the only reading goal that makes any sense at all: the ability to pick up a book in another language and tell what it is all about, in general and, ultimately, in detail. How can such a skill best be acquired? Following a few simple rules of procedure will help you at least to avoid the singularly unrewarding, but admittedly tempting, process of meaningless translation; and ideally you will soon begin to experience the pleasure to be derived from reading the same material that a contemporary German might read, and in much the same way.

First, carefully go through the Basic Word List preceding the assigned unit. Skip over the words you feel sure of. When you come to a word you know you have read before but still are somewhat unsure of, pause to repeat it aloud several times while looking at its English equivalent; then underline the word for quick review later. A completely unfamiliar word should be similarly repeated, underlined, and also marked with a check in the margin. When you have gone through the entire list once, repeat the process, noting and repeating only the underlined words. Now go through the list a third time, ignoring all except the checked words. Repeat this last review if necessary.

Second, when you begin to read the assignment, read *at least* an entire sentence before looking up a single word. Try to grasp enough of the context to help you guess at unfamiliar words. If the sentence contains too many unfamiliar items for which not enough context is supplied for intelligent guessing, then go on to the next sentence; the necessary context in this case might be two or three sentences, or even an entire paragraph. If you then understand enough to continue profitably, go on until you get lost. But if, after reading on for a few sentences, you seem to be getting nowhere, go back and reread the first sentence, glancing over to the left-hand page to find the English equivalents for the unfamiliar words or phrases. *Do not write these English equivalents over the German word.* (If you do, you will almost certainly ignore the German words when you reread the assignment: after all, why read the German next time, when a good English translation seems to be what you are after?) Remember, it is not the unfamiliar German word that you are trying to understand but rather the phrase in which it occurs, the sentence, the paragraph, the entire assignment. So after checking the new word in the glosses, go right back to the sentence, read the phrase in which the word occurs, then the entire sentence around it. See if this added insight helps you to make more intelligent guesses about the other troublesome words in the sentence. If not, glance at the gloss for the next word you do not understand. Whenever you have to refer to the glosses, remember to put the new-found information into its proper context by reading the entire sentence in which it occurs. Each time you do this you are helping to break the translation habit.

Keep up this process until you have read for about half an hour (in addition to the time spent on the Basic Word List). Find a convenient stopping place, go back and reread what you have just read, and then take a break. Reviewing the material now, while it is fresh in your mind, is perhaps the most important single step in the process. It is at this point that many phrases and expressions will take on greater meaning as a result of being experienced in their proper context. Waiting until later to review the section of your assignment just completed will simply give all the material time to get cold and, therefore, less accessible. Each time you return to your reading assignment, "warm up" by repeating each of the underlined words in the Basic Word List several times, then perhaps only the checked words, before tackling another section of the text. You should be able to complete most assignments in three or four such sessions, without devoting any more time to German than you would with a much less rewarding method. If you should have any extra time for German study left over after you complete the assignment, then read it again from start to finish. (At this point the term *reading* should not be inappropriate.) Do *not* spend any time on such extra projects as writing out a complete English translation or making lists of all the new words in the assignment. The former is not only utterly useless (unless you hope to sell it to a publisher or another student) but downright detrimental to your progress in learning to read. And list makers are deceiving themselves in the same way as those students who underline passage after passage of an English or history text: underlining and making lists is by no means the same as understanding or learning the material at hand.

One last word. Suppose you look for a word in the glosses and find that it is not there. You may, of course, simply look it up in the end vocabulary. But you will be cheating yourself if you do not learn the word immediately, since it is missing from the glosses precisely *because* you should know it already. There are several possible reasons why a word might not be found in the glosses. Perhaps it appeared in the Basic Word List attached to the unit you are reading, in which case you should have learned it before beginning to read. Or it might have occurred in two previous Basic Word Lists, after which it would be dropped. Or perhaps it has already been glossed twice, and therefore was deleted from subsequent glosses. A further reason for not glossing a word is that it belongs to one of the "finite groups" (see pp. 321), which you are encouraged to learn *as a group*. Or, finally, the word may be a cognate, either quite obvious (**die Hand** hand), or not so obvious (**das Feld** field). In either case, intelligent guessing is encouraged. From these remarks the importance of learning all material thoroughly as you go along will be clear. It will not only help you to avoid needless repetition of the same tasks but contribute as well to your step-by-step progress toward profitable and pleasurable reading in German.

READING AIDS

A clear understanding of the apparatus provided in *Auslese* will make your reading easier and more profitable from the start.

I. The first unit by a given author is preceded by a biographical sketch, as an introduction to both the author and his works.

II. In the Basic Word List, which follows the biographical sketch, you will find all the words in this unit that are among the most frequent 500 German words* (for Part 1) or the second 500* most frequent (for Part 2). Words which are often used quite idiomatically (e.g., **aber, denn, doch**), and thus frequently have no exact English equivalent, are marked with a dagger (†). After a basic word has been listed twice, it is dropped from subsequent lists. Basic Word Lists are not provided in Part 3.

III. All words in the text, other than basic words, cognates, and "finite group" words, are glossed on the page facing the text. We should here note a number of consistent practices in these glosses. Glossed words in Part 1 which are among the *second* 500 most frequent German words (and thus would not be glossed in Part 2) are marked with an asterisk (*). We have normally listed the glosses under basic forms (infinitives of verbs, nominative singular of nouns, etc.). The necessity of understanding the particular form of the word employed in the text, in addition to the simple lexical meaning of the word, will keep you constantly aware of such basic and vitally important processes as declension and conjugation. Whenever a problem arises in this connection, a brief review of the appropriate section in the Grammatical Appendix (pp. 321) should be helpful. Finally, words are dropped after appearing twice in the glosses.

IV. Each prose selection in Parts 1 and 2 is followed by a group of questions (**Fragen**) designed to help you check your understanding of the assigned reading and to serve as a basis for discussion in German.

V. Before proceeding to the first reading assignment, you are urged to review the following "finite groups" of vocabulary items:

   1. Articles and possessive adjectives (p. 321).
   2. Separable prefixes (p. 322).
   3. The most frequently used prepositions (p. 323).
   4. Coordinating and subordinating conjunctions (p. 324).

Most of the items listed above are not glossed, even if they do not appear in the Basic Word Lists, because it is felt that they are best learned as related members of groups.

---

* The frequency lists from which the Basic Word Lists are drawn were based on a comparison of the most familiar word lists, generally omitting cognates and those "finite groups" indicated in step V.

CONTENTS

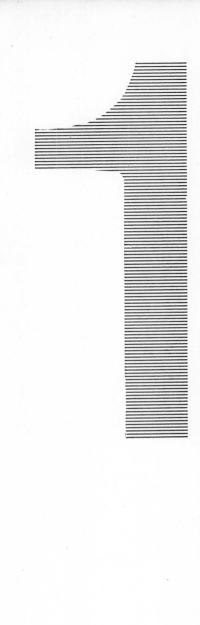

Wolfgang Hildesheimer (1916–   )

A master of the light but pungently witty effect is Wolfgang Hildesheimer, whose works reflect his multifaceted talents and brightly checkered career. He was born in Hamburg and educated in Germany and England. He migrated to Palestine in 1933, where he worked as a cabinetmaker and interior decorator. After his return to England he studied painting and stage design. During World War II he served as a British information officer in Palestine, and from 1946 until 1949 he was a simultaneous interpreter at the Nuremberg War Trials, a free-lance journalist, and a painter. After a period of Mediterranean travel and his marriage in 1952, he settled in South Germany, where he has excelled as an innovator in his ultimate choice of a career as a writer.

The variety of his works is as diffuse as the range of his talents—novels, short stories, plays, and *Hörspiele*, which is a distinctive form of the drama for radio presentation. His manner is ironic, even surrealistic, and not without a touch of English whimsy. As a satirist he has more than once taken well-known themes of older authors and turned the plots inside out. His recurring motif (and indeed one which we shall later see treated in quite different ways by other authors) is the juxtaposition of absurdity with reality. The grotesque occurs in the milieu of normal life—and who is to take notice?

Hildesheimer's topsy-turvy world may even be the German counterpart of James Thurber's Columbus, Ohio, and beyond. In the story following, we are sure that the wife is one of Thurber's women. She, at least, sees nothing strange in the correlation between recorder playing and mushroom gathering.

In Part 2 you will read a second short story by Hildesheimer, *Eine größere Anschaffung*, referring to a fairly large purchase by the narrator. Although not a commonplace thing to bring home, it is an acquisition which fits in the owner's backyard as plausibly as Thurber's *Unicorn in the Garden*.

BASIC WORD LIST

†**aber** but, however
als when, as; than
†**also** therefore, thus, then
ander— other
auch also, too; even
bekommen (bekam, bekommen)
  get
die Bitte, —n request
die Blume, —n flower
brauchen use, need
der Brief, —e letter
das Buch, ⸚er book
da then, there; since; when
danken thank
dann then
daß that, so that
†**denn** (*conj.*) for; (*adv.*) anyway
†**doch** yet, but, still, after all,
  oh yes
dort there
†**eben** just, precisely, right
einan'der each other
essen (aß, gegessen) eat
etwas something, somewhat
fragen ask
die Frau, —en woman; wife;
  Mrs.
der Freund, —e friend
geben, (gab, gegeben) give
gehen (ging, ist gegangen) go;
  walk
gehören belong
gerade just (then); straight;
  right

der Gruß, ⸚e greeting
gut good
haben (hatte, gehabt) have
heißen (hieß, geheißen) be called;
  mean
helfen (half, geholfen) help
der Herr, —n, —en man, gentleman; Mr.; Lord
das Herz, —ens, —en heart
heute today
hoffen hope
holen get
hören hear
irgendwie somehow
†**ja** yes; to be sure
das Jahr, —e year
kein no, not a
kennen (kannte, gekannt) be
  familiar with, know
kommen (kam, ist gekommen)
  come, get
können (konnte, gekonnt) be able,
  etc.
legen lay, place
lesen (las, gelesen) read; gather
lieb dear, good, beloved, charming
link- left
machen do; make
(—)mal times; *also short for*
  †**einmal**
der Mann, ⸚er man, husband
der Mantel, ⸚ coat, cloak, cape
meinen mean, think; say
der Mittag, —e noon

mögen (mochte, gemocht) like, may, let, etc.

der Monat, —e month

morgen tomorrow

nah(e) near

nehmen (nahm, genommen) take

nicht not

niemand nobody

ob whether, (I wonder) if

öffnen open

recht right, real; very, rather

sagen say, tell

sammeln collect, gather

schauen look

schicken send

†**schon** already; even; all right, etc.

schreiben (schrieb, geschrieben) write

sehen (sah, gesehen) see, look

sehr very (much)

sein (war, ist gewesen) be; seem

seit since, for

sitzen (saß, gesessen) sit

sollen shall, should; be said to; be to, etc.

sonst otherwise, else; formerly

spät late

spielen play

stecken put, stick; (*intrans.*) stick, be located

stehen (stand, gestanden) stand

der Stein, —e stone

suchen look for, seek

der Tag, —e day

die Tasche, —n pocket; bag

der Tisch, —e table

tragen (trug, getragen) carry; wear

vergessen (vergaß, vergessen) forget

verlassen (verließ, verlassen) leave, desert

viel much

vielleicht perhaps

warten wait

warum why

was what; which, that; whatever; *short for* **etwas**; *anticipates reply*

weit far, wide

wenig little; (*pl.*) few

werden (wurde, ist geworden) become; shall, will; be

wieder again; in turn

wo where; when

†**wohl** probably; surely; well, comfortable

die Wohnung, —en dwelling, apartment

wollen want to; claim to; be about to, etc.

ziehen (zog, hat gezogen) pull; **ist gezogen** has gone, has moved

das Zimmer, — room

*hellgrau light grey; **das Frühjahr** spring; ***beim Frühstück** at breakfast; ***der Vetter** cousin; ***der Frühling** spring; ***zurück-kehren** return

der Pilz mushroom; **eßbar** edible; **im voraus** in advance; **herzlichst** most cordially

gerade dabei (*here*) just about to; **der Tauchsieder** immersible coil for heating liquid; ***das Ei** egg

obwohl although; **sich um ... handeln** be a question of . . . ; ***eigentlich** actually

der Klavierstimmer piano tuner; **schüchtern** timid, shy; **zerstreut** absentminded; **nett** nice; **die Saite** string; **die Blockflöte** recorder, wooden flute; **(der) Unterricht erteilen** give lessons; **Akkorde anschlagen** to play chords

die Garderobe clothes closet; **der Speicher** storage space; loft; **ein-packen** pack, wrap; **sorgfältig** carefully; **ein-fallen** (+*dat.*) occur to

*spazieren-gehen go for a walk; ***umher-irren** wander around; ***der Schrank** wardrobe, cupboard

aus Versehen by accident; ***stören** disturb; **betreten** disconcerted, startled; ***sich entschuldigen** excuse oneself

Der Hellgraue Frühjahrsmantel

Wolfgang Hildesheimer

Vor zwei Monaten — wir saßen gerade beim Frühstück — kam ein Brief von meinem Vetter Eduard. Mein Vetter Eduard hatte an einem Frühlingsabend vor zwölf Jahren das Haus verlassen, um einen Brief einzustecken, und war nicht zurückgekehrt. Seitdem hatte niemand etwas von ihm gehört. Der Brief kam aus Sydney in Australien. Ich öffnete ihn und las: 5

Lieber Paul!
Könntest Du mir meinen hellgrauen Frühjahrsmantel nachschicken? Ich kann ihn nämlich brauchen. In der linken Tasche ist ein „Taschenbuch für Pilzsammler". Das kannst Du herausnehmen. Eßbare 10 Pilze gibt es hier nicht. Im voraus vielen Dank.
                                        Herzlichst Dein Eduard.

Ich sagte zu meiner Frau: „Ich habe einen Brief von meinem Vetter Eduard aus Australien bekommen." Sie war gerade dabei, den Tauchsieder in die Blumenvase zu stecken, um Eier darin zu kochen, 15 und fragte: „So, was schreibt er?"

„Daß er seinen hellgrauen Mantel braucht und daß es in Australien keine eßbaren Pilze gibt." — „Dann soll er doch etwas anderes essen." — „Da hast du recht", sagte ich, obwohl es sich eigentlich darum nicht gehandelt hatte. 20

Später kam der Klavierstimmer. Es war ein etwas schüchterner und zerstreuter Mann, aber er war sehr nett, ich kannte ihn. Er stimmte nicht nur Klaviere, sondern reparierte auch Saiteninstrumente und erteilte Blockflötenunterricht. Er hieß Kolhaas. Als ich aufstand, hörte ich ihn schon im Nebenzimmer Akkorde anschlagen. 25

In der Garderobe sah ich den hellgrauen Mantel hängen. Meine Frau hatte ihn also schon vom Speicher geholt. Ich packte ihn sorgfältig ein, trug das Paket zur Post und schickte es ab. Mir fiel ein, daß ich vergessen hatte, das Pilzbuch herauszunehmen.

Ich ging noch etwas spazieren, und als ich nach Hause kam, irrten der 30 Klavierstimmer und meine Frau in der Wohnung umher und schauten in die Schränke und unter die Tische.

„Kann ich irgendwie helfen?" fragte ich.

„Wir suchen Herrn Kolhaas' Mantel", sagte meine Frau. „Ach so", sagte ich, „den habe ich eben nach Australien geschickt." 35

„Warum nach Australien?" fragte meine Frau. „Aus Versehen", sagte ich. „Dann will ich nicht weiter stören", sagte Herr Kolhaas etwas betreten

verstaubt dusty; **der Koffer** trunk; **zerknittert** wrinkled;
*schließlich after all; ***der Zustand** condition

auf-bügeln iron; **die Partie** game; **sich verabschieden** say good-bye

*erhalten receive

*geehrt honored (*usual greeting in formal letters*); **liebenswürdig** kind;
*schmecken taste (good); **irrtümlich** mistakenly;
Ergebenst . . . *formal letter closing*

der Kasten box; **offenbar** apparently; ***richten** direct; (*here*)
address; ***sich erinnern** remember; **der Umschlag** envelope;
*die Karte ticket; **der Zettel** note, slip of paper

verreisen go away; **aus-spannen** relax; **Lust haben** want to, desire to

*übrigens moveover, by the way

die Aufführung performance

*hätte (*subj.*) would have; **sowieso** anyway; in any case

*habe *subj. of indirect discourse; see* **sei, gedenke** intend, *and*
seien; erlernen learn, master; **erhältlich** obtainable

und wollte sich entschuldigen, aber ich sagte: ,,Warten Sie, Sie können den Mantel von meinem Vetter bekommen.''

Ich ging auf den Speicher und fand dort in einem verstaubten Koffer den hellgrauen Mantel meines Vetters. Er war etwas zerknittert – schließlich hatte er zwölf Jahre im Koffer gelegen – aber sonst in gutem Zustand.

Meine Frau bügelte ihn noch etwas auf, während ich mit Herrn Kolhaas eine Partie Domino spielte. Dann zog Herr Kolhaas ihn an, verabschiedete sich und ging.

Wenige Tage später erhielten wir ein Paket. Darin waren Steinpilze. Auf den Pilzen lagen zwei Briefe. Ich öffnete den einen und las:

> Sehr geehrter Herr!
> Da Sie so liebenswürdig waren, mir ein ,,Taschenbuch für Pilzsammler'' in die Tasche zu stecken, möchte ich Ihnen als Dank das Resultat meiner ersten Pilzsuche zuschicken und hoffe, daß es Ihnen schmecken wird. Außerdem fand ich in der anderen Tasche einen Brief, den Sie mir wohl irrtümlich mitgegeben haben. Ich schicke ihn hiermit zurück.
> Ergebenst Ihr A. M. Kolhaas.

Der Brief, um den es sich hier handelte, war also wohl der, den mein Vetter damals in den Kasten stecken wollte. Offenbar hatte er ihn dann zu Hause vergessen. Er war an Herrn Bernhard Hase gerichtet, der, wie ich mich erinnerte, ein Freund meines Vetters gewesen war. Ich öffnete den Umschlag. Eine Theaterkarte und ein Zettel fielen heraus. Auf dem Zettel stand:

> Lieber Bernhard!
> Ich schicke Dir eine Karte zu ,,Tannhäuser'' nächsten Montag, von der ich keinen Gebrauch machen werde, da ich verreisen möchte, um ein wenig auszuspannen. Vielleicht hast Du Lust, hinzugehen.
> Herzliche Grüße, Dein Eduard.

Zum Mittagessen gab es Steinpilze. ,,Die Pilze habe ich hier auf dem Tisch gefunden. Wo kommen sie eigentlich her?'' fragte meine Frau. ,,Herr Kolhaas hat sie geschickt.'' ,,Wie nett von ihm. Übrigens habe ich auch eine Theaterkarte gefunden. Was wird denn gespielt?''

,,Die Karte, die du gefunden hast'', sagte ich, ,,ist zu einer Aufführung von ,Tannhäuser', aber die war vor zwölf Jahren!''

,,Na ja'', sagte meine Frau ,,zu ,Tannhäuser' hätte ich sowieso keine Lust gehabt.''

Heute morgen kam wieder ein Brief von Eduard mit der Bitte, ihm eine Tenorblockflöte zu schicken. Er habe nämlich in dem Mantel (der

die Mühle mill;   **finden**   *(here)* think so

übrigens länger geworden sei) ein Buch zur Erlernung des Blockflötenspiels gefunden und gedenke, davon Gebrauch zu machen. Aber Blockflöten seien in Australien nicht erhältlich.

,,Wieder ein Brief von Eduard", sagte ich zu meiner Frau. Sie war gerade dabei, die Kaffeemühle auseinanderzunehmen und fragte: ,,Was schreibt er?" — ,,Daß es in Australien keine Blockflöten gibt." — ,,Dann soll er doch ein anderes Instrument lernen", sagte sie. ,,Das finde ich auch", meinte ich.

Sie kennt eben keine Probleme.

Wolfgang Hildesheimer, Lieblose Legenden.
(Courtesy Suhrkamp Verlag, Frankfurt am Main, 1962.)

FRAGEN

1. Wo waren der Mann und seine Frau, als der Brief kam?
2. Von wem war der Brief?
3. Wann hatte Eduard das Haus verlassen?
4. Warum verließ er das Haus?
5. Wo war er jetzt?
6. Was konnte er in Australien brauchen?
7. Warum sollte man ihm das Taschenbuch für Pilzsammler nicht nachschicken?
8. Was machte seine Frau, als der Mann den Brief las?
9. Was sagte die Frau über den Brief?
10. Was hörte der Mann, als er aufstand?
11. Was sah er in der Garderobe hängen?
12. Was machte er mit dem Mantel?
13. Wohin ging der Mann, nachdem er das Paket abgeschickt hatte?
14. Was fiel ihm erst später ein?
15. Was machten seine Frau und der Klavierstimmer, als er nach Hause kam?
16. Wo findet der Mann einen Mantel für den Klavierstimmer?
17. Was war in dem Paket von Herrn Kohlhaas?
18. An wen war der zweite Brief gerichtet?
19. Was fiel aus dem Umschlag?
20. Welche Bitte schreibt Eduard in seinem zweiten Brief?
21. Wo hat er das Buch zur Erlernung des Blockflötenspiels gefunden?
22. Was machte die Frau, als dieser zweite Brief von Eduard kam?
23. Was meinte die Frau über den Brief?

Hermann Hesse (1877–1962)

The Nobel Prize for Literature was awarded in 1946 to Hermann Hesse for his "inspired poetic achievement, which represents in its boldness and the profundity of its development not only the ideals of classical Humanism, but of the high art of style." Yet despite Hesse's eminent position in European letters in the earlier part of this century, he has not shared the renown and recognition accorded to his peers in the English-speaking world. His prolix works, from the simplest of fables to the most profound intellectual *tour de force,* reflecting the inner conflict and turbulence of Hesse's long and tormented peregrination for truth in an uncongenial civilization, are so essentially German in spirit that they are difficult to appreciate in a different literary tradition.

His career and intellectual development themselves embody the classic theme of all German literature—the *Bildungsroman,* inadequately translated as the "novel of education," wherein the sensitive and naive protagonist searches for the meaning of life in a variety of experiences; traditionally he arrives in his latter years at a conclusion, which in Hesse's case took the aspect of rejection of the vanities of Western civilization, of the espousal of a life closely bound to nature, and of inner reflection with overtones of Oriental mysticism. Paradoxically, while he yearned for simplicity and serenity, his life was plagued with personal upheaval and doubt. Perhaps he may be characterized by the term so dominant as a motif in contemporary literature, "The Outsider."

Hesse, the son of a missionary couple, was born near Stuttgart and was destined for the clergy. He abandoned the seminary and followed a succession of trades. Early successes in writing led him to an assured literary career. He migrated from his native Swabia to Switzerland, partly as a rejection of his country's nationalism, which he despised in any form. He traveled to India, from which he derived his affinity for Oriental thought and his appreciation for those elements of mankind beyond the strictures and artificialities of European life. This disdain of Western man's remoteness from the wellsprings of life is nowhere more patently obvious than in his short allegory **Der Europäer**, where in a Noak's Ark setting all the animals and primitive men on board are able to offer something for the amusement or benefit of their fellow passengers. The effeteness of the European (the only species on board without a spouse) becomes manifest in that, when his turn comes to perform, he can offer as his contribution only one faculty—to criticize.

In Hesse's latter days he lived in seclusion in Switzerland, where gardening, significantly, became his main preoccupation. The impact of his prodigious work and his oracular critique of the ills of Europe, which had recently led to such palpable disaster, raised him in some quarters to the status of living prophet. Yet although his prognosis of the destiny of the West may be challenged, none can deny his intense concern for the human plight and his simple humanity.

The following two selections are in the typical form of the old German fairy tale. Note as you read *Zwei Kindergeschichten* how the otherwise abstruse author consciously employs a naive style to illustrate simple homilies—the worthiness of charity and of forgiveness.

In Part 2 you will see Hesse in two further aspects, as lyric poet and as allegorical narrator. Notice in *Vergänglichkeit* how the familiar metaphors of decline, the harbingers of autumn, and the satiation with life are redeemed only by nature, apostrophized as *"die ewige Mutter"*; *Kennst du das auch?* sketches the fickle nature of the happiness of the moment; compare *August*, a conventional lament for the passing of summer, with *Herbsttag* by Rainer Maria Rilke (p. 149).

Ein Mensch mit Namen Ziegler is a good representation of Hesse's technique in his criticism of Western superficiality. Ziegler is the very model of a proper European bourgeois: he is slightly vain, a conformist who sets great store in form and style, and is supremely confident of the worth of his times, particularly of science. By an alchemical miracle he is able to understand the language of the animals at the zoo (that is, life closest to nature) and to perceive the utter scorn with which they regard the human race. What do you feel is the significance of the consequences?

BASIC WORD LIST

†**aber** but, however
als when, as; than
alt old
ander– other
an-fangen (fing an, angefangen) begin
die Antwort, —en answer
auch also, too; even
bekommen (bekam, bekommen) get
der Berg, —e mountain, hill
bleiben (blieb, ist geblieben) remain, stay
†**da** then, there; since; when
darum' (*emph.* **da'rum**) therefore
daß that, so that

dort there
einige some
†**einmal** once
etwas something, somewhat, some
fahren (fuhr, ist gefahren) ride, drive, go
fragen ask
der Freund, —e friend
führen lead
gar quite, even; **gar nicht** not at all
geben (gab, gegeben) give
gefallen (gefiel, gefallen) please, like
gehen (ging, ist gegangen) go; walk

BASIC WORD LIST (Continued)

gern gladly, like to
die Geschichte, –n story; history;
matter
gesund healthy
gewiß certain
glauben believe
gleich (*adv.*) immediately
der Gott, ⁼er god, God
groß big, great; tall
gut good
haben (hatte, gehabt) have
heißen (hieß, geheißen) be called;
mean
helfen (half, geholfen) help
die Hilfe help
der Herr, –n, –en man, gentleman; Mr.; lord
holen get
hören hear
†**ja** yes; to be sure
jetzt now

kein no, not a
klein small, etc.
der Knabe, –n, –n boy
kommen (kam, ist gekommen)
come, get
können (konnte, gekonnt) be able,
etc.
der Krieg, –e war
lassen (ließ, gelassen) let, leave,
allow to have, cause; forego,
stop; **sich lassen** can be, etc.
lieb dear, good, beloved, charming
mehr more
merken notice
müssen (mußte, gemußt) must,
have to, etc.
die Mutter, ⁼ mother
nehmen (nahm, genommen) take
nicht not
nichts nothing
†**nun** now; well

fromm pious; *****schenken** give, present; **an-schauen** look at;
der Geburtstag birthday; **darunter** among them; **der Taler** *former
German coin*; **das Feld** field; *****stützen** support; (*here*) with
a cane; *****eigentlich** actually

ob whether, (I wonder) if
der Platz, ⸚e place, seat
recht right, real; very, rather
reich rich
rufen call, shout
die Sache, —n thing, matter, affair
sagen say, tell
schön beautiful; good; all
   right, OK, etc.; nice, etc.
schreiben (schrieb, geschrieben)
   write
die Schule, —n school
sehen (sah, gesehen) see, look
sehr very (much)
sein (war, ist gewesen) be; seem
sich oneself, etc.; each other
der Sohn, ⸚e son
sollen shall, should; be said to;
   be to, etc.
das Spiel, —e game, play
stark strong

stehen (stand, gestanden) stand
der Stein, —e stone
traurig sad
der Vater, ⸚ father
versuchen try
viel much
vielleicht perhaps
voll full (of)
die Wand, ⸚e wall
was what; which, that; *short
   for* **etwas**; *anticipates reply*
weinen cry
weit far, wide
die Welt, —en world
wenn if, when, whenever
werden (wurde, ist geworden)
   become; shall, will; be
wissen (wußte, gewußt) know
†wohl probably; surely; well,
   comfortable
wollen want to; claim to; be
   about to, etc.

Für den lieben Gott

Hermann Hesse

Lieber Nonno! Ich will dir jetzt eine kleine Geschichte schreiben. Sie heißt:
Für den lieben Gott. Paul war ein frommer Knabe. Er hatte in der
Schule schon so viel vom lieben Gott gehört. Er wollte ihm jetzt auch
einmal etwas schenken. Paul schaute alle seine Spielsachen an, aber alles
gefiel ihm nicht. Da kam Pauls Geburtstag. Er bekam viele Spielsachen,
darunter sah er einen Taler. Da rief er: Den schenke ich dem lieben Gott.   5
Paul sagte: Ich gehe hinaus auf das Feld, dort habe ich einen schönen
Platz, da wird ihn der liebe Gott sehen und ihn holen. Paul ging auf das
Feld. Als Paul im Feld war, sah er ein altes Mütterlein, das mußte
sich stützen. Er wurde traurig, und gab ihr den Taler. Paul sagte: 10
Eigentlich war er für den lieben Gott.

Hermann Hesse, *Späte Prosa.*
(*Courtesy Suhrkamp Verlag, Berlin, 1951.*)

verkrüppelt crippled; **verachten** scorn, despise; **beschließen** decide; **eine Strecke weit** some distance; ***begegnen** (+ *dat.*) meet; **der Fuhrmann** carrier, wagoner; **der Zwerg** dwarf; ***der Schatz** treasure; ***der Lohn** payment, fee; ***sei** *subj. of indirect discourse (see* **glaube, wolle, wisse,** etc.); **der Diamant** diamond; **auf-nehmen** accept, take in; ***endlich** finally; **der Aufseher** overseer, foreman; ***die Mühe** effort; ***herrlich** glorious, grand

daheim at home; **verwunden** wound; **betteln** beg; ***erkennen** recognize; **ich bin . . . froh** I would be happy with just a crust of bread; **die Höhle** cave; ***lauter** just, sheer; **glitzern** glitter, glisten; ***der Fels** rock; **es ging nicht** it wasn't possible; ***erlauben** permit, allow; ***einst** einmal; **verwachsen** misshapen; **gutmütig** good-natured; **hätte** (*subj.*) would have; ***stoßen** push, thrust; **Not leiden** suffer want

Die beiden Brüder

Hermann Hesse

Es war einmal ein Vater, der hatte zwei Söhne. Der eine war schön und
stark, der andere klein und verkrüppelt, darum verachtete der Große den
Kleinen. Das gefiel dem Jüngeren nun gar nicht, und er beschloß, in
die weite, weite Welt zu wandern. Als er eine Strecke weit gegangen war,
begegnete ihm ein Fuhrmann, und als er den fragte, wohin er fahre,   5
sagte der Fuhrmann, er müsse den Zwergen ihre Schätze in einen
Glasberg führen. Der Kleine fragte ihn, was der Lohn sei. Er bekam die
Antwort, er bekomme als Lohn einige Diamanten. Da wollte der Kleine
auch gern zu den Zwergen gehen. Darum fragte er den Fuhrmann, ob er
glaube, daß die Zwerge ihn aufnehmen wollten. Der Fuhrmann sagte, das   10
wisse er nicht, aber er nahm den Kleinen mit sich. Endlich kamen sie
an den Glasberg, und der Aufseher der Zwerge belohnte den Fuhrmann
reichlich für seine Mühe und entließ ihn. Da bemerkte er den Kleinen
und fragte ihn, was er wolle. Der Kleine sagte ihm alles. Der Zwerg sagte,
er solle ihm nur nachgehen. Die Zwerge nahmen ihn gern auf, und er   15
führte ein herrliches Leben.

Nun wollen wir auch nach dem anderen Bruder sehen. Diesem ging es
lang daheim sehr gut. Aber als er älter wurde, kam er zum Militär und
mußte in den Krieg. Er wurde am rechten Arm verwundet und mußte
betteln. So kam der Arme auch einmal an den Glasberg und sah einen   20
Krüppel dastehen, ahnte aber nicht, daß es sein Bruder sei. Der aber
erkannte ihn gleich und fragte ihn, was er wolle. ,,O mein Herr, ich bin an
jeder Brotrinde froh, so hungrig bin ich." ,,Komm mit mir", sagte der
Kleine, und ging in eine Höhle, deren Wände von lauter Diamanten
glitzerten. ,,Du kannst dir davon eine Handvoll nehmen, wenn du die   25
Steine ohne Hilfe herunterbringst", sagte der Krüppel. Der Bettler
versuchte nun mit seiner einen gesunden Hand etwas von den
Diamantenfelsen loszumachen, aber es ging natürlich nicht. Da sagte der
Kleine: ,,Du hast vielleicht einen Bruder, ich erlaube dir, daß er dir
hilft." Da fing der Bettler an zu weinen und sagte: ,,Wohl hatte ich einst   30
einen Bruder, klein und verwachsen, wie Sie, aber so gutmütig und
freundlich, er hätte mir gewiß geholfen, aber ich habe ihn lieblos von mir
gestoßen, und ich weiß schon lang nichts mehr von ihm." Da sagte der
Kleine: ,,Ich bin ja dein Kleiner, du sollst keine Not leiden, bleib bei mir."

Hermann Hesse, *Späte Prosa*.
(*Courtesy Suhrkamp Verlag, Berlin, 1951.*)

FRAGEN

Für den lieben Gott
1. Wie heißt der junge Knabe in der Geschichte?
2. Von wem hatte er so viel in der Schule gehört?
3. Was wollte er tun?
4. Warum gab er dem lieben Gott keine von seinen Spielsachen?
5. Wann bekam Paul viele Spielsachen? Was war auch darunter?
6. Wohin ging Paul, um dem lieben Gott den Taler zu geben?
7. Wen sah er im Feld?
8. Wem gab er den Taler? Was sagte er?

Die beiden Brüder
1. Wie war der eine Sohn? Der andere?
2. Warum verachtete der Große den Kleinen?
3. Warum beschloß der jüngere Bruder in die Welt zu wandern?
4. Wer begegnete ihm?
5. Wohin ging der Fuhrmann? Warum?
6. Was sollte der Fuhrmann als Lohn bekommen?
7. Wem sagte der Kleine alles?
8. Wo lebte der Kleine nachher (von jetzt an)?
9. Wie ging es dem älteren Bruder lang daheim?
10. Was ist ihm im Kriege geschehen?
11. Was mußte er dann tun?
12. Wen sah der Verwundete an dem Glasberg stehen?
13. Welcher Bruder erkannte den anderen?
14. Was sagte der Verwundete seinem Bruder?
15. Wie antwortete ihm der Kleine?
16. Wie mußte der ältere Bruder die Diamanten herunterbringen?
17. Was sagte der Verwundete über seinen jüngeren Bruder?
18. Was sagt ihm der Kleine am Ende?

Hugo von Hofmannsthal (1874–1929)

Hugo von Hofmannsthal—Viennese, patrician, aesthete, and man of the world—occupies, both as poet and protagonist, a preeminence in modern German literature. His undisputed rank in the forefront of the lyric poets of our century rests in but a handful of poems. Surrounding this nucleus of Hofmannsthal's genius is his vastly larger contribution in the role of the playwright, the essayist, and the reformer who led the southern pole of the German cultural sphere away from the prevailing naturalism of the North to a reaffirmation of the older ideal of the integration of art with life through the medium of the past.

A precocity of remarkably mature strength established his reputation at quite an early age. He easily rose above the "art for art's sake" posture fashionable at the turn of the century and sought to channel art in its several forms into a social, religious, and political force. In his life he was at once the embodiment of the detached aesthete and the dynamic man of affairs. He helped establish the Salzburg Festival in 1920 and his *Jedermann*, modeled after the medieval mystery play, is still performed there each summer. He was a partner in one of the most successful collaborations of modern times as the librettist of the operas of Richard Strauss, the best known of which is *Der Rosenkavalier.*

Three selections of Hofmannsthal's poetry are given here. *Kindergebet* expresses in the language of the nursery the preadult longings for a meaningful life. In *Mädchenlied* we are shown the anguish of a girl awakened to love. The third poem, *Abend im Frühling*, is written in a vein we shall see in the works of other authors, and alludes to the first irresolute feelings of rejuvenation of spirit with the passing of winter. One is *"müde, aber wie ein Kind,"* a healthy fatigue that is soon overcome. But, still hesitant, one clings for reassurance to objects of the comfortable past.

BASIC WORD LIST

der Abend, —e evening
das Auge, —n eye
bald soon
†**doch** yet, but, still, after all, oh yes
die Erde, —n earth
fein elegant, fine
(sich) freuen please, be happy

früh early
(sich) fühlen feel
gern gladly, like to
gern haben to like
groß big, great; tall
das Hemd, —en shirt; nightshirt
heute today
der Himmel, — sky, heaven

immer always; more and more
das Kind, –er child
klein small, etc.
lassen (ließ, gelassen) let, leave,
allow to, have, cause; forego,
stop; sich lassen can be, etc.
das Leben, – life

das Licht, –er light
das Lied, –er song
das Mädchen, – girl
der Mensch, –en, –en person,
human being, man
müde tired
der Ort, –e, or ‑‑er place, spot

das Gebet prayer; der Engel angel; fromm pious, devout

*sogleich at once

fort und fort on and on;
*die Einsamkeit loneliness; *der Sternenglanz starlight

*los rid of, free of; die Kehle throat

Er hätte . . . berührt He would have liked to touch their foreheads;
unbewußt unconscious; streicheln stroke; die Gebärde gesture

das **Pferd, —e** horse
rufen call, shout
†**schon** already; even; all right, etc.
die **Stimme, —n** voice
die **Straße, —n** street
verstehen (verstand, verstanden)
understand
warum' why
weinen cry
weiß white
wie how; as; like; as if
wissen (wußte, gewußt) know
die **Zeit, —en** time

Kindergebet

Lieber Gott und Engelein,
Laßt mich gut und fromm sein
Und laßt mir mein Hemdlein
Recht bald werden viel zu klein.

Laßt mich immer weiter gehn,   5
Viele gute Menschen sehn,
Wie sie aus den Augen sehn,
Laßt sogleich mich sie verstehn.

Und mit ihnen fort und fort
Freuen mich an gutem Ort,   10
Und zur Zeit der Einsamkeit
Gib, daß Sternenglanz mich freut.

Abend im Frühling

Er ging. Die Häuser waren alle groß.
Am lichten Himmel standen schon die Sterne.
Die Erde war den Winter wieder los.   15
Er fühlte seine Stimme in der Kehle
Und hatte seine Hände wieder gerne.

Er war sehr müde, aber wie ein Kind.
Er ging die Straße zwischen vielen Pferden.
Er hätte ihre Stirnen gern berührt   20
Und rief ihr frühres Leben sich zurück
Mit unbewußten streichelnden Gebärden.

rinnen run;   ***die Träne** tear;   **stumm** silent, dumb;   ***heiß** hot

der Schleier veil;   **wehen** blow, waft;   **nirgends** nowhere;
gangen = **gegangen;** **der Dorn** thorn

die Glocke bell;   **sonderbar** unusual;   **der Klang** sound,
ring;   **zum Sterben bang** frightened to death

Mädchenlied

„Was rinnen dir die Tränen,
Die Tränen stumm und heiß
Durch deine feinen Finger,
Die Finger fein und weiß?"

Mein Schleier ist zerrissen   5
Und wehet doch kein Wind
Und bin doch nirgends gangen
Niemals, wo Dornen sind . . .

Die Glocken haben heute
So sonderbaren Klang,   10
Gott weiß, warum ich weine,
Mir ist zum Sterben bang.

All poems taken from Hugo von Hofmannsthal, *Gesammelte Werke in Einzelausgaben. Gedichte und lyrische Dramen.* (Courtesy Bermann-Fischer Verlag AB., Stockholm, 1946.)

Kurt Tucholsky (1890–1935)

One of the keenest and most prolific satiric and polemic talents to emerge in modern German letters was that of the Berlin journalist Kurt Tucholsky. A committed member of the Socialist intelligentsia during the turbulent years of the Weimar Republic, he was practically the whole masthead of the leftist periodical *Weltbühne*, where he appeared under five pseudonyms as five different personalities. The postures and guises of his writings were kaleidoscopic; his versatility of style and ear for the spoken language, verging upon mimicry, enabled him to write—as befitted the situation—either in the most elevated manner of German or in the coarsest. He was renowned in his day as the most formidable social critic at large, for he made passionate use of the weapon against which defense is futile—his wit.

His quarry he drew from all the social and political phenomena he found dangerous, stupid, wrong, pompous, or phony. He fought the reactionary and nationalistic elements that were destroying the incubating German democracy, as well as personalities, institutions, and customs he found ridiculous. He refers, for example, to certain writers of the time, who excelled more in metaphysical obfuscation than in clarity of statement, as "certain . . . essayists, among whom each one acts as though he had just taken breakfast with Buddha, but wasn't allowed to disclose what they had to eat, because it was Top Secret."

So fierce was Tucholsky's disgust at the imminent menace of Fascism in Germany that he emigrated to Sweden in 1929. He was deprived of his citizenship in 1933 and his works were burnt. Possibly as a result of dejection over the barbarous developments in Nazi Germany, he was led two years later to take his life.

The following sketch, *Ein Ehepaar erzählt einen Witz*, shows Tucholsky as a master of dialogue. Notice how familiar the pattern of interruptions and contradictions is when two people vie to tell the same joke. From what we hear of the joke we can recognize it as vintage traveling salesman. Which is worst off at the end—the couple, the listener, or the joke?

In *Der Mensch* we see Tucholsky describing human frailty in terms of a schoolboy's biology essay.

BASIC WORD LIST

abends evenings, in the evening
†**also** therefore, thus, then
alt old
anders else, otherwise
anfangen (fing an, angefangen)
   begin
die Art, –en way, manner, kind,
   type
der Bauer, –s or **–n, –n** peasant
das Bett, –en bed
bis until, to
bitten (bat, gebeten) ask
böse angry, bad
dann then
†**denn** (*conj.*) for; (*adv.*) anyway
draußen outside
†**eben** just, precisely, right
einfach simple
erst first, for the first time, not
   until
erzählen tell
essen (aß, gegessen) eat
die Frau, –en woman; wife;
   Mrs.
der Friede(n) (des Friedens)
   peace
ganz complete; very
gar quite, even; **gar nicht** not
   at all
die Geschichte, –n story; history;
   matter
gestern yesterday
glauben believe
halb half
immer always; more and more
kennen (kannte, gekannt) be
   familiar with, know
die Leute (*pl.*) people

das Licht, –er light
liegen (lag, gelegen) lie
machen do; make
man one, a person
mehr more
die Mitte, –n center, middle
morgen tomorrow
müssen (mußte, gemußt) must,
   have to, etc.
nachdem after
die Nacht, ─e night
nein no
†**nun** now; well
plötzlich sudden
richtig correct, right, real
schlecht bad, poor
schließen (schloß, geschlossen)
   close, lock; conclude
schuld at fault; **die Schuld, –en**
   fault, blame; guilt; debt
die Seite, –n side; page
der Sinn, –e sense; mind
spät late
die Tür(e), –(e)n door
vergessen (vergaß, vergessen)
   forget
verstehen (verstand, verstanden)
   understand
weil because
die Weile while
wie how; as; like; as if
wieder again; in turn
wirklich real
wo where; when
die Woche, –n week
wohnen live, dwell
die Zeit, –en time
†**zwar** to be sure; specifically

*das Ehepaar married couple; **der Witz** joke; ***reizend** charming; ***auf-passen** pay attention; " just listen"

streuen strew, spread; **der Teppich** carpet; **sich verirren** become lost; **das Gebirge** mountains; **Dolomiten** Dolomites (*mountain range in northeast Italy*); **egal** unimportant; **gerade auf . . . zu** straight toward; **die Hütte** cottage; ***hübsch** pretty

mal = einmal this time; for once, etc.

einen *acc.* of **man** "a person"; **verwirren** confuse; ***der Markt** market; ***bloß = nur;** **eine Konservenbüchse mit Rindfleisch** a can of beef; **auf-sparen** save; **es klopft** there is a knock; **das Quartier** lodging; **zu zweit** two together; ***nett** nice (*perhaps sarcastic*)

*könnte (*subj.*) could (do); **strampeln** kick about

unterbrechen interrupt

*wäre (*subj.*) would be

der Aschenbecher ash tray

triefen drip; **vor Regen** with rain; from the rain; ***möchte** (*subj.*) would like to

Ein Ehepaar erzählt einen Witz

Kurt Tucholsky

,,Herr Panter, wir haben gestern einen so reizenden Witz gehört, den
müssen wir Ihnen . . . also den muß ich Ihnen erzählen. Mein Mann kannte
ihn schon . . . aber er ist zu reizend. Also passen Sie auf.

Ein Mann . . . , Walter, streu nicht den Tabak auf den Teppich, da! Streust
ja den ganzen Tabak auf den Teppich! Also ein Mann, nein, ein   5
Wanderer verirrt sich im Gebirge. Also der geht im Gebirge und verirrt
sich, in den Alpen. Was? In den Dolomiten, also nicht in den Alpen,
ist ja ganz egal. Also er geht da durch die Nacht, und da sieht er ein
Licht, und er geht grade auf das Licht zu . . . laß mich doch erzählen! das
gehört dazu! . . . geht drauf zu, und da ist eine Hütte, da wohnen zwei   10
Bauersleute drin. Ein Bauer und eine Bauersfrau. Der Bauer ist alt, und
sie ist jung und hübsch, ja, sie ist jung. Die liegen schon im Bett.
Nein, die liegen noch nicht im Bett . . . ''

,,Meine Frau kann keine Witze erzählen. Laß mich mal. Du kannst nachher
sagen, obs richtig war. Also nun werde ich Ihnen das mal erzählen.   15

Also, ein Mann wandert durch die Dolomiten und verirrt sich. Da kommt
er — du machst einen ganz verwirrt, so ist der Witz gar nicht! Der Witz
ist ganz anders. In den Dolomiten, so ist das! In den Dolomiten wohnt ein
alter Bauer mit seiner jungen Frau. Und die haben gar nichts mehr zu
essen; bis zum nächsten Markttag haben sie bloß noch eine   20
Konservenbüchse mit Rindfleisch. Und die sparen sie sich auf. Und da
kommt . . . wieso? Das ist ganz richtig! Sei mal still . . . , da kommt
in der Nacht ein Wandersmann, also da klopft es an die Tür, da steht ein
Mann, der hat sich verirrt, und der bittet um Nachtquartier. Nun haben
die aber gar kein Quartier, das heißt, sie haben nur ein Bett, da schlafen   25
sie zu zweit drin. Wie? Trude, das ist doch Unsinn . . . Das kann sehr
nett sein!''

,,Na, ich könnte das nicht. Immer da einen, der — im Schlaf
strampelt . . . , also ich könnte das nicht!''

,,Sollst du ja auch gar nicht. Unterbrich mich nicht immer.''   30

,,Du sagst doch, das wär nett. Ich finde das nicht nett.''

,,Also . . . ''

,,Walter! Die Asche! Kannst du denn nicht den Aschbecher nehmen?''

,,Also . . . der Wanderer steht da nun in der Hütte, er trieft vor Regen,
und er möchte doch da schlafen. Und da sagt ihm der Bauer, er kann ja   35
in dem Bett schlafen, mit der Frau.''

meinetwegen   as far as I'm concerned

beruhen auf   depend on, be based on

es gewittert   it is stormy

auf-wachen   wake up;   ***klingeln**   ring;   **an-rufen**   call up

raus = heraus;   die Ziege   goat;   **mir ist so . . . losgemacht**   It seems
to me they might have got out

*entschuldigen   pardon, excuse

stupsen   nudge

furchtbar   dreadful(ly), frightful(ly)

inzwischen   meanwhile

fährt . . . hoch   (*here*) wakes up suddenly

„Nein, so war das nicht. Walter, du erzählst es ganz falsch! Dazwischen, zwischen ihm und der Frau – also der Wanderer in der Mitte!"

„Meinetwegen in der Mitte. Das ist doch ganz egal!"

„Das ist gar nicht egal . . . der ganze Witz beruht ja darauf."

„Der Witz beruht doch nicht darauf, wo der Mann schläft!"   5

„Natürlich beruht er darauf! Wie soll denn Herr Panter den Witz so verstehen . . . laß mich mal – ich werd ihn mal erzählen! – Also der Mann schläft, verstehen Sie, zwischen dem alten Bauer und seiner Frau. Und draußen gewittert es. Laß mich doch mal!"

„Sie erzählt ihn ganz falsch. Es gewittert erst gar nicht, sondern die   10
schlafen friedlich ein. Plötzlich wacht der Bauer auf und sagt zu seiner Frau – Trude, geh mal ans Telephon, es klingelt. – Nein, also das sagt er natürlich nicht . . . Der Bauer sagt zu seiner Frau . . . Wer ist da? Wer ist am Telephon? Sag ihm, er soll später noch mal anrufen – jetzt haben wir keine Zeit! Ja. Nein. Ja. Häng ab! Häng doch ab!"   15

„Hat er Ihnen den Witz schon zu Ende erzählt? Nein, noch nicht? Na, erzähl doch!"

„Da sagt der Bauer: Ich muß mal raus, nach den Ziegen sehn – mir ist so, als hätten die sich losgemacht, und dann haben wir morgen keine Milch! Ich will mal sehn, ob die Stalltür auch gut zugeschlossen ist."   20

„Walter, entschuldige, wenn ich unterbreche, aber Paul sagt, nachher kann er nicht anrufen, er ruft erst abends an."

„Gut, abends. Also der Bauer – nehmen Sie doch noch ein bißchen Kaffee! – Also der Bauer geht raus, und kaum ist er raus, da stupst die junge Frau . . . "   25

„Ganz falsch. Total falsch. Doch nicht das erstemal! Er geht raus, aber sie stupst erst beim drittenmal – der Bauer geht nämlich dreimal raus – das fand ich so furchtbar komisch! Laß mich mal! Also der Bauer geht raus, nach der Ziege sehn, und die Ziege ist da; und er kommt wieder rein."   30

„Falsch. Er bleibt ganz lange draußen. Inzwischen sagt die junge Frau zu dem Wanderer –"

„Gar nichts sagt sie. Der Bauer kommt rein . . . "

„Ernst kommt er nicht rein!"

„Also . . . der Bauer kommt rein, und wie er eine Weile schläft, da fährt   35
er plötzlich aus dem Schlaf hoch und sagt: Ich muß doch noch mal nach der Ziege sehen – und geht wieder raus."

das Abendbrot supper; **der Käse** cheese;
***wäre** subj. of indirect discourse (see **könnten**)

Na here approximately "Well . . . ?"

Keine Spur "No such thing"; **die Spur** trace

***wäre** (subj.) would be; ***die Gelegenheit** opportunity
das Gegenteil opposite; **im Gegenteil** on the contrary

verderben ruin, spoil
großartig wonderful, marvellous (sarcastic here)

verkorksen bungle, botch

jedenfalls in any case; **wenigstens** at least; ***passen** suit;
der Genuß enjoyment, pleasure; **aus-halten** endure, bear; **ist das
auszuhalten?** can that be endured?; **die Unbeherrschtheit** lack of
self-control; **gleich** (here) next; ***die Erziehung** upbringing;
die Kinderstube (here) upbringing; **die Sache . . . gemacht** broke off the
matter with the lawyer; **die Scheidung** divorce; **die Lüge** lie;
der Türgeknall door slam

,,Du hast ja ganz vergessen, zu erzählen, daß der Wanderer furchtbaren Hunger hat!''

,,Ja. Der Wanderer hat vorher beim Abendbrot gesagt, er hat so furchtbaren Hunger, und da haben die gesagt, ein bißchen Käse wäre noch da . . . '' 5

,,Und Milch!''

,,Und Milch, und es wäre auch noch etwas Fleischkonserve da, aber die könnten sie ihm nicht geben, weil die eben bis zum nächsten Markttag reichen muß. Und dann sind sie zu Bett gegangen.''

,,Und wie nun der Bauer draußen ist, da stupst sie den, also da stupst die 10 Frau den Wanderer in die Seite und sagt: Na . . . ''

,,Keine Spur! Aber keine Spur! Walter, das ist doch falsch! Sie sagt doch nicht: Na . . . !''

,,Natürlich sagt sie: Na . . . ! Was soll sie denn sagen?''

,,Sie sagt: Jetzt wäre so eine Gelegenheit . . . '' 15

,,Sie sagt im Gegenteil: Na . . . und stupst den Wandersmann in die Seite . . . ''

,,Du verdirbst aber wirklich jeden Witz, Walter!''

,,Das ist großartig! Ich verderbe jeden Witz? Du verdirbst jeden Witz — ich verderbe doch nicht jeden Witz! Da sagt die Frau . . . '' 20

,,Jetzt laß *mich* mal den Witz erzählen! Du verkorkst ja die Pointe . . . !''

,,Also jetzt mach mich nicht böse, Trude! Wenn ich einen Witz anfange, will ich ihn auch zu Ende erzählen . . . ''

,,Du hast ihn ja gar nicht angefangen . . . *ich* habe ihn angefangen!'' —

,,Das ist ganz egal — jedenfalls will ich die Geschichte zu Ende erzählen; 25 denn du kannst keine Geschichten erzählen, wenigstens nicht richtig!'' — ,,Und ich erzähle eben meine Geschichten nach meiner Art und nicht nach deiner, und wenn es dir nicht paßt, dann mußt du eben nicht zuhören . . . !'' — ,,Ich will auch gar nicht zuhören . . . ich will sie zu Ende erzählen — und zwar so, daß Herr Panter einen Genuß von der 30 Geschichte hat!'' — ,,Wenn du vielleicht glaubst, daß es ein Genuß ist, dir zuzuhören . . . '' — ,,Trude!'' — ,,Nun sagen Sie, Herr Panter — ist das auszuhalten! Und so nervös ist er schon die ganze Woche . . . ich habe . . . '' — ,,Du bist . . . '' ,,Deine Unbeherrschtheit . . . '' — ,,Gleich wird sie sagen: Komplexe! Deine Mutter nennt das einfach schlechte 35 Erziehung . . . '' — ,,Meine Kinderstube . . . !'' — ,,Wer hat denn die Sache beim Anwalt rückgängig gemacht? Wer denn? Ich vielleicht? Du! Du

hast gebeten, daß die Scheidung nicht . . . '' — ,,Lüge!'' — Bumm:
Türgeknall rechts. Bumm: Türgeknall links.

Jetzt sitze ich da mit dem halben Witz.

Was hat der Mann zu der jungen Bauersfrau gesagt?

Kurt Tucholsky, *Gesammelte Werke, 1929–1932*, Vol. 3.
(Courtesy Rowohlt Verlag, Reinbek bei Hamburg, 1961.)

FRAGEN

1. Wem erzählt das Ehepaar den Witz?
2. Wie heißen der Mann und seine Frau?
3. Wer fängt an, den Witz zu erzählen?
4. Wo wandert der Mann in dem Witz?
5. Was sieht er in der Nacht?
6. Was findet er, als er auf das Licht zugeht?
7. Wer wohnt in der Hütte?
8. Worum bittet der Wanderer?
9. Klingelt das Telephon in der Hütte oder bei Walter und Trudi?
10. Wer ist am Telephon?
11. Mit wem will er sprechen?
12. Warum geht der Bauer hinaus?
13. Wer soll ein bißchen mehr Kaffee nehmen?
14. Was tut die Bauersfrau, während ihr Mann draußen ist?
15. Was hatte der Wanderer beim Abendbrot gesagt?
16. Was gab man ihm zu essen?
17. Wollten sich Walter und Trudi einmal scheiden lassen?
18. Finden sie diese Geschichte komisch?
19. Finden sie den Witz in der Geschichte komisch?
20. Was ist die Pointe des Witzes?

Heinrich Böll (1917–   )

Heinrich Böll is today one of Germany's most significant and provocative writers, having an affinity in role but not in manner with his contemporary Günter Grass as an intellectual gadfly in German society. With Grass he shares a widespread fame abroad, particularly in the English-speaking world. His strength lies in his talent for articulating with detachment, sensitivity, and often humor the misery, upheaval, and senselessness of World War II and its aftermath, as well as in his skill as satirist and critic of the more mindless manifestations of the German economic boom.

Böll was born the son of a sculptor in Cologne. He served in the *Wehrmacht* on several fronts throughout the entire War, at the end of which he was prisoner of war of the Americans. He lives today in a suburb of Cologne, the major city of the Rhineland and neighboring Ruhr district, which, in general, is the implicit location of his works concerning Germany. His current writings are taking the form of a more virulent critique of what he regards as the spiritual vacuum of his countrymen in the clutches of Mammon.

His more recent publications thus have been focused upon certain blemishes in the German national character as it has responded to the ambience of the loudly proclaimed *Wirtschaftswunder.* The short story, *Wie in schlechten Romanen,* is a good example of his technique: it describes the machinations of a brazen kickback in a construction bid, whereby the young husband of a contractor's daughter is taught by his wife to accept the prevalent corruption as the normal and accepted thing.

Böll's style is notably neat and precise. The cool, even-tempered, often indifferent, posture he assumes masks intense feeling and commitment. His satiric flourishes, with a hint of Celtic whimsy, appear in a deadpan, throwaway fashion in a context of ostensibly sober realism.

He is the master of the coolly offbeat humorous invention. One of his characters can smell breaths and room odors over the telephone. Another has won himself a successful career by throwing away junk mail for an insurance firm. The matriarch of a certain family thinks that Christmas Eve is the nicest time of year and obliges her family to celebrate the Yule every day, year in and year out. An agnostic radio personality demands that all references to *Gott,* made during a transitory period of religious fervor, be substituted in the tapes of all his speeches by the formulation, "That Higher Being which we revere."

The works included here from Böll's several collections of short stories are representative of his treatment of the War and the postwar period. *Auch Kinder sind Zivilisten* is a finely drawn sketch of a fleeting moment of respite from the tedium and bleakness of the Russian Front by a brief exchange through the fence between a wounded soldier and a small Russian girl.

In *An der Brücke* (Part 2), which we may presume to take place in the era when Germany was beginning to get back on her feet, the narrator is placed by the authorities in a job of absurd vacuity. His one single reservation in his devotion to his simple-minded duty alone preserves any human quality.

Characteristically, Böll writes in the first person: his typical protagonist in myriad variations, whether on the Russian Front or in the front office of a Rhineland factory, is the Outsider—the man who is not quite up to the demands imposed upon him by an absurd order of things which others accept as normal. But he gets by.

BASIC WORD LIST

allein' alone
ander– other
das Auge, –n eye
bleiben (blieb, ist geblieben) remain, stay
denken (dachte, gedacht) think, imagine
dick fat, thick
dunkel dark
dünn thin
die Ecke, –n corner
einfach simple
erst first, for the first time, not until
fangen (fing, gefangen) catch
fast almost
fein elegant, fine
fremd strange, foreign
ganz complete, very
das Geld, –er money
halb half
heben (hob, gehoben) lift
der Hof, ⸚e (court)yard; court; farm

irgend any, some
irgendwo somewhere
jeder each, every
jetzt now
kalt cold
kaufen buy
das Kind, –er child
der Kopf, ⸚e head
langsam slow
laufen (lief, ist gelaufen) run; walk
leer empty, bare
leise soft, gentle, quiet
liegen (lag, gelegen) lie
die Luft, ⸚e air, breeze
das Mädchen, – girl
†**(–)mal** times; *short for* **einmal**
man one
der Mantel, ⸚ coat, cloak, cape
der Mensch, –en, –en person, human being, man
der Monat, –e month
müde tired
der Mund, –e or ⸚**er** mouth

BASIC WORD LIST (Continued)

nichts nothing
niemand nobody
noch still, yet, else, even; any more, in addition, etc.
nur only
oben above, up, upstairs
paar few, a couple
plötzlich sudden
reichen reach, extend; pass; suffice, last
ruhig quiet

scheinen (schien, geschienen) shine; appear
der Schnee snow
schnell fast, quick
schreien (schrie, geschrien) shout, scream, cry
die Schule, —n school
schwarz black, dark
die Seite, —n side; page
sich oneself, etc.; each other
sonst otherwise, else; formerly

der Zivilist civilian; **der Posten** guard; **mürrisch** sullenly

verboten forbidden

Mensch *in this sense, slang for* "man," "guy," etc.; **raus = heraus**

***stolz** proudly; **verwundet** wounded

an-blicken look at; **verächtlich** disdainfully, contemptuously; **'s** das; ***wüßtest** (*subj.*) would know

ein-sehen understand, comprehend, agree

***der Kuchen** cookie

***hübsch** pretty; **Russe(n)** Russian; **das Gestöber** drift; **feil-halten** offer for sale

Mach, daß *emphatic imper.*, "see that," "you'd better"; **rein = herein**

riesig huge; **die Pfütze** puddle; ***geduldig** patiently; **Schulhof** *the Germans are using a school building as a field hospital;* **Chuchen = Kuchen** (*in Russian accent*)

strecken put, stick; (*intrans.*) stick, be located	**tot** dead
stehen bleiben (blieb stehen, ist stehen geblieben) stop	**traurig** sad
	voll full (of)
die Stimme, –n voice	**das Wasser, –** water
die Straße, –n street, road	**weil** because
das Stück, –e piece; play	**weiß** white
die Stunde, –n hour; moment; lesson	**die Welt, –en** world
	wenn if, when, whenever
teuer expensive; dear	**zeigen** show; point
das Tier, –e animal	**der Zucker** sugar

Auch Kinder sind Zivilisten

Heinrich Böll

,,Es geht nicht'', sagte der Posten mürrisch.

,,Warum?'' fragte ich.

,,Weil's verboten ist.''

,,Warum ist's verboten?''

,,Weil's verboten ist, Mensch, es ist für Patienten verboten, rauszugehen.'' 5

,,Ich'', sagte ich stolz, ,,ich bin doch verwundet.''

Der Posten blickte mich verächtlich an: ,,Du bist wohl 's erstemal verwundet, sonst wüßtest du, daß Verwundete auch Patienten sind, na geh schon jetzt.''

Aber ich konnte es nicht einsehen. 10

,,Versteh mich doch'', sagte ich, ,,ich will ja nur Kuchen kaufen von dem Mädchen da.''

Ich zeigte nach draußen, wo ein hübsches kleines Russenmädchen im Schneegestöber stand und Kuchen feilhielt.

,,Mach, daß du reinkommst!'' 15

Der Schnee fiel leise in die riesigen Pfützen auf dem schwarzen Schulhof, das Mädchen stand da, geduldig, und rief leise immer wieder: ,,Chuchen . . . Chuchen . . . ''

Mensch Look, man!; **mir läuft's . . . zusammen** "my mouth's watering"

was "Is that it?"

Es war zum Verzweifeln "It was enough to drive you crazy";
der Staub dust; **eingehüllt** enveloped; **obwohl** although

packen grab; **Der Ärmel** sleeve; **wütend** furious;
ab-hauen (*sl.*) clear out, scram; **der Feldwebel** sergeant

das Rindvieh cattle; (*sl.*) numbskull, ass; ***zornig** angrily

befriedigt (*here*) smugly self-satisfied; **'ne** eine;
die Dienstauffassung sense of duty

der Dreck mud, muck, filth; **die Insel** island; **der Puderzucker**
powdered sugar; **zwinkern** wink, blink; **scheinbar** apparently;
gleichgültig indifferent, unconcerned; **nach-gehen** follow;
***die Mauer** wall

ob "I wonder if . . . "; **tatsächlich** actually, really; ***das Loch** hole;
der Führer segne "may the Führer bless you for . . ."

prächtig splendid; **Makronen . . . glänzten** Macaroons, cream pastries,
yeast rolls, and nut pastries, gleaming in oil

***lächeln** smile; **hob . . . entgegen** held the basket up to me;
Dreimarkfünfzig das Stück *Black market prices in occupied*
Russia were very high

***nicken** nod

flüchtig fleeting; **entzückend** charming; **düster** gloomy

,,Mensch", sagte ich zu dem Posten, ,,mir läuft's Wasser im Munde
zusammen, dann laß doch das Kind eben reinkommen."

,,Es ist verboten, Zivilisten reinzulassen."

,,Mensch", sagte ich, ,,das Kind ist doch ein Kind."

Er blickte mich wieder verächtlich an. ,,Kinder sind wohl keine Zivilisten,   5
was?"

Es war zum Verzweifeln, die leere, dunkle Straße war von Schneestaub
eingehüllt, und das Kind stand ganz allein da und rief immer wieder:
,,Chuchen . . . ", obwohl niemand vorbeikam.

Ich wollte einfach rausgehen, aber der Posten packte mich schnell am   10
Ärmel und wurde wütend. ,,Mensch", schrie er, ,,hau jetzt ab, sonst hol
ich den Feldwebel."

,,Du bist ein Rindvieh", sagte ich zornig.

,,Ja", sagte der Posten befriedigt, ,,wenn man noch 'ne Dienstauffassung
hat, ist man bei euch ein Rindvieh."   15

Ich blieb noch eine halbe Minute im Schneegestöber stehen und sah, wie
die weißen Flocken zu Dreck wurden; der ganze Schulhof war voll
Pfützen, und dazwischen lagen kleine weiße Inseln wie Puderzucker.
Plötzlich sah ich, wie das hübsche kleine Mädchen mir mit den
Augen zwinkerte und scheinbar gleichgültig die Straße hinterging.   20
Ich ging auf der Innenseite der Mauer nach.

,,Verdammt", dachte ich, ,,ob ich denn tatsächlich ein Patient bin?"
Und dann sah ich, daß da ein kleines Loch in der Mauer war neben dem
Pissoir, und vor dem Loch stand das Mädchen mit dem Kuchen. Der
Posten konnte uns hier nicht sehen. Der Führer segne deine   25
Dienstauffassung, dachte ich.

Die Kuchen sahen prächtig aus: Makronen und Buttercremeschnitten,
Hefekringel und Nußecken, die von Öl glänzten. ,,Was kosten sie?" fragte
ich das Kind.

Sie lächelte, hob mir den Korb entgegen und sagte mit ihrem feinen   30
Stimmchen: ,,Dreimarkfinfzig das Stick."

,,Jedes?"

,,Ja", nickte sie.

Der Schnee fiel auf ihr feines, blondes Haar und puderte sie mit
flüchtigem silbernem Staub; ihr Lächeln war einfach entzückend. Die   35
düstere Straße hinter ihr war ganz leer, und die Welt schien tot . . .

kosten taste, try; **das Zeug** "the stuff"; ***schmecken** taste;
prachtvoll splendid, fine; **Marzipan** *a rich confectionery of almond paste*

der Verband bandage; **Theodor Körner (1791–1813)** *German
patriotic poet, subject of a well-known portrait in which he wears a head
bandage*; **probieren** try; **zerschmelzen** melt

*vorsichtig carefully; ***zart** delicate; **schmutzig** dirty;
der Zeigefinger index finger; ***zählen** count; **verschlucken** swallow;
*als wäre *(subj.)* as if there were; ***sanft** soft, light; **weben** weave;
sich verzählen miscount, lose count; ***erschreckend** shockingly;
senkrecht vertical; **die Magermilch** skim milk; **zwitschern** chirp,
twitter; *to the foreign ear, Russian has a markedly sibilant
character;* **zucken** *(here)* shrug; ***die Schulter** shoulder; **sich
bücken** bend down; **ich zählte . . . dazu** I added my five (*that
the narrator has already eaten*) to that; **der Korb** basket

hinaus-langen hold out, push out; **satt haben** have more than enough;
die Hure prostitute

flink nimbly, quickly; **weg-huschen** slip away; **die Lücke** hole;
*verschwinden disappear; ***vollkommen** completely; ***flachdachig**
flat-roofed; **zu-decken** cover; **die Hürde** pen; ***blicken** look, gaze;
spüren feel, sense; **steif** stiff; **das Gefängnis** prison

*riechen smell; **abscheulich** abominably; **der Guß** icing;
aufs Haus zu toward the building; ***hätte . . . können** *(subj.)*
could have; **zu-schneien** cover with snow

Ich nahm einen Hefekringel und kostete ihn. Das Zeug schmeckte prachtvoll, es war Marzipan darin. ,,Aha'', dachte ich, ,,deshalb sind die auch so teuer wie die anderen.''

Das Mädchen lächelte.

,,Gut?'' fragte sie. ,,Gut?''   5

Ich nickte nur: mir machte die Kälte nichts, ich hatte einen dicken Kopfverband und sah aus wie Theodor Körner. Ich probierte noch eine Buttercremeschnitte und ließ das prachtvolle Zeug langsam im Munde zerschmelzen. Und wieder lief mir das Wasser im Munde zusammen . . .

,,Komm'', sagte ich leise, ,,ich nehme alles, wievel hast du?''   10

Sie fing vorsichtig mit einem zarten, kleinen, ein bißchen schmutzigen Zeigefinger an zu zählen, während ich eine Nußecke verschluckte. Es war sehr still, und es schien mir fast, als wäre ein leises sanftes Weben in der Luft von den Schneeflocken. Sie zählte sehr langsam, verzählte sich ein paarmal, und ich stand ganz ruhig dabei und aß noch zwei Stücke.   15
Dann hob sie ihre Augen plötzlich zu mir, so erschreckend senkrecht, daß ihre Pupillen ganz nach oben standen, und das Weiße in den Augen war so dünnblau wie Magermilch. Irgend etwas zwitscherte sie mir auf Russisch zu, aber ich zuckte lächelnd die Schultern, und dann bückte sie sich und schrieb mit ihren schmutzigen Fingerchen eine 45   20
in den Schnee; ich zählte meine fünf dazu und sagte: ,,Gib mir auch den Korb, ja?''

Sie nickte und reichte mir den Korb vorsichtig durch das Loch, ich langte zwei Hundertmarkscheine hinaus. Geld hatten wir satt, für einen Mantel bezahlten die Russen siebenhundert Mark, und wir hatten drei Monate   25
nichts gesehen als Dreck und Blut, ein paar Huren und Geld . . .

,,Komm morgen wieder, ja?'' sagte ich leise, aber sie hörte nicht mehr auf mich, ganz flink war sie weggehuscht, und als ich traurig meinen Kopf durch die Mauerlücke steckte, war sie schon verschwunden, und ich sah nur die stille russische Straße, düster und vollkommen leer; die   30
flachdachigen Häuser schienen langsam von Schnee zugedeckt zu werden. Lange stand ich so da wie ein Tier, das mit traurigen Augen aus der Hürde hinausblickt, und erst als ich spürte, daß mein Hals steif wurde, nahm ich den Kopf ins Gefängnis zurück.

Und jetzt erst roch ich, daß es da in der Ecke abscheulich stank, nach   35
Pissoir, und die hübschen kleinen Kuchen waren alle mit einem zarten Zuckerguß von Schnee bedeckt. Ich nahm müde den Korb und ging aufs Haus zu; mir war nicht kalt, ich sah ja aus wie Theodor Körner und hätte noch eine Stunde im Schnee stehen können. Ich ging, weil ich doch irgendwohin gehen mußte. Man muß doch irgendwohin gehen, das muß   40

man doch. Man kann ja nicht stehenbleiben und sich zuschneien lassen.
Irgendwohin muß man gehen, auch wenn man verwundet ist in einem
fremden, schwarzen, sehr dunklen Land . . .

Taken from the volume of Heinrich Böll, *1947 bis 1951.*
(*Courtesy Friedrich Middelhauve Verlag, Köln, 4th edition, 1965.*)

FRAGEN

1. Was durfte der Erzähler nicht? Warum?
2. Wo war der Erzähler?
3. Warum war er da?
4. Warum wollte der Verwundete aus dem Schulhof hinaus?
5. Wie war das Wetter?
6. Wo war das Krankenhaus, worin der Erzähler sich damals befand?
7. Was hatte das kleine Mädchen auf der Straße bei sich?
8. Warum durfte das Mädchen nicht in den Hof herein?
9. Wo sprachen sie endlich miteinander?
10. Wieviel kosteten die Kuchen?
11. Warum waren sie so teuer?
12. Wieviele Kuchen hatte das Mädchen?
13. Wieviel Geld gab der Verwundete dem Mädchen?
14. Warum machte ihm die Kälte nichts?
15. Warum ging der Verwundete wieder aufs Haus zu?
16. Wohin mußte man denn?

Wolfgang Borchert (1921–1947)

The career of Wolfgang Borchert is one of the most remarkable and most melancholy of any modern German author. He may be regarded as the very first of the completely new generation of postwar authors. Yet almost his entire production was written in the last two feverish years of his life and under the most appalling circumstances.

A native of Hamburg, he had worked there as a bookseller and actor until inducted into the *Wehrmacht* in 1941 and dispatched to the Russian Front. He was badly wounded and his health was broken. Because of seditious remarks against the National Socialist regime he was subsequently put under suspended sentence of death and reposted "on probation" back to the East. His ill health won him a medical discharge, but soon thereafter he was again tried and sent to prison. Liberated at the war's end by the American forces in southern Germany, he was obliged to walk the several hundred kilometers back to Hamburg.

While he was engaged in writing there, his health continued to deteriorate. The Allied military authorities granted him an exit visa to go to Switzerland for treatment. But it came too late. The premiere of his major work, the radio drama *Draußen vor der Tür*, was held in Hamburg on the evening following his death.

Seldom has posthumous fame ensued so quickly. Soon his play was being performed all over Germany, for his public realized that here an authentic voice was articulating the horror and abomination of war and in the most profoundly moving terms.

The remainder of Borchert's work is chiefly in the form of short stories. His simple, almost Spartan style—somewhat after that of Hemingway—with its lyrical, tender, and fittingly sentimental qualities, strikes the reader as peculiarly apt for the themes he treats: the utter disruption and isolation of man in chaos, the senseless devastation of youth, and the need to reject the past completely in order to build a humane world.

The selections following will help to show Borchert's skill in presenting with simplicity and tenderness how, to those grappling in darkness and misery, slim gleams of hope appear owing to the efforts of kindness and concern from others, who are themselves possibly worse off.

In *Die drei dunklen Könige* we see in a Christmas setting the visit of three war-crippled Magi who bring such gifts as they can to a new-born child. A boy, in *Nachts schlafen die Ratten doch*, benumbed by the bombing of his home and loss of his brother, is shaken from his torpid vigil over the ruins by a rickety old man, who understands.

As you read these selections from Borchert, note how his style is marked by the repetition of certain key words and phrases and by lending anthropomorphic qualities to the inanimate: an empty street is "shocked" by the echo of lone footsteps; a door "cries" when opened; the ruins of a house "yawn" in the setting sun. And notice how much is said only by implication.

BASIC WORD LIST

antworten answer
der Atem breath
der Augenblick, —e moment
das Bein, —e leg
brechen (brach, gebrochen) break
denken (dachte, gedacht) think, imagine
dick fat, thick
dunkel dark
dünn thin
fehlen lack, be missing; ail
das Fenster, — window
fürchten fear
der Fuß, ⸚e foot
gehören belong
gelb yellow
das Gesicht, —er face
halten (hielt, gehalten) hold; stop; consider
heben (hob, gehoben) lift
hell bright
der Himmel, — sky, heaven
hoch, hoh- high, tall
das Holz, ⸚er wood
kalt cold
lachen laugh
leben live
legen lay, place
leise soft, gentle, quiet
der Mann, ⸚er man, husband
der Mond, —e moon
der Mund, —e; or ⸚er mouth
die Mutter, ⸚ mother

die Nacht, ⸚e night
die Nase, —n nose
nein no
noch still, yet, else, even; any more, in addition, etc.
offen open, frank
das Ohr, —en ear
der Punkt, —e point, period
rot red
rund round
schlafen (schlief, geschlafen) sleep
schlagen (schlug, geschlagen) strike, beat; defeat
schön beautiful; good; all right, OK, etc.; nice
schreien (schrie, geschrien) shout, scream, cry
der Schritt, —e step
setzen set, place, put
stark strong
steigen (stieg, ist gestiegen) climb, rise
das Stück, —e piece; play
süß sweet
die Tasche, —n pocket; bag
treten (trat, ist getreten) step, walk; **hat getreten** kicked
die Tür(e), —(e)n door
welch— which, what, who, that
werfen (warf, geworfen) throw
das Zimmer, — room

tappen grope, feel one's way; **die Vorstadt** suburb; **das Pflaster** pavement; **erschrocken** schocked; **da . . . gegen = dagegen;** **die Latte** lattice work; **morsch** rotten; ***(auf)seufzen** sigh; ***riechen** smell; **mürbe** mellow; *the odor of dry rot;* ***der Stern** star

dabei (*here*) as he did so; **entgegen-sehen** look toward; ***blaß** pale; ***beugen** bend; **knochig** bony; **ringsum** all around; ***beinahe** almost; ***der Kuchen** cake, cookie

der Blechofen metal stove; **auf-glimmen** blaze up; **winzig** tiny; **erst** (*here*) just; ***obgleich** although; **zu = geschlossen;** **pusten** puff, pant

die Haferflocken rolled oats; **noch von** "more of"; ***weich** soft; ***kriegen = bekommen;** ***frieren** freeze; **die Faust** fist; **kucken** (*sl.*) look, see; **der Heiligenschein** halo

welche "some people"; ***stoßen** expel; ***der Nebel** fog; **die Füße hoch heben** (*here*) walk softly; **flüstern** whisper

der Pappkarton cardboard box; **erfrieren** freeze; ***drehen** roll

Die drei dunklen Könige

Wolfgang Borchert

Er tappte durch die dunkle Vorstadt. Die Häuser standen abgebrochen gegen den Himmel. Der Mond fehlte, und das Pflaster war erschrocken über den späten Schritt. Dann fand er eine alte Planke. Da trat er mit dem Fuß gegen, bis eine Latte morsch aufseufzte und losbrach. Das Holz roch mürbe und süß. Durch die dunkle Vorstadt tappte er zurück. Sterne waren nicht da.

Als er die Tür aufmachte (sie weinte dabei, die Tür), sahen ihm die blaßblauen Augen seiner Frau entgegen. Sie kamen aus einem müden Gesicht. Ihr Atem hing weiß im Zimmer, so kalt war es. Er beugte sein knochiges Knie und brach das Holz. Das Holz seufzte. Dann roch es mürbe und süß ringsum. Er hielt sich ein Stück davon unter die Nase. Riecht beinahe wie Kuchen, lachte er leise. Nicht, sagten die Augen der Frau, nicht lachen. Er schläft.

Der Mann legte das süße mürbe Holz in den kleinen Blechofen. Da glomm es auf und warf eine Handvoll warmes Licht durch das Zimmer. Die fiel hell auf ein winziges rundes Gesicht und blieb einen Augenblick. Das Gesicht war erst eine Stunde alt, aber es hatte schon alles, was dazugehört: Ohren, Nase, Mund und Augen. Die Augen mußten groß sein, das konnte man sehen, obgleich sie zu waren. Aber der Mund war offen, und es pustete leise daraus. Nase und Ohren waren rot. Er lebt, dachte die Mutter. Und das kleine Gesicht schlief.

Da sind noch Haferflocken, sagte der Mann. Ja, antwortete die Frau, das ist gut. Es ist kalt. Der Mann nahm noch von dem süßen weichen Holz. Nun hat sie ihr Kind gekriegt und muß frieren, dachte er. Aber er hatte keinen, dem er dafür die Fäuste ins Gesicht schlagen konnte. Als er die Ofentür aufmachte, fiel wieder eine Handvoll Licht über das schlafende Gesicht. Die Frau sagte leise: Kuck, wie ein Heiligenschein, siehst du? Heiligenschein! dachte er, und er hatte keinen, dem er die Fäuste ins Gesicht schlagen konnte.

Dann waren welche an der Tür. Wir sahen das Licht, sagten sie, vom Fenster. Wir wollen uns zehn Minuten hinsetzen. Aber wir haben ein Kind, sagte der Mann zu ihnen. Da sagten sie nichts weiter, aber sie kamen doch ins Zimmer, stießen Nebel aus den Nasen und hoben die Füße hoch. Wir sind ganz leise, flüsterten sie und hoben die Füße hoch. Dann fiel das Licht auf sie.

Drei waren es. In drei alten Uniformen. Einer hatte einen Pappkarton, einer einen Sack. Und der dritte hatte keine Hände. Erfroren, sagte er, und hielt die Stümpfe hoch. Dann drehte er dem Mann die Manteltasche hin. Tabak war darin und dünnes Papier. Sie drehten Zigaretten. Aber die Frau sagte: Nicht, das Kind.

umwickelt wrapped; ***der Esel** donkey; **schnitzen** whittle; **das Wasser** water; **die Wassersucht** dropsy; **befühlen** handle, touch; **zittern** tremble

stemmen prop; **die Brust** breast, chest; **kräftig** robust; energetically; **schleichen** creep; ***nicken** nod

sonderbare Heilige "some saints *they* are!"; **der Heilige** saint; **brummen** mutter, murmur

lebendig lively; ***stolz** proudly

*Weihnachten Christmas

Da gingen die vier vor die Tür, und ihre Zigaretten waren vier Punkte in
der Nacht. Der eine hatte dicke umwickelte Füße. Er nahm ein Stück
Holz aus einem Sack. Ein Esel, sagte er, ich habe sieben Monate daran
geschnitzt. Für das Kind. Das sagte er und gab es dem Mann.
Was ist mit den Füßen? fragte der Mann. Wasser, sagte der Eselschnitzer, 5
vom Hunger. Und der andere, der dritte? fragte der Mann und befühlte
im Dunkeln den Esel. Der dritte zitterte in seiner Uniform: Oh, nichts,
wisperte er, das sind nur die Nerven. Man hat eben zuviel Angst gehabt.
Dann traten sie die Zigaretten aus und gingen wieder hinein.

Sie hoben die Füße hoch und sahen auf das kleine schlafende Gesicht. 10
Der Zitternde nahm aus seinem Pappkarton zwei gelbe Bonbons und
sagte dazu: Für die Frau sind die.

Die Frau machte die blassen blauen Augen weit auf, als sie die drei
Dunklen über das Kind gebeugt sah. Sie fürchtete sich. Aber da stemmte
das Kind seine Beine gegen ihre Brust und schrie so kräftig, daß die 15
drei Dunklen die Füße aufhoben und zur Tür schlichen. Hier nickten sie
nochmal, dann stiegen sie in die Nacht hinein.

Der Mann sah ihnen nach. Sonderbare Heilige, sagte er zu seiner Frau.
Dann machte er die Tür zu. Schöne Heilige sind das, brummte er und sah
nach den Haferflocken. Aber er hatte kein Gesicht für seine Fäuste. 20

Aber das Kind hat geschrien, flüsterte die Frau, ganz stark hat es
geschrien. Da sind sie gegangen. Kuck mal, wie lebendig es ist, sagte
sie stolz. Das Gesicht machte den Mund auf und schrie.

Weint er? fragte der Mann.

Nein, ich glaube, er lacht, antwortete die Frau. 25

Beinahe wie Kuchen, sagte der Mann und roch an dem Holz, wie Kuchen.
Ganz süß.

Heute ist ja auch Weihnachten, sagte die Frau.

Ja, Weihnachten, brummte er, und vom Ofen her fiel eine Handvoll Licht
hell auf das kleine schlafende Gesicht. 30

Wolfgang Borchert, *Draussen vor der Tür und ausgewählte Erzählungen.*
(*Courtesy Rowohlt Verlag, Reinbek bei Hamburg, 1964.*)

FRAGEN

1. Wo war der Mann am Anfang der Geschichte?
2. Was suchte der Mann? Wozu brauchte er das?
3. Was für eine Nacht war es?
4. Wer wartete zu Hause auf den Mann?
5. Wie alt war das Kind? Was machte es jetzt?
6. Wie beschreibt der Autor immer das Kind?
7. Wie sah das Licht auf dem Kleinen aus?
8. Warum kamen die drei Männer zu ihnen?
9. Beschreiben Sie die drei Männer!
10. Was gab der erste Fremde dem Vater?
11. Warum gingen die vier Männer vor die Tür?
12. Was gab der Mann mit den umwickelten Füssen dem Kind?
13. Warum zitterte einer von den Männern?
14. Was tat das Kind als die drei Männer sich über es beugten?
15. Welches Geschenk bekam die Mutter?
16. Was für ein Feiertag war heute?
17. Wen sollen die Männer darstellen?

BASIC WORD LIST

der Abend, —e evening
antworten answer
das Bein, —e leg
bestimmt certain, definite
der Bruder, ⸚ brother
die Erde, —n earth
fassen take hold of, grasp, reach
das Fenster, — window
fest firm, fast
früh early
der Fuß, ⸚e foot
das Geld money
genau exact
gleich (adv.) immediately
gleich (adj.) equal, same
halten (hielt, gehalten) hold;
    stop; consider
hoch, hoh— high, tall
jemand somebody; anybody
laufen (lief, ist gelaufen) run;
    walk
der Lehrer, — teacher
leicht easy, light, slight
mit einem Mal suddenly, all at
    once
meinen mean, think; say
das Messer, — knife
mögen (mochte, gemocht) like,
    may, let, etc.
der Mut courage, spirit

nachts nights, at night
noch ein one more
nur only
oben above, up, upstairs
rot red
ruhig quiet, peaceful; just go
    right ahead
rund round
scheinen (schien, geschienen)
    shine, appear
schlafen (schlief, geschlafen)
    sleep
schnell fast, quick
der Schritt, —e step
setzen set, place, put
sicher certain, safe, sure
die Sonne, —n sun
steigen (stieg, ist gestiegen)
    climb, rise
tot dead
überhaupt at all; altogether,
    really
der Vater, ⸚ father
versuchen try
warten wait
der Weg, —e way, road
wer who, whoever
das Wetter weather
wirklich real
zeigen show; point out

die Ratte rat; **hohl** gaping, hollow; **vereinsamt** solitary, lonely;
*die Mauer wall; **gähnen** yawn; **Staubgewölke . . . Schornsteinresten**
a cloud of dust glimmered between the upright ruins of chimneys;
die Schuttwüste ruins; **dösen** doze, be drowsy; **mit einmal** suddenly;
blinzeln blink; **ärmlich behoste** poorly clad; **ziemlich** rather;
krumm crooked, bent; **daß** so that; **das Geblinzel** quick glance;
die Hose trousers; **erkennen** recognize, see; **der Korb** basket;
die Spitze tip, end

was (*here*) I suppose; **das Haargestrüpp** thicket of hair;
*auf-passen keep watch; **der Stock** stick

wischen to wipe; **der Hosenboden** seat of trousers

verächtlich contemptuously

na well

stieß mit dem Fuß kicked with his foot; **zu-klappen** snap, shut

pah bah!; **geringschätzig** deprecatingly; **das Kaninchen** rabbit;
das Futter feed

Donnerwetter! "Good Lord!"; **verwundert** astonished;
fixer Kerl clever fellow

Nachts schlafen die Ratten doch

Wolfgang Borchert

Das hohle Fenster in der vereinsamten Mauer gähnte blaurot voll früher
Abendsonne. Staubgewölke flimmerte zwischen den steilgereckten
Schornsteinresten. Die Schuttwüste döste. Er hatte die Augen zu. Mit
einmal wurde es noch dunkler. Er merkte, daß jemand gekommen
war und nun vor ihm stand, dunkel, leise. Jetzt haben sie mich! dachte er.   5
Aber als er ein bißchen blinzelte, sah er nur zwei etwas ärmlich
behoste Beine. Die standen ziemlich krumm vor ihm, daß er zwischen
ihnen hindurchsehen konnte. Er riskierte ein kleines Geblinzel an den
Hosenbeinen hoch und erkannte einen älteren Mann. Der hatte ein Messer
und einen Korb in der Hand. Und etwas Erde an den Fingerspitzen.   10

Du schläfst hier wohl, was? fragte der Mann und sah von oben auf das
Haargestrüpp herunter. Jürgen blinzelte zwischen den Beinen des Mannes
hindurch in die Sonne und sagte: Nein, ich schlafe nicht. Ich muß hier
aufpassen. Der Mann nickte: So, dafür hast du wohl den großen Stock da?

Ja, antwortete Jürgen mutig und hielt den Stock fest.   15

Worauf paßt du denn auf?

Das kann ich nicht sagen. Er hielt die Hände fest um den Stock.

Wohl auf Geld, was? Der Mann setzte den Korb ab und wischte das
Messer an seinem Hosenboden hin und her.

Nein, auf Geld überhaupt nicht, sagte Jürgen verächtlich. Auf ganz   20
etwas anderes.

Na, was denn?

Ich kann es nicht sagen. Was anderes eben.

Na, denn nicht. Dann sage ich dir natürlich auch nicht, was ich hier im
Korb habe. Der Mann stieß mit dem Fuß an den Korb und klappte das   25
Messer zu.

Pah, kann mir denken, was in dem Korb ist, meinte Jürgen geringschätzig,
Kaninchenfutter.

Donnerwetter, ja! sagte der Mann verwundert, bist ja ein fixer Kerl.
Wie alt bist du denn?   30

Neun.

Oha, denk mal an, neun also. Dann weißt du ja auch, wieviel drei mal
neun sind, wie?

klar (*here*) certainly

stimmen to be correct

immerzu always, continuously

*flüstern whisper

ein halbes Brot half a loaf of bread; **die Blechschachtel** tin box

*rauchen smoke; **die Pfeife** pipe

zaghaft timorously; **drehen** turn; (*here*) roll cigarettes

schade that's a pity; **sich bücken** bend down
*hättest . . . können (*subj.*) could have; **aus-suchen** select, pick out

sich auf-richten straighten up; *sich um-drehen turn around

*verraten: tell on; betray

da . . . von = davon leben sie doch

der = er; **zeigte mit dem Stock** pointed with his stick;
zusammengesackt sagging, buckling; *kriegen = bekommen;
der Keller cellar; **erst** (*here*) just

Klar, sagte Jürgen, und um Zeit zu gewinnen, sagte er noch: Das ist ja ganz leicht. Und er sah durch die Beine des Mannes hindurch. Dreimal neun, nicht? fragte er noch einmal, siebenundzwanzig. Das wußte ich gleich.

Stimmt, sagte der Mann, und genau soviel Kaninchen habe ich. 5

Jürgen machte einen runden Mund: Siebenundzwanzig?

Du kannst sie sehen. Viele sind noch ganz jung. Willst du?

Ich kann doch nicht. Ich muß aufpassen, sagte Jürgen unsicher.

Immerzu? fragte der Mann, nachts auch?

Nachts auch. Immerzu. Immer. Jürgen sah an den krummen Beinen hoch. 10
Seit Sonnabend schon, flüsterte er.

Aber gehst du denn gar nicht nach Hause? Du mußt doch essen.

Jürgen hob einen Stein hoch. Da lag ein halbes Brot. Und eine Blechschachtel.

Du rauchst? fragte der Mann, hast du denn eine Pfeife? 15

Jürgen faßte seinen Stock fest an und sagte zaghaft: Ich drehe. Pfeife mag ich nicht.

Schade, der Mann bückte sich zu seinem Korb, die Kaninchen hättest du ruhig mal ansehen können. Vor allem die Jungen. Vielleicht hättest du dir eines ausgesucht. Aber du kannst hier ja nicht weg. 20

Nein, sagte Jürgen traurig, nein nein.

Der Mann nahm den Korb hoch und richtete sich auf. Na ja, wenn du hierbleiben mußt – schade. Und er drehte sich um.

Wenn du mich nicht verrätst, sagte Jürgen da schnell, es ist wegen den Ratten. 25

Die krummen Beine kamen einen Schritt zurück: Wegen den Ratten?

Ja, die essen doch von Toten. Von Menschen. Da leben sie doch von.

Wer sagt das?

Unser Lehrer.

Und du paßt nun auf die Ratten auf? fragte der Mann. 30

Auf die doch nicht! Und dann sagte er ganz leise: Mein Bruder, der liegt nämlich da unten. Da. Jürgen zeigte mit dem Stock auf die zusammengesackten Mauern. Unser Haus kriegte eine Bombe. Mit

das ist aber ein Lehrer "that's *some* teacher";
schon (*here*) that's the truth

die Kuhle pit, hole; **der Schutt** rubble; **Lauter kleine Betten**
Nothing but little beds

ab-holen come for

der Rest remains, vestige; **ein-packen** pack his bags and go

im Weggehen as he was about to leave; **der Stall** hutch, pen;
*bauen build

das Brett board, plank; **die Kiste** box, crate

auf . . . zu toward; **Die = Sie;** **schwenkte aufgeregt** swung agitatedly

einmal war das Licht weg im Keller. Und er auch. Wir haben noch
gerufen. Er war viel kleiner als ich. Erst vier. Er muß hier ja noch sein.
Er ist doch viel kleiner als ich.

Der Mann sah von oben auf das Haargestrüpp. Aber dann sagte er
plötzlich: Ja, hat euer Lehrer euch denn nicht gesagt, daß die Ratten   5
nachts schlafen?

Nein, flüsterte Jürgen und sah mit einmal ganz müde aus, das hat er
nicht gesagt.

Na, sagte der Mann, das ist aber ein Lehrer, wenn er das nicht mal weiß.
Nachts schlafen die Ratten doch. Nachts kannst du ruhig nach Hause   10
gehen. Nachts schlafen sie immer. Wenn es dunkel wird, schon.

Jürgen machte mit seinem Stock kleine Kuhlen in den Schutt. Lauter
kleine Betten sind das, dachte er, alles kleine Betten.

Da sagte der Mann (und seine krummen Beine waren ganz unruhig dabei):
Weißt du was? Jetzt füttere ich schnell meine Kaninchen, und wenn es   15
dunkel wird, hole ich dich ab. Vielleicht kann ich eins mitbringen. Ein
kleines oder, was meinst du?

Jürgen machte kleine Kuhlen in den Schutt. Lauter kleine Kaninchen.
Weiße, graue, weißgraue. Ich weiß nicht, sagte er leise und sah auf die
krummen Beine, wenn sie wirklich nachts schlafen.   20

Der Mann stieg über die Mauerreste weg auf die Straße. Natürlich, sagte
er von da, euer Lehrer soll einpacken, wenn er das nicht mal weiß.

Da stand Jürgen auf und fragte: Wenn ich eins kriegen kann? Ein weißes
vielleicht?

Ich will mal versuchen, rief der Mann schon im Weggehen, aber du mußt   25
hier solange warten. Ich gehe dann mit dir nach Hause, weißt du?
Ich muß deinem Vater doch sagen, wie so ein Kaninchenstall gebaut wird.
Denn das müßt ihr ja wissen.

Ja, rief Jürgen, ich warte. Ich muß ja noch aufpassen, bis es dunkel wird.
Ich warte bestimmt. Und er rief: Wir haben auch noch Bretter zu Hause.   30
Kistenbretter, rief er.

Aber das hörte der Mann schon nicht mehr. Er lief mit seinen krummen
Beinen auf die Sonne zu. Die war schon rot vom Abend und Jürgen
konnte sehen, wie sie durch die Beine hindurchschien, so krumm waren
sie. Und der Korb schwenkte aufgeregt hin und her. Kaninchenfutter   35
war da drin. Grünes Kaninchenfutter, das war etwas grau vom Schutt.

Wolfgang Borchert, *Draussen vor der Tür und ausgewählte Erzählungen.*
(Courtesy Rowohlt Verlag, Reinbek bei Hamburg, 1964.)

FRAGEN

1. Wo saß der Junge?
2. Wer kam zu ihm?
3. Was hatte der Mann in der Hand?
4. Was machte Jürgen hier? Wie alt war er?
5. Was hatte der Mann in dem Korb?
6. Was hatte der Mann zu Hause? Wieviele hatte er?
7. Ging Jürgen nachts nach Hause?
8. Warum konnte Jürgen nicht mit dem Mann nach Hause, um die Kaninchen zu sehen?
9. Worauf paßte Jürgen auf? Warum?
10. Wie alt war der Bruder?
11. Was hätte der Lehrer Jürgen auch sagen sollen?
12. Wie fühlte sich Jürgen?
13. Warum ging der Mann weg?
14. Wann kam er zurück?
15. Was wurde der Mann dem Jungen mitbringen?
16. Wie ist das Kaninchenfutter der Hausruine ähnlich?

Erich Kästner (1899–   )

The fame of Erich Kästner outside Germany is understandably due to his authorship of well-known juvenile stories, in particular of *Emil and the Detectives*. But this is only one aspect of his genial talent; the other is that of satirist and parodist, a talent that seldom gains such high esteem in German letters. In a vein similar to that of Kurt Tucholsky—his early contemporary in Berlin—his adult works are to a great extent social criticism and his preferred form is verse, which he terms "applied poetry" —the use of the lyric in its conventional forms to achieve a special effect of satire or criticism.

He was born in the Saxon capital of Dresden, but settled as a student in Berlin, where he lived for most of his early career. He achieved local fame early for his pungent and humorous verse published in the Berlin newspapers. He was closely associated with the brilliant circles of writers, artists, actors, producers, publishers, and critics that flourished in the German capital in the 1920s against the fomenting political upheaval. As an outspoken anti-Fascist he was forbidden to publish in Germany after 1933, and had the singular experience of witnessing the burning of his own books. Yet, although he could have emigrated, he chose to remain in Germany throughout the Third Reich, to be, in his own phrase, "eyewitness" to the course of a catastrophe he had predicted.

After the war he became an editor of the *Neue Zeitung,* a newspaper of excellence under the sponsorship of the American Occupation authorities, which was to serve as a model of responsible journalism in the reconstruction of the postwar German press. He resides today in South Germany.

Kästner's amiable versatility is demonstrated by his skill in a wide range of literary genres, of which we have included here three aspects of his verse and, in Part 2, an example of his skill as a raconteur.

Verzweifelung Nr. I is an affectionate portrayal of the feelings of remorse we have all felt as children at the failure to carry out a proud errand—a remorse so deep that Kästner notes that the child's grief was more intense than his mother's love. *Kurzgefaßter Lebenslauf,* an encapsulated autobiography in quatrains, shows the author pausing, at the beginning of middle age, to reflect that the great formative events of his early life are past and to ponder what he should do in the second half to come. *Hamlets Geist* is an account of one of the more extraordinary productions of *Hamlet,* which enjoys the unique distinction of being unambiguously convincing to the audience.

Das Märchen vom Glück in Part 2 is a variant of the old what-would-you-do-if-you-had-three-wishes story, but with a difference: it illustrates the point of having a wish.

BASIC WORD LIST

abends in the evening
allein' alone
der Baum, ¨e tree
beide both, two
bestimmt certain, definite
breit broad, wide
das Brot, —e bread
das Gesicht, —er face
der Hof, ¨e (court)yard; court; farm
hoffen hope
das Jahr, —e year
der Knabe, —n, —n boy

die Kraft, ¨e strength, vigor
der Krieg, —e war
lachen laugh
langsam slow
leiden (litt, gelitten) suffer, bear, stand (for)
die Liebe love
das Lied, —er song
das Mal, —e time
meist most, mostly
nah(e) near
nie never
öffnen open

die Verzweiflung despair; **der Kaufmann (die Kaufleute)** merchant, businessman; ***messen** gauge, measure; (*here*) watch; **der Seitenblick** sidelong glance

***es eilig haben** be in a hurry; **hüpfen** hop, skip; **summen** hum; **ein Viertelpfund Speck** ¼ pound of bacon; ***klingen** sound; **verstummen** fall silent

***der Laden** shop; **erlöschen** go out, be extinguished; ***der Stern** star; **funkeln** sparkle, twinkle

***als wolle** (*subj.*) as if he would; **der Rolladen** rolling shutter; **klappern** rattle, clatter; **die Scheibe** pane of glass; **die Laterne** lamp, lantern; **ein-nicken** nod, fall asleep

die Faust fist, clenched hand

regnen rain
reichen reach; extend; pass;
  suffice, last
selber oneself, etc.
sitzen (saß, gesessen) sit
der Sohn, ⸚e son
spielen play
**stehen bleiben (blieb stehen, ist
  stehen geblieben)** stop
der Stuhl, ⸚e chair
suchen look for, seek
der Teil, —e part

tragen (trug, getragen) carry;
  wear
treten (trat, ist getreten) step,
  walk; **hat getreten** kicked
tun (tat, getan) do; act; put
die Uhr, —en clock; watch;
  o'clock
verlieren (verlor, verloren) lose
wachsen (wuchs, ist gewachsen)
  grow
die Wand, ⸚e wall
†**zwar** to be sure; specifically

Verzweiflung Nr. 1

Ein kleiner Junge lief durch die Straßen
und hielt eine Mark in der heißen Hand.
Es war schon spät, und die Kaufleute maßen
mit Seitenblicken die Uhr an der Wand.

Er hatte es eilig. Er hüpfte und summte: 5
„Ein halbes Brot und ein Viertelpfund Speck.''
Das klang wie ein Lied. Bis es plötzlich verstummte.
Er tat die Hand auf. Das Geld war weg.

Da blieb er stehen und stand im Dunkeln.
In den Ladenfenstern erlosch das Licht.   10
Es sieht zwar gut aus, wenn die Sterne funkeln.
Doch zum Suchen von Geld reicht das Funkeln nicht.

Als wolle er immer stehen bleiben,
stand er. Und war, wie noch nie, allein.
Die Rolläden klapperten über die Scheiben.   15
Und die Laternen nickten ein.

Er öffnete immer wieder die Hände
und drehte sie langsam hin und her.
Dann war die Hoffnung endlich zu Ende.
Er öffnete seine Fäuste nicht mehr . . .   20

allmählich gradually, little by little; **bang(e)** anxious; **lehnen** lean; **die Teppichstange** rack for beating carpets; ***kehren** turn

***erschrocken** alarmed; **bliebe** *subj. of indirect discourse;* ***der Schmerz** sorrow, misery

Toggenburg any small provincial town; **die Weste, –n** waistcoat, vest; **der Heldenvater** father of the hero

loben praise; ***sogar** even; **der Kenner** expert, connoisseur; ***schlank** slim; ***die Dame** lady; ***schade** pity; ***besitzen** haben; **sich betrinken** drink, get drunk

aufs äußerste bestürzt exceedingly dismayed; **ab-kürzen** cut short; ***wolle** *subj. of indirect discourse*

Der Vater wollte zu essen haben.
Die Mutter hatte ein müdes Gesicht.
Sie saßen und warteten auf den Knaben.
Der stand im Hof. Sie wußten es nicht.

Der Mutter wurde allmählich bange.   5
Sie ging ihn suchen. Bis sie ihn fand.
Er lehnte still an der Teppichstange
und kehrte das kleine Gesicht zur Wand.

Sie fragte erschrocken, wo er denn bliebe.
Da brach er in lautes Weinen aus.   10
Sein Schmerz war größer als ihre Liebe.
Und beide traten traurig ins Haus.

Hamlets Geist   *er ist ein Schauspieler*

Gustav Renner war bestimmt die beste
Kraft im Toggenburger Stadttheater.
Alle kannten seine weiße Weste.   15
Alle kannten ihn als Heldenvater.

Alle lobten ihn, sogar die Kenner.
Und die Damen fanden ihn sogar noch schlank.
Schade war nur, daß sich Gustav Renner,
wenn er Geld besaß, enorm betrank.   20

Eines Abends, als man „Hamlet" gab,
spielte er den Geist von Hamlets Vater.
Ach, er kam betrunken aus dem Grab!
Und was man nur Dummes tun kann, tat er.   *He did everything possible wrong.*

Hamlet war aufs äußerste bestürzt.   25
Denn der Geist fiel gänzlich aus der Rolle.
Und die Szene wurde abgekürzt.
Renner fragte, was man von ihm wolle.

die Kulisse wing of a stage; **der Rausch** drunkenness; **befreien** free; **das Kissen** pillow, cushion; ***ein-schlafen** go to sleep

***stören** disturb; **hingehören** belong (in a place)

die Gattin spouse, wife; (*here*) Hamlet's mother; **das Florett** foil, rapier; **Blues** "the blues"; **schmeißen** throw, fling; **das Parkett** orchestra seats (in a theater)

zittern tremble; **aus-reißen** run away, fly the coop; **das Publikum** audience; **egal** all the same; **donnern** thunder

***hätten** *subj. of indirect discourse*

kurzgefaßt concise; **der Lebenslauf** *curriculum vitae;* formal account of one's career; **das All** outer space; **seinerzeit = einst, einmal;** ***ehe** before; **gedenken** intend; think over

***bestreiten** dispute, contest; **patentiert** patented; **der Musterknabe** model boy; ***bloß** nur

Man versuchte hinter den Kulissen
ihn von seinem Rausche zu befrein,
legte ihn langhin und gab ihm Kissen.
Und dabei schlief Gustav Renner ein.

Die Kollegen spielten nun exakt,　　　　　　5
weil er schlief und sie nicht länger störte.
Doch er kam! Und zwar im nächsten Akt,
wo er absolut nicht hingehörte!

Seiner Gattin trat er auf den Fuß.
Seinem Sohn zerbrach er das Florett.　　　10
Und er tanzte mit Ophelia Blues.
Und den König schmiß er ins Parkett.

Alle zitterten und rissen aus.
Doch dem Publikum war das egal.
So etwas von donnerndem Applaus　　　　15
gab's in Toggenburg zum ersten Mal.

Und die meisten Toggenburger fanden:
Endlich hätten sie das Stück verstanden.

Kurzgefaßter Lebenslauf

Wer nicht zur Welt kommt, hat nicht viel verloren.
Er sitzt im All auf einem Baum und lacht.　　20
Ich wurde seinerzeit als Kind geboren,
eh ich's gedacht.

Die Schule, wo ich viel vergessen habe,
bestritt seitdem den größten Teil der Zeit.
Ich war ein patentierter Musterknabe.　　　25
Wie kam das bloß? Es tut mir jetzt noch leid.

die Großen Ferien summer holidays;   **treiben** (*here*) take part;
lebte weiter went on living

die Inflation *catastrophic economic inflation of the twenties;*
Leipzig (*here*) the University of Leipzig;   **Kant** Immanuel Kant
(1724–1804), German philosopher;   **das Gotisch** Gothic (*philological
studies*);   **die Börse** stock exchange;   **das Büro** office;
***die Kunst** art;   **sowieso** anyway, in any case

***beinah** nearly;   **die Fabrik** factory, works;   **die Schläfe** temple;
***blühen** bloom, sprout

sägen saw;   **der Ast** branch, limb;   ***das Gefühl** feeling;
bepflanzen sow, seed;   **der Witz** joke, wit

***der Rücken** back;   **Zusammenfassend . . . sagen** Summing up,
one could say;   **trotzdem** nevertheless

Dann gab es Weltkrieg, statt der Großen Ferien.
Ich trieb es mit der Fußartillerie.
Dem Globus lief das Blut aus den Arterien.
Ich lebte weiter. Fragen Sie nicht, wie.

Bis dann die Inflation und Leipzig kamen.   5
Mit Kant und Gotisch, Börse und Büro,
mit Kunst und Politik und jungen Damen.
Und sonntags regnete es sowieso.

Nun bin ich beinah vierzig Jahre
und habe eine kleine Versfabrik.   10
Ach, an den Schläfen blühn schon graue Haare,
und meine Freunde werden langsam dick.

Ich setze mich sehr gerne zwischen Stühle.
Ich säge an dem Ast, auf dem wir sitzen.
Ich gehe durch die Gärten der Gefühle,   15
die tot sind, und bepflanze sie mit Witzen.

Auch ich muß meinen Rucksack selber tragen!
Der Rucksack wächst. Der Rücken wird nicht breiter.
Zusammenfassend läßt sich etwa sagen:
Ich kam zur Welt und lebe trotzdem weiter.   20

All poems taken from *Doktor Erich Kästner's Lyrische Hausapotheke.*
(*Courtesy Atrium Verlag, A. G., Zürich, 1930.*)

Arthur Schnitzler (1862–1931)

In the decades surrounding the turn of the century the great capitals of
Europe seem each to have been served with a fitting observer and
chronicler to record and survey through the vehicle of fiction the social
history of a splendid final era that was never to be the same after World
War I and the consequential disruption of an older order. We think of
Henry James for London; Marcel Proust for Paris; and somewhat earlier,
Theodor Fontane for Berlin. The writer who captured the ambience of
early twentieth-century Vienna with uncommon clarity and perceptiveness
was Arthur Schnitzler.

Schnitzler was trained as a physician, and in his writings he employs the
inobtrusively penetrating eye of the clinician. His portraits of the society
of his time—artistically brilliant and convincing—retain a certain
objectivity and detachment that leave moral judgment implicit. His art
unfolds to the reader the complexities of the human psyche and of
human relationships with an unsurpassed depth of understanding and
sensitivity. Independently of his Viennese contemporary and correspondent
Sigmund Freud, whose doctrine has so mightily affected man's view of
man in later decades, Schnitzler arrived at insights into the intricacies of
human gamesmanship well in advance of their common acceptance
today. His novella, *Leutnant Gustl*, an unexcelled *tour de force* of
narration, is Western literature's first outstanding example of the stream-
of-consciousness technique. His powers were greatly esteemed by
Freud, who once wrote to him: "I have often asked myself, wonderingly,
from where you were able to draw the secret knowledge which I have
had to acquire through laborious investigation of the subject, and in the
end have come to envy the poet whom I had only admired before."

Schnitzler's work and his critique of the Viennese world has many facets,
of which we shall see two examples here. The short piece, *Die grüne
Krawatte*, is allegorical in form and depicts the ambiguous manifestations
of envy. The subject, Herr Cleophas, through his unconscious elegance,
is both aped and vilified by his inferiors in public who cannot abide
excellence in others.

Sylvesternacht, a one-act play in Part 2, represents the milieu for which
Schnitzler is known to a wider public, wherein he deals with the nuances
of the pursuit of love within the sphere of patrician Vienna. Here we
see Schnitzler treat with delicate humor a moment of dalliance between a
very youthful man-about-town and an attractive older woman, who
protests too much about her contentment in an indifferent marriage. The
scene is a New Year's Eve celebration in those moments before midnight
when one is prone to reflection. The guests have retired from the dining
room. There the young man happens upon the matron sitting alone by an
open window. In the dialogue that follows between the two we see an

excellent example of Schnitzler's skill at portraying human fun and games: the young man, attempting a sophistication that would impress the woman, seeks to provoke her to admit that she still longs for romantic love; she, in turn, affecting complete indifference, is devoured by curiosity about the young man's affair with a girl from the wrong part of town. The young man succeeds in breaking down her defenses—but hers is the winning finesse.

BASIC WORD LIST

anders else
besser better
brauchen use, need
daher' (*emph.* **da'her**) consequently
dürfen (durfte, gedurft) may, be permitted to, etc.
einige some
gemein common, vulgar
die Gesellschaft, —en company, society; party
gleich (*adj.*) equal, same; (*prep.*) like
grüßen greet, say hello
der Hals, ⸚e neck
irgend any, some

jener that (one); the former
der Kopf, ⸚e head
laut loud
die Leute (*pl.*) people
das Mal, —e time; mark
manch many a; some
der Morgen, — morning
neu new, recent
sprechen (sprach, gesprochen) speak
die Stadt, ⸚e city
der Stoff, —e matter, material
der Tag, —e day
tun (tat, getan) do; act; put
was für ein what sort of
wohnen live, dwell

die Krawatte necktie; **namens** named; **zurückgezogen** secluded, retired; **wandelte ... an** he was seized with a desire; ***sich an-kleiden** dress, get dressed; **wohlanständig** decorously, properly; **sich begeben = gehen**; **höflich** courteously; **finden** (here) **meinen, denken**; **vorzüglich** very well; **stehen** (+ dat) suit, go well with ***die Anerkennung** appreciation, cognizance; **gleich-tun** imitate; ***freilich** of course; **die Anmut** grace, flair; **knüpfen** tie

bald darauf soon afterwards; ***der Spaziergang** walk; **das Gewand** suit; ***schütteln** shake; **bedenklich** critical, doubtful; **Die** (here) Those who; **die Verzweiflung** despair

daher kommen (here) show up here; ***gewohnt** accustomed to, used to; **sich gefallen lassen** put up with; **schlau** wily, sly; **ein-reden** convince

höhnisch scornfully, sarcastically

*besonders especially; ***die Mittel** (pl.) means; ***erlauben** allow; **der Zwirnsfaden** piece of thread or cotton; **schlingen** tie; ***erklären** explain; **vornehm** refined, genteel; ***hassen** hate; **überhaupt** in general; **des Weges** down the way; **der Wüstling** libertine, lecher; **sich kümmern** concern oneself

der Dieb thief; **zucken** shrug; **die Achsel** shoulder; ***die Menge** crowd; **allen voran** foremost among them; **der Meuchelmörder** assassin; ***richten** direct; ***sich erinnern** remember;

Die grüne Krawatte

Arthur Schnitzler

Ein junger Herr namens Cleophas wohnte zurückgezogen in seinem
Hause nah der Stadt. Eines Morgens wandelte ihn die Lust an, unter
Menschen zu gehen. Da kleidete er sich wohlanständig an wie immer, tat
eine neue grüne Krawatte um und begab sich in den Park. Die Leute
grüßten ihn höflich, fanden, daß ihm die grüne Krawatte vorzüglich zu   5
Gesicht stehe, und sprachen durch einige Tage mit viel Anerkennung
von der grünen Krawatte des Herrn Cleophas. Einige versuchten, es ihm
gleichzutun, und legten grüne Krawatten an wie er — freilich waren
sie aus gemeinerem Stoff und ohne Anmut geknüpft.

Bald darauf machte Herr Cleophas wieder einen Spaziergang durch den   10
Park, in einem neuen Gewand, aber mit der gleichen grünen Krawatte.
Da schüttelten einige bedenklich den Kopf und sagten: ,,Schon wieder
trägt er die grüne Krawatte . . . Er hat wohl keine andere . . . ‘‘
Die etwas nervöser waren, riefen aus: ,,Er wird uns noch zur Verzweiflung
bringen mit seiner grünen Krawatte!‘‘   15

Als Herr Cleophas das nächste Mal unter die Leute ging, trug er eine
blaue Krawatte. Da riefen einige: ,,Was für eine Idee, plötzlich mit einer
blauen Krawatte daher zu kommen?‘‘ Die Nervöseren aber riefen laut:
,,Wir sind gewohnt, ihn mit einer grünen zu sehen! Wir brauchen es uns
nicht gefallen zu lassen, daß er heute mit einer blauen erscheint!‘‘   20
Aber manche waren sehr schlau und sagten: ,,Ah, uns wird er nicht
einreden, daß diese Krawatte blau ist. Herr Cleophas trägt sie, und
daher ist sie grün.‘‘

Das nächste Mal erschien Herr Cleophas, wohlanständig gekleidet wie
immer, und trug eine Krawatte vom schönsten Violett. Als man ihn von   25
weitem kommen sah, riefen die Leute höhnisch aus: ,,Da kommt der
Herr mit der grünen Krawatte!‘‘

Besonders gab es eine Gesellschaft von Leuten, der ihre Mittel nichts
anderes erlauben, als Zwirnsfäden um den Hals zu schlingen.
Diese erklärten, daß Zwirnsfäden das Eleganteste und Vornehmste seien,   30
und haßten überhaupt alle, die Krawatten trugen und besonders Herrn
Cleophas, der immer wohlanständig gekleidet war und schönere und
besser geknüpfte Krawatten trug als irgendeiner. Da schrie einmal der
Lauteste unter diesen Menschen, als er Herrn Cleophas des Weges
kommen sah: ,,Die Herren mit der grünen Krawatte sind Wüstlinge!‘‘   35
Herr Cleophas kümmerte sich nicht um ihn und ging seines Weges.

Als Herr Cleophas das nächste Mal im Park spazierenging, schrie der
laute Herr mit dem Zwirnsfaden um den Hals: ,,Die Herren mit der grünen
Krawatte sind Diebe!‘‘ Und manche schrien mit. Cleophas zuckte die

öfters frequently; **der Geselle** fellow, chap; **auf . . . zu** up to;
am Ende "when all is said and done"; **erwidern** reply;
versichern assure; ***die Hochachtung** esteem, respect

in gemessener Entfernung at a certain distance; **sich befinden = sein;**
(in die Hände) klatschen applaud; **wie er . . . fühlt** how well he
knows we're talking about him; ***zweifeln an** doubt

Achseln und dachte, daß es mit den Herren, die jetzt grüne Krawatten trugen, doch weit gekommen sein müßte. Als er das dritte Mal wieder kam, schrie die ganze Menge, allen voran der laute Herr mit dem Zwirnsfaden um den Hals: ,,Die Herren mit der grünen Krawatte sind Meuchelmörder!'' Da bemerkte Cleophas, daß viele Augen auf ihn gerichtet waren. Er erinnerte sich, daß er auch öfters grüne Krawatten getragen hatte, trat auf den Gesellen mit dem Zwirnsfaden zu und fragte: ,,Wen meinen Sie denn eigentlich? Am Ende mich auch?'' Da erwiderte jener: ,,Aber, Herr Cleophas, wie können Sie glauben —? Sie tragen doch gar keine grüne Krawatte!'' Und er schüttelte ihm die Hand und versicherte ihn seiner Hochachtung.

Cleophas grüßte und ging. Aber als er sich in gemessener Entfernung befand, klatschte der Mann mit dem Zwirnsfaden in die Hände und rief: ,,Seht ihr, wie er sich getroffen fühlt? Wer darf jetzt noch daran zweifeln, daß Cleophas ein Wüstling, Dieb und Meuchelmörder ist?!''

Arthur Schnitzler, *Gesammelte Werke, Die erzählenden Schriften*. Vol. I.
(Courtesy S. Fischer Verlag, Frankfurt am Main, 1961.)

FRAGEN

1. Ging Herr Cleophas gewöhnlich unter Menschen?
2. Wie war Cleophas gekleidet, als er das erste Mal ausging?
3. Was dachten die Leute zuerst über seine grüne Krawatte?
4. Was versuchten einige dann zu tun?
5. Gefiel ihnen die grüne Krawatte das nächste Mal?
6. Was sagten die Nervöseren dazu?
7. Trug er dieses Mal dasselbe Gewand?
8. Was für eine Krawatte trug Cleophas das dritte Mal?
9. Was sagten die Leute über diese Krawatte?
10. Was rief einer, als Cleophas mit der violetten Krawatte erschien?
11. Warum trugen einige Leute nur Zwirnsfäden?
12. Wer schrie, die Herren mit den grünen Krawatten seien Wüstlinge, Diebe und Meuchelmörder? Warum?
13. Warum kümmerte sich Cleophas zuerst nicht um den Mann mit dem Zwirnsfaden?
14. Wie entschuldigte sich der Mann mit dem Zwirnsfaden, als Cleophas endlich auf ihn zutrat?
15. Was rief der Mann mit dem Zwirnsfaden, als Cleophas ihn nicht mehr hören konnte?

Franz Kafka (1883–1924)

It is noteworthy that of the perhaps four or five German authors of this century who have attained secure international reputations, two of them have their origins not in the mainstream of the German world but in the cultural outpost of Prague, former capital of Austrian Bohemia. For this ancient, brooding, binationally German and Czech city on the Moldau produced within the same generation two of European literature's most celebrated and unusual figures—Rainer Maria Rilke and Franz Kafka.

It is furthermore curious that the art of both men should have been born of the same severely neurotic emotions of anxiety and self-estrangement in a world out of sorts. Although the nature of their works and careers have otherwise little in common, they share a mutual theme of the rootless and unsheltered individual seeking in his isolation contact, order, and purpose in an alienated world.

For Kafka, the seeker would meet only frustration and disaster. So effectively has he articulated the experience of nightmarish futility that his name is now invoked to describe the type of impersonal frustration that has become commonplace in our times, in the useful, but unattractive adjective "Kafkaesque."

Franz Kafka was born into a mercantile Jewish family of Prague, where he read for the law at the German University. He studied briefly in Munich and returned to Prague, where he had a position in an insurance firm when he began his writings. The onset of tuberculosis during World War I obliged him to leave his job and seek treatment in a number of sanatoriums throughout Central Europe. He moved to Berlin in 1923 to continue his writing, but his disease overcame him the following year.

His works consist of three fragmentary novels—*Amerika*, *Der Prozeß*, and *Das Schloß*, short stories and sketches, his diaries and his letters. We owe the preservation of the considerable material unpublished at the time of his death to his friend and literary executor, Max Brod. Kafka had left instructions that his manuscripts be destroyed.

The two sketches following demonstrate in all their brevity the essence of Kafka's bewitching technique, his haunting style. Within the first few words we sense, as in a nightmare, that we are in an alien and hostile situation. We know that we should try to quit the scene, simply to walk away from what we know is hopeless and, potentially, disastrous. Yet something beyond us impels us to stay, to persist, to look further at our peril. We are confronted with the agents of the powerful, unseen, and mortal forces that clutch at us, but there is no communication or mediation possible with these dim figures who act out our doom.

Kafka's language reinforces this helpless sense of straying guilelessly toward our preappointed fate. It is ostensibly simple and indifferent to the point of being artless. Yet the idiosyncrasy of his phrasing belies the outwardly naive style. The unexplained reference or attribute implies by its very vagueness a foreboding. That not a word is wasted, that there is never a conscious embellishment for the sake of effect, demonstrates Kafka's supreme artistry in invoking his—and our own—incubus.

Vor dem Gesetz and *Ein Traum* are miniature examples of the ambience of Kafka's anguished world. You may wish to acquaint yourself further with this most significant of modern authors by reading any of his novels, which are available in excellent translations.

BASIC WORD LIST

an-sehen (sah an, angesehen)
  look at; tell by looking at
die Bitte, –n request; **bitten**
  (bat, gebeten) ask
brechen (brach, gebrochen) break
dürfen (durfte, gedurft) may,
  be permitted, etc.
einzig only, sole
erfahren (erfuhr, erfahren) learn,
  experience
fast almost
genau exact
glücklich happy; fortunate
jeder each, every
laut loud
leben live
die Macht, ⁝e power, force, might

möglich possible
die Nase, –n nose
offen open, frank
oft often
die Reise, –n trip
sammeln collect, gather
schließen (schloß, geschlossen)
  close, lock; conclude
schwach weak
schwarz black, dark
sich setzen sit down
stellen place
tief deep
der Tod, –e death
verlangen demand, ask; long for
der Versuch, –e attempt

*das Gesetz the law; *in the broadest sense, one's due for a righteous life;* der Türhüter doorkeeper; hüten guard, tend; ein Mann vom Lande (*symbolically* Everyman); der Eintritt entry, admission; ein-treten enter; gewähren grant; überlegen consider, ponder; das Tor gate; beiseite-treten step aside; (sich) bücken bend down; das Innere inside; locken entice, lure; trotz meines Verbotes even though I've forbidden you; unterst– lowest (ranking); der Saal hall, large room; stehn = stehen; Schon den Anblick . . . ertragen The very sight of the third is more than even I can bear; *die Schwierigkeit difficulty; *erwarten expect; zugänglich accessible; der Pelz fur coat; *spitz pointed; tatarischer Bart long, twisted oriental mustache; *(sich) entschließen decide; *die Erlaubnis permission; der Schemel footstool; *seitwärts sideways; ermüden exhaust, wear out; an-stellen institute, carry on; das Verhör inquiry, interrogation; aus-fragen question; *die Heimat home; teilnahmslos indifferent, disinterested; große Herren important people (*implies condescension*); zum Schlusse finally; aus-rüsten equip, outfit; verwenden use, employ; wertvoll valuable; bestechen bribe; *an-nehmen accept; versäumen neglect, miss; beobachten observe; ununterbrochen uninterruptedly; das Hindernis obstacle; verfluchen curse; *der Zufall fortune, circumstance; rücksichtslos ruthless; brummt . . . vor sich hin he merely grumbles to himself; kindisch childish; das Studium study; der Floh flea; der Kragen collar; um-stimmen to change a person's mind; *schließlich finally; das Augenlicht eyesight; täuschen deceive; wohl aber but still; *erkennen perceive; *der Glanz gleam, brightness; unverlöschlich inextinguishable, verlöschen extinguish; *bisher up to now; zu-winken beckon to; erstarren stiffen; auf-richten straighten up; *hinunter-neigen bend down; *der Größenunterschied difference in height; zuungunsten to the disadvantage; sich verändern change; unersättlich insatiable; *streben strive; wieso kommt es how is it; der Einlaß = der Eintritt; vergehen vanish, fade; das Gehör hearing; *erreichen reach; an-brüllen roar at; *erhalten obtain; der Eingang entrance; bestimmen intend

Vor dem Gesetz

Franz Kafka

Vor dem Gesetz steht ein Türhüter. Zu diesem Türhüter kommt ein Mann
vom Lande und bittet um Eintritt in das Gesetz. Aber der Türhüter
sagt, daß er ihm jetzt den Eintritt nicht gewähren könne. Der Mann
überlegt und fragt dann, ob er also später werde eintreten dürfen.
„Es ist möglich", sagt der Türhüter, „jetzt aber nicht." Da das Tor zum   5
Gesetz offensteht wie immer und der Türhüter beiseitetritt, bückt sich
der Mann, um durch das Tor in das Innere zu sehen. Als der Türhüter das
merkt, lacht er und sagt: „Wenn es dich so lockt, versuche es doch,
trotz meines Verbotes hineinzugehen. Merke aber: Ich bin mächtig.
Und ich bin nur der unterste Türhüter. Von Saal zu Saal stehn aber   10
Türhüter, einer mächtiger als der andere. Schon den Anblick des dritten
kann nicht einmal ich mehr ertragen." Solche Schwierigkeiten hat der
Mann vom Lande nicht erwartet; das Gesetz soll doch jedem und immer
zugänglich sein, denkt er, aber als er jetzt den Türhüter in seinem
Pelzmantel genauer ansieht, seine große Spitznase, den langen, dünnen,   15
schwarzen tatarischen Bart, entschließt er sich, doch lieber zu warten,
bis er die Erlaubnis zum Eintritt bekommt. Der Türhüter gibt ihm einen
Schemel und läßt ihn seitwärts von der Tür sich niedersetzen. Dort sitzt
er Tage und Jahre. Er macht viele Versuche, eingelassen zu werden, und
ermüdet den Türhüter durch seine Bitten. Der Türhüter stellt öfters   20
kleine Verhöre mit ihm an, fragt ihn über seine Heimat aus und nach
vielem andern, es sind aber teilnahmslose Fragen, wie sie große Herren
stellen, und zum Schlusse sagt er ihm immer wieder, daß er ihn noch
nicht einlassen könne. Der Mann, der sich für seine Reise mit vielem
ausgerüstet hat, verwendet alles, und sei es noch so wertvoll, um den   25
Türhüter zu bestechen. Dieser nimmt zwar alles an, aber sagt dabei:
„Ich nehme es nur an, damit du nicht glaubst, etwas versäumt zu
haben." Während der vielen Jahre beobachtet der Mann den Türhüter
fast ununterbrochen. Er vergißt die andern Türhüter, und dieser erste
scheint ihm das einzige Hindernis für den Eintritt in das Gesetz.   30
Er verflucht den unglücklichen Zufall, in den ersten Jahren rücksichtslos
und laut, später, als er alt wird, brummt er nur noch vor sich hin.
Er wird kindisch, und, da er in dem jahrelangen Studium des Türhüters
auch die Flöhe in seinem Pelzkragen erkannt hat, bittet er auch die
Flöhe, ihm zu helfen und den Türhüter umzustimmen. Schließlich wird   35
sein Augenlicht schwach, und er weiß nicht, ob es um ihn wirklich
dunkler wird, oder ob ihn nur seine Augen täuschen. Wohl aber erkennt
er jetzt im Dunkel einen Glanz, der unverlöschlich aus der Türe des
Gesetzes bricht. Nun lebt er nicht mehr lange. Vor seinem Tode sammeln
sich in seinem Kopfe alle Erfahrungen der ganzen Zeit zu einer Frage,   40
die er bisher an den Türhüter noch nicht gestellt hat. Er winkt ihm zu, da
er seinen erstarrenden Körper nicht mehr aufrichten kann. Der Türhüter

muß sich tief zu ihm hinunterneigen, denn der Größenunterschied hat sich sehr zuungunsten des Mannes verändert. ,,Was willst du denn jetzt noch wissen?'' fragte der Türhüter, ,,du bist unersättlich.'' ,,Alle streben doch nach dem Gesetz'', sagt der Man, ,,wieso kommt es, daß in den vielen Jahren niemand außer mir Einlaß verlangt hat?'' Der Türhüter 5 erkennt, daß der Mann schon an seinem Ende ist, und, um sein vergehendes Gehör noch zu erreichen, brüllt er ihn an: ,,Hier konnte niemand sonst Einlaß erhalten, denn dieser Eingang war nur für dich bestimmt. Ich gehe jetzt und schließe ihn.''

Franz Kafka, *Erzählungen und kleine Prosa*.
(*Courtesy Schocken Books, Inc., New York, 1946.*)

FRAGEN

1. Warum kommt der Mann zum Türhüter?
2. Bekommt der Mann das, worum er bittet?
3. Was sagt der Türhüter, als der Mann versucht, in das Innere zu gehen?
4. Vor wem warnt er den Mann?
5. Wozu entschließt sich der Mann, da er night gleich hinein darf?
6. Was macht der Mann, während er wartet?
7. Bittet er noch einmal um Eintritt?
8. Was sagt der Türhüter nach jedem Verhör?
9. Warum nimmt der Türhüter alles an, was man ihm gibt?
10. Was tut der Mann in den ersten Jahren? Was später?
11. Was sieht der Mann noch, als sein Augenlicht schwach wird?
12. Welche Frage will er dem Türhüter am Ende stellen?
13. Was bekommt er zur Antwort?

Ilse Aichinger (1921–   )

A leading personality in the postwar world of letters in Germany, Ilse Aichinger is the wife of the prominent author Günter Eich. She was born in Vienna and initially studied medicine there. She resolved, however, to devote her career to literature. The success of her first novel, *Die größere Hoffnung*, in 1948 assured her position in the vanguard of an entirely new literary generation.

With her husband, Ilse Aichinger has been a central figure in the remarkable literary confraternity known as the *Gruppe 47*, a loose but influential association of the younger German writers and critics of the earliest postwar period. This alliance of young emerging talents became the rallying point of German literature since the War, virtually emancipated from the previous generation of writers by the hiatus of the Hitler years. New directions of interest, both aesthetic and political, were established. Participants criticized each other's works. Literary prizes were awarded. This movement, if such it can be called, has sustained itself throughout the past two decades not as a formal organization, but through the sense of community of purpose among otherwise widely differing literary personalities. In 1966 the *Gruppe 47* visited America as a body to hold its annual meeting at Princeton University.

Ilse Aichinger's style is simple, unmannered, and detached. She conveys an ambiguous world of neutral reality and hostile unreality. One can see in the following sketch, *Wo ich wohne*, how vividly she stands under the influence of Kafka.

BASIC WORD LIST

angenehm pleasant, agreeable

die Antwort, –en answer

die Art, –en way, manner, kind

atmen breathe

der Augenblick, –e moment

bald soon

das Bett, –en bed

das Bild, –er picture

das Brot, –e bread

das Buch, ⸚er book

dieser this; the latter

das Ding, –e thing

noch einmal once more

einzig only, sole

die Fahrt, –en trip

das Feuer, – fire; light

die Frage, –n question

froh happy

(sich) fühlen feel

führen lead

die Furcht (*n.*) **fürchten** fear

der Gast, ⸚e guest

gerade just (then); straight; right

geschehen (geschah, ist geschehen) happen

gestern yesterday

gewöhnlich usual

der Grund, ⸚e ground; bottom; reason, basis

grüßen greet, say hello

jemand somebody; anybody

kurz short

das Leben, – life

lesen (las, gelesen) read; gather

link– left

links to the left, etc.

manch(–) many a; some

meist(–) most, mostly

möglich possible

nachdem after

nachts nights, at night

neben beside, near; along with

neu new, recent

nie never

oft often

rechts to the right, etc.

rein pure, clean; neat

die Sache, –n thing, matter, affair

schauen look

schneiden (schnitt, geschnitten) cut

schwach weak

selb– (derselbe) same

selbst oneself, etc.; even

der Sinn, –e sense; mind

stellen place

unten below, downstairs

verlangen demand, ask; long for

wahr true

welch – which, what, who, that

wenig little; (*pl.*) few

*der Stock floor, story;   ***deshalb** for the reason;   **übersiedeln** move;
*die Treppe stairs;   **das Tor** street door;   **auf-sperren** unlock;
der Lichtknopf *light switch which briefly illuminates the corridors of a building;*   **drücken** press;   **ahnungslos** unsuspectingly;   **in Betrieb**
in working order;   **angelangt** arrived;   ***lehnen** lean;   **überfallen**
overcome, attack;   **die Erschöpfung** exhaustion;   **das Stockwerk** story;
das Schild sign, plate;   ***(sich) irren** be mistaken;   **die Tafel**
plaque;   **bezeichnen** designate, mark

der Flur corridor

der Widerstand resistance;   **der Schalter** light switch;   **erleuchten**
light up;   **die Tapete** wallpaper;   ***längst** for a long time;
*wechseln change;   ***die Bank** bench;   **gerückt an** pushed up to;
*der Gang passageway;   ***die Küche** kitchen;   **die Dose** box;
unverändert unchanged

*übrig other;   ***bisher** up to now, previously;   **die Stiege** flight of
stairs;   **überzeugen** convince, persuade;   ***der Arzt** doctor, physician

Wo ich wohne

Ilse Aichinger

Ich wohne seit gestern einen Stock tiefer. Ich will es nicht laut sagen,
aber ich wohne tiefer. Ich will es deshalb nicht laut sagen, weil ich nicht
übersiedelt bin. Ich kam gestern abends aus dem Konzert nach Hause,
wie gewöhnlich Samstag abends, und ging die Treppe hinauf, nachdem ich
vorher das Tor aufgesperrt und auf den Lichtknopf gedrückt hatte.   5
Ich ging ahnungslos die Treppe hinauf — der Lift ist seit dem Krieg nicht
in Betrieb —, und als ich im dritten Stock angelangt war, dachte ich:
,,Ich wollte, ich wäre schon hier!'' und lehnte mich für einen Augenblick
an die Wand neben der Lifttür. Gewöhnlich überfällt mich im dritten
Stock eine Art von Erschöpfung, die manchmal so weit führt, daß ich   10
denke, ich müßte schon vier Treppen gegangen sein. Aber das dachte ich
diesmal nicht, ich wußte, daß ich noch ein Stockwerk über mir hatte.
Ich öffnete deshalb die Augen wieder, um die letzte Treppe hinaufzugehen,
und sah in demselben Augenblick mein Namensschild an der Tür links
vom Lift. Hatte ich mich doch geirrt und war schon vier Treppen   15
gegangen? Ich wollte auf die Tafel schauen, die das Stockwerk
bezeichnete, aber gerade da ging das Licht aus.

Da der Lichtknopf auf der anderen Seite des Flurs ist, ging ich die zwei
Schritte bis zu meiner Tür im Dunkeln und sperrte auf. Bis zu meiner
Tür? Aber welche Tür sollte es denn sein, wenn mein Name daran stand?   20
Ich mußte eben doch schon vier Treppen gegangen sein.

Die Tür öffnete sich auch gleich ohne Widerstand, ich fand den Schalter
und stand in dem erleuchteten Vorzimmer, in meinem Vorzimmer, und
alles war wie sonst: die roten Tapeten, die ich längst hatte wechseln
wollen, und die Bank, die daran gerückt war, und links der Gang zur   25
Küche. Alles war wie sonst. In der Küche lag das Brot, das ich zum
Abendessen nicht mehr gegessen hatte, noch in der Brotdose. Es war alles
unverändert. Ich schnitt ein Stück Brot ab und begann zu essen,
erinnerte mich aber plötzlich, daß ich die Tür zum Flur nicht geschlossen
hatte, als ich hereingekommen war, und ging ins Vorzimmer zurück,   30
um sie zu schließen.

Dabei sah ich in dem Licht, das aus dem Vorzimmer auf den Flur fiel, die
Tafel, die das Stockwerk bezeichnete. Dort stand: Dritter Stock. Ich lief
hinaus, drückte auf den Lichtknopf und las es noch einmal. Dann las ich
die Namensschilder auf den übrigen Türen. Es waren die Namen der   35
Leute, die bisher unter mir gewohnt hatten. Ich wollte dann die Stiegen
hinaufgehen, um mich zu überzeugen, wer nun neben den Leuten
wohnte, die bisher neben mir gewohnt hatten, ob nun wirklich der Arzt,
der bisher unter mir gewohnt hatte, über mir wohnte, fühlte mich
aber plötzlich so schwach, daß ich zu Bett gehen mußte.   40

seither since then; ***wach** awake; **verlocken** tempt; **sich Gewißheit verschaffen** make sure, certain; ***könnte** (*subj.*) could; ***erwachte** (*subj.*) would awaken; **herauskäme** (*subj.*) would come out; ***der Nachbar** neighbor

*die Atemzüge breathing; ***Schiffsbau** naval architecture, shipbuilding; **gleichmäßig** regular, even; **die Ahnung** suspicion, notion; ***müßte** (*subj.*) would have to; **die Aufräumefrau** char, cleaning woman; **auf-räumen** tidy up, put in order

verzeihen excuse, pardon; **aber wie . . . kenne** but if I know my cleaning woman; ***übrig-bleiben** remain, be left to do; ***als hätte ich** (*subj.*) as if I had

*geschehen wäre (*subj.*) would have happened; ***gelassen hätte** (*subj.*) had left; **müßig** idle; ***ein-schlafen** fall asleep

der Keller basement, cellar; ***der Vorteil** advantage; **die Kohle, —n** coal; **hinunter-bemühen** bother with going downstairs; **nebenan** next door; **zufrieden** satisfied; **im Verdacht haben** suspect; **genau nehmen** be meticulous; **erst recht nicht** certainly not; **lächerlich** absurd, ridiculous; **der Staub** dust; **das Möbel** piece of furniture; **fegen** sweep, dust; **ich sehe es ihr an** I can tell by looking at her; **pfeifen** whistle; **regelmäßig** regular; ***ich wollte, er brächte** (*subj.*) I wish he would bring; **auffällig** odd, surprising; ***erschiene** (*subj.*) would appear

Seither liege ich wach und denke darüber nach, was morgen werden soll. Von Zeit zu Zeit bin ich immer noch verlockt, aufzustehen und hinaufzugehen und mir Gewißheit zu verschaffen. Aber ich fühle mich zu schwach, und es könnte auch sein, daß von dem Licht im Flur da oben einer erwachte und herauskäme und mich fragte: ,,Was suchen Sie hier?'' Und diese Frage, von einem meiner bisherigen Nachbarn gestellt, fürchte ich so sehr, daß ich lieber liegen bleibe, obwohl ich weiß, daß es bei Tageslicht noch schwerer sein wird, hinaufzugehen.

Nebenan höre ich die Atemzüge des Studenten, der bei mir wohnt; er ist Schiffsbaustudent, und er atmet tief und gleichmäßig. Er hat keine Ahnung von dem, was geschehen ist. Er hat keine Ahnung, und ich liege hier wach. Ich frage mich, ob ich ihn morgen fragen werde. Er geht wenig aus, und wahrscheinlich ist er zu Hause gewesen, während ich im Konzert war. Er müßte es wissen. Vielleicht frage ich auch die Aufräumefrau.

Nein. Ich werde es nicht tun. Wie sollte ich denn jemanden fragen, der mich nicht fragt? Wie sollte ich auf ihn zugehen und ihm sagen: ,,Wissen Sie vielleicht, ob ich nicht gestern noch eine Treppe höher wohnte?'' Und was soll er darauf sagen? Meine Hoffnung bleibt, daß mich morgen jemand fragen wird: ,,Verzeihen Sie, aber wohnten Sie nicht gestern noch einen Stock höher?'' Aber wie ich meine Aufräumefrau kenne, wird sie nicht fragen. Oder einer meiner früheren Nachbarn: ,,Wohnten Sie nicht gestern noch neben uns?'' Oder einer meiner neuen Nachbarn. Aber wie ich sie kenne, werden sie alle nicht fragen. Und dann bleibt mir nichts übrig, als so zu tun, als hätte ich mein Leben lang schon einen Stock tiefer gewohnt.

Ich frage mich, was geschehen wäre, wenn ich das Konzert gelassen hätte. Aber diese Frage ist von heute an ebenso müßig geworden wie alle anderen Fragen. Ich will einzuschlafen versuchen.

Ich wohne jetzt im Keller. Es hat den Vorteil, daß meine Aufräumefrau sich nicht mehr um die Kohlen hinunterbemühen muß, wir haben sie nebenan, und sie scheint ganz zufrieden damit. Ich habe sie im Verdacht, daß sie deshalb nicht fragt, weil es ihr so angenehmer ist. Mit dem Aufräumen hat sie es niemals allzu genau genommen; hier erst recht nicht. Es wäre lächerlich, von ihr zu verlangen, daß sie den Kohlenstaub stündlich von den Möbeln fegt. Sie ist zufrieden, ich sehe es ihr an. Und der Student läuft täglich pfeifend die Kellertreppe hinauf und kommt abends wieder. Nachts höre ich ihn tief und regelmäßig atmen. Ich wollte, er brächte eines Tages ein Mädchen mit, dem es auffällig erschiene, daß er im Keller wohnt, aber er bringt kein Mädchen mit.

die Last load; **das Gepolter** rumble, din; **ab-laden** unload; **ziehen die Mützen** tip their hats; ***begegnen** meet; **an . . . vorbei** past; **der Hausbesorger** janitor, super; ***ehe** bevor; **zum Tor hinaus** out the front door; **grüße** (*subj. of indirect discourse*); **die Einbildung** fancy, something imagined; ***erscheinen** appear, seem

haften-bleiben stick, cling; **die Straßenbahn** streetcar; ***überraschen** surprise; **der Schaffner** conductor; **ab-rücken** recoil; **der Kanal** sewer; **sich mit . . . vertraut machen** get used to this idea; ***der Gedanke** thought

unter der Woche during the week; **Ich konnte . . . im Keller war** After all, the fact that I didn't go hasn't kept me from ending up in the basement; ***(sich) wundern** be surprised; **der Vorwurf** recrimination, accusation; **mit denen . . . brachte** with which I at first connected my descent; **hinüber auf . . . Wein** across the street for a glass of wine; **beruhigt** composed, satisfied; **Lust haben nach . . .** want, desire, take a notion to; **der Dampf** vapor, fume; ***wäre, müßte, bliebe, täte, würde** (*subj.*) would be, would have to, etc.; **die Gasse** street (*Austrian usage for* **Straße**)

lüften air out; **entheben** relieve; ***stiege** (*subj.*) would climb; **die Luke** hatch; **ein-fallen** occur to, (*subj.*) should occur to; ***aber im . . . Haus auf** a sewer is not exactly a house; **ein-teilen** divide, separate

die Bespannung covering; **die Truhe** chest, trunk; **der Klubsessel** easy chair; **das Regal** shelf; **der Vorhang** curtain

Und auch sonst fragt niemand. Die Kohlenmänner, die ihre Lasten mit lautem Gepolter links und rechts in den Kellern abladen, ziehen die Mützen und grüßen, wenn ich ihnen auf der Treppe begegne. Oft nehmen sie die Säcke ab und bleiben stehen, bis ich an ihnen vorbei bin. Auch der Hausbesorger grüßt freundlich, wenn er mich sieht, ehe ich zum   5 Tor hinausgehe. Ich dachte zuerst einen Augenblick lang, daß er freundlicher grüße als bisher, aber es war eine Einbildung. Es erscheint einem manches freundlicher, wenn man aus dem Keller steigt.

Auf der Straße bleibe ich stehen und reinige meinen Mantel vom Kohlenstaub, aber es bleibt nur wenig daran haften. Es ist auch mein   10 Wintermantel, und er ist dunkel. In der Straßenbahn überrascht es mich, daß der Schaffner mich behandelt wie die übrigen Fahrgäste und niemand von mir abrückt. Ich frage mich, wie es sein soll, wenn ich im Kanal wohnen werde. Denn ich mache mich langsam mit diesem Gedanken vertraut.   15

Seit ich im Keller wohne, gehe ich auch an manchen Abenden wieder ins Konzert. Meist samstags, aber auch öfter unter der Woche. Ich konnte es schließlich auch dadurch, daß ich nicht ging, nicht hindern, daß ich eines Tages im Keller war. Ich wundere mich jetzt manchmal über meine Selbstvorwürfe, über all die Dinge, mit denen ich diesen Abstieg   20 zu Beginn in Beziehung brachte. Zu Beginn dachte ich immer: ,,Wäre ich nur nicht ins Konzert gegangen oder hinüber auf ein Glas Wein!'' Das denke ich jetzt nicht mehr. Seit ich im Keller bin, bin ich ganz beruhigt und gehe um Wein, sobald ich danach Lust habe. Es wäre sinnlos, die Dämpfe im Kanal zu fürchten, denn dann müßte   25 ich ja ebenso das Feuer im Innern der Erde zu fürchten beginnen — es gibt zu vieles, wovor ich Furcht haben müßte. Und selbst wenn ich immer zu Hause bliebe und keinen Schritt mehr auf die Gasse täte, würde ich eines Tages im Kanal sein.

Ich frage mich nur, was meine Aufräumefrau dazu sagen wird. Er würde   30 sie jedenfalls auch des Lüftens entheben. Und der Student stiege pfeifend durch die Kanalluken hinauf- und wieder hinunter. Ich frage mich auch, wie es dann mit dem Konzert sein soll und mit dem Glas Wein. Und wenn es dem Studenten gerade dann einfiele, ein Mädchen mitzubringen? Ich frage mich, ob meine Zimmer auch im Kanal noch   35 dieselben sein werden. Bisher sind sie es, aber im Kanal hört das Haus auf. Und ich kann mir nicht denken, daß die Einteilung in Zimmer und Küche und Salon und Zimmer des Studenten bis ins Erdinnere geht.

Aber bisher ist alles unverändert. Die rote Wandbespannung und die Truhe davor, der Gang zur Küche, jedes Bild an der Wand, die alten   40 Klubsessel und die Bücherregale — jedes Buch darinnen. Draußen die Brotdose und die Vorhänge an den Fenstern.

*allerdings in any case, it is true; (sich) auf-halten stay; seit jeher (*here*) always; gehen auf (*here*) face; vergittert grilled, barred; *der Blick view; die Miete rent; sich auf . . . beziehen be relative to, beziehe *subj. of indirect discourse;* die Größe size; *sei is (*subj. of indirect discourse*)

ein-wenden object to, take exception to; um die Hälfte by half; entgegnen (say in) reply, rejoin; *gewohnt accustomed to; (sich) beschweren complain; *hatte . . . müßen should have, would have had to

Die Fenster allerdings, die Fenster sind verändert. Aber um diese Zeit hielt ich mich meistens in der Küche auf, und das Küchenfenster ging seit jeher auf den Flur. Es war immer vergittert. Ich habe keinen Grund, deshalb zum Hausbesorger zu gehen, und noch weniger wegen des veränderten Blicks. Er könnte mir mit Recht sagen, daß ein Blick nicht zur Wohnung gehöre, die Miete beziehe sich auf die Größe, aber nicht auf den Blick. Er könnte mir sagen, daß mein Blick meine Sache sei. 5

Und ich gehe auch nicht zu ihm, ich bin froh, solange er freundlich ist. Das einzige, was ich einwenden könnte, wäre vielleicht, daß die Fenster um die Hälfte kleiner sind. Aber da könnte er mir wiederum entgegnen, daß es im Keller nicht anders möglich sei. Und darauf wüßte ich keine Antwort. Ich könnte ja nicht sagen, daß ich es nicht gewohnt bin, weil ich noch vor kurzem im vierten Stock gewohnt habe. Da hätte ich mich schon im dritten Stock beschweren müssen. Jetzt ist es zu spät. 10

Ilse Aichinger, *Erzählungen, Dialoge, Gedichte.*
(Courtesy S. Fischer Verlag, Frankfurt am Main, 1963.)

FRAGEN

1. Wo hat die Erzählerin bisher gewohnt?
2. Warum will sie es nicht laut sagen?
3. Wie kommt es, daß die Erzählerin jetzt im dritten Stock wohnt?
4. Wann entdeckt die Erzählerin, daß ihre Wohnung nicht mehr im vierten Stock ist?
5. Was sieht die Erzählerin, als sie die letzte Treppe hinaufgehen will?
6. Wo wohnen jetzt ihre bisherigen Nachbarn?
7. Beschreiben Sie ihre Wohnung!
8. Warum fragt sie nicht die Leute im oberen Stockwerk über ihren plötzlichen Abstieg?
9. Wo wohnt die Erzählerin im zweiten Teil der Geschichte?
10. Was hält die Aufräumefrau davon, im Keller zu arbeiten?
11. Warum erscheint der Hausbesorger zuerst gar freundlicher?
12. Wo wird die nächste Wohnung der Erzählerin sein? Die Letzte?
13. Geht sie immer noch aus? Warum?
14. Inwiefern ist der Blick verändert? Darf die Erzählerin deswegen etwas einwenden?
15. Warum darf sie sich jetzt nicht beschweren?

Christian Morgenstern (1871–1914)

Christian Morgenstern is noted as Germany's great master of light verse, witty and nonsense pieces reminiscent in manner and device of the work of England's Edward Lear. His reputation as a humorous poet, excelling in the vein of whimsy and irony, was established early in his short life by the publication of *Galgenlieder* (*Gallows Songs*) in 1905, of which two are given here.

The frivolity of his more widely known works was, however, only superficial, for Morgenstern was by disposition seriously concerned with the problem of belief, and was strongly affected as a person by the conflicts resulting from the incongruence of reality and the ideal. As a youth he fell under the influence of Nietzsche, yet later in his career he tended towards mysticism, having become a disciple of the theosophist educator Rudolf Steiner.

He was born into a prominent artist family which had come from North Germany and settled in Munich. A haphazard education and several false starts to find a career brought him to Berlin to study art history. The associations he formed there among writers, artists, and intellectuals led him to his proper vocation of poet. The latter part of his spiritually unsettled life was blessed by an extremely happy marriage some few years before his death.

The title figure of *Der Werwolf* asks the ghost of a schoolmaster for grammatical declension of his "name," and is crushed to learn that by the strictures of grammar he cannot exist in the plural. (The pronoun *wer* is used in German schools as the paradigm for the declensions.) *Der Lattenzaun* makes certain aesthetic and metaphysical reflections about what happens when the intervals of space in a picket fence are removed.

BASIC WORD LIST

bitte please
danken thank
das Dorf, ⸚er village
†**einmal** once

der Lehrer, — teacher
der Raum, ⸚e room, space
sprechen (sprach, gesprochen)
  speak

der **Lattenzaun**   board fence

*bauen build;   **draus = daraus**

indes(sen) meanwhile;   **was = etwas**

ein Anblick . . . gemein a monstrous and a vulgar sight;
ein-ziehen remove

*jedoch however;   ***entfliehen** flee, escape

entweichen vanish, slip away;   **das Weib** wife;   **sich begeben auf**
set out for;   **das Grab** grave;   **beugen** decline (*grammatically*)

auf . . . Messingknauf onto the brass knob of his tin grave marker;
die Pfote paw;   ***geduldig** patiently;   **kreuzen** cross

sodann then, after that;   **mans = man es;**   **hats = hat es**

schmeicheln flatter;   ***der Fall** case (*grammatical*);   **fügen** add;
die Einzahl, Mehrzahl singular, plural

Der Lattenzaun

Es war einmal ein Lattenzaun,
mit Zwischenraum, hindurchzuschaun.

Ein Architekt, der dieses sah,
stand eines Abends plötzlich da —

und nahm den Zwischenraum heraus   5
und baute draus ein großes Haus.

Der Zaun indessen stand ganz dumm,
mit Latten ohne was herum.

Ein Anblick gräßlich und gemein.
Drum zog ihn der Senat auch ein.   10

Der Architekt jedoch entfloh
nach Afri- od- Ameriko.

Der Werwolf

Ein Werwolf eines Nachts entwich
von Weib und Kind und sich begab
an eines Dorfschullehrers Grab   15
und bat ihn: ‚Bitte, beuge mich!'

Der Dorfschulmeister stieg hinauf
auf seines Blechschilds Messingknauf
und sprach zum Wolf, der seine Pfoten
geduldig kreuzte vor dem Toten: 20

‚Der Werwolf,' sprach der gute Mann,
‚des Weswolfs, Genitiv sodann,
dem Wemwolf, Dativ, wie mans nennt,
den Wenwolf, — damit hats ein End.'

Dem Werwolf schmeichelten die Fälle,   25
er rollte seine Augenbälle.
‚Indessen,' bat er, ‚füge doch
zur Einzahl auch die Mehrzahl noch!'

gestehen admit; ***gäbs**
(subj. of indirect discourse) = **gibt es;** **die Schar** multitude, mass

sich erheben stand up, rise; ***tränenblind** blind with tears;
*der Gelehrte learned man, scholar; *supply* **war** *in this line;*
*scheiden leave, part, go away; **ergeben** humbly

Der Dorfschulmeister aber mußte
gestehn, daß er von ihr nichts wußte.
Zwar Wölfe gäbs in großer Schar,
doch ‚Wer' gäbs nur im Singular.

Der Wolf erhob sich tränenblind —   5
er hatte ja doch Weib und Kind!!
Doch da er kein Gelehrter eben,
so schied er dankend und ergeben.

Both poems taken from Christian Morgenstern, *Alle Galgenlieder.*
(Courtesy Insel Verlag, Wiesbaden, 1949.)

Ludwig Thoma (1867–1921)

Of German humorists and satirists in the early part of this century, Ludwig Thoma is probably the most successful and well known. His wide range of works are concerned chiefly with his native region of Upper Bavaria, but early in his career he established himself not only as a humorous writer of national importance but also as a social critic of consequence.

He was born in the picture-postcard Alpine town of Oberammergau into an old, local family of foresters and innkeepers. His youth, spent in the company of the peasants, hunters, woodsmen, and artisans of this most archetypical of Upper Bavarian communities, provided the material for the major part of his writings. After practicing law briefly near Munich, he settled in the Bavarian capital, where for the most of his career he was on the staff of the renowned satirical magazine *Simplizissimus*. In his relatively short life he published several novels, plays, and collections of short stories and verse. His premature death in 1921 robbed Germany of a genial, potent, and eminently sane talent that might have served her well in the national *dégringolade* that was to follow.

The works of Thoma presented here show two aspects of his talent. The selection following is taken from his perennially popular collection *Lausbubengeschichten* (roughly, *Stories of a Brat*). Here we find the author most at home, poking good fun at the idiosyncrasies of his own region and people. The language, a narration of an amiably obstreperous schoolboy, is completely colloquial and a delightful mimicry of Bavarian speech. Note the frequent use of double negatives, which survive there—as here—among people who pay little attention to the algebraic concept in grammar that two noes make a positive.

Largely drawn from Thoma's own childhood, the adolescent protagonist, Ludwig, is a schoolboy in the home of his widowed mother in a small town in Bavaria, has an elder sister with whom he is infrequently on good terms, and is farmed out to relatives in the city where he can attend *Gymnasium*. The stories relate his misadventures and disasters from the standpoint of a schoolboy at odds with his enemy, the world of adults. Skillfully, and with an impressive economy of style, Thoma uses the guise of an early teenager's foolishness and lack of discipline to show up the self-righteousness of the older generation at large, their mendacity, and their inadequacy.

The last selection in Part 2, *Das Duell*, is a rarer example of Thoma's skill as a satirical social critic. The scene is not Bavaria but Prussia, and the central couple of the play represents a marriage between a university professor of the middle class and the daughter of an aristocratic *Junker* family, whose greatest pride is their somewhat early-thirteenth-century sense of honor. Bear in mind as you read this that every line has a nuance that skillfully displays the ludicrous casuistry of the von Lenin family, who would sacrifice the life of a man of eminent worth simply to uphold a most tedious point of an outmoded and discredited concept of honor. Thoma demonstrates with immense skill and wit the sheer absurdity and futility of Germany's leading class in presuming to arrogate for itself an exclusive standard of conduct.

BASIC WORD LIST

die Arbeit, —en work
besser better
böse angry, bad
die Eltern (*pl.*) parents
fahren (fuhr, ist gefahren) ride, drive, go
die Freude, —en joy, pleasure
froh happy
die Furcht fear
gemein common, mean
genug enough, sufficient
geschehen (geschah, ist geschehen) happen
gesund healthy
gewiß certain
das Glück happiness; good fortune
der Gott, ∸er god, God
der Hut, ∸e hat
kaufen buy
letzt — last
das Ohr, —en ear

das Pferd, —e horse
reden talk, speak
die Reise, —n trip
die Ruhe rest, peace, calm
schlecht bad, poor
schneiden (schnitt, geschnitten) cut
selbst oneself, etc.; even
sterben (starb, ist gestorben) die
trinken (trank, getrunken) drink
die Uhr, —en clock, watch; o'clock
versprechen (versprach, versprochen) promise
wachsen (wuchs, ist gewachsen) grow
der Wagen, — car; wagon
wahr true
werfen (warf, geworfen) throw
der Zug, ∸e train; feature; move
zuletzt at last, finally

die **Besserung** improvement, reformation;   die **Oster(n)** Easter;
die **Vakanz** vacation, recess;   *die **Tante** aunt;   *der **Besuch** visit;
***dringend** urgently, insistently;   *ein-**laden** invite;   **beleidigen** offend

es geht it can be done;   *ein-**sehen** see, understand, agree;
*hinaus-**schieben** put off;   **schneien** snow;   das **Geräucherte** smoked
meat;   *das **Ei** egg;   **furchtbar** frightfully, awfully;   **daheim** at home;
sagt, ob = **fragt, ob;**   der **Postomnibus** *interurban busses are under
the postal authority;*   *begleiten accompany;   **tun** (*here*) act;
der **Aufruhr** uproar;   **beschwichtigen** soothe, calm down;
das **Zeugnis** report card

das **Ausreden** excuse

*(sich) **ärgern** become angry, be annoyed;   **heim** homeward;
der **Bahnhof** railway station;   **Mühldorf** *name of town*

*rauchen smoke;   der **Oberamtsrichter** district court judge;
der **Rektor** principal;   **verschuften** tattle

der **Vierer** unsatisfactory grade (der **Einser** = A, der **Fünfer** = F)

als wenn = **als ob**

*der **Junge** (*pl.* —en or —ens) boy;   **mit dem Heinrich dem seinigen**
(*dial.*) **mit Heinrichs;**   *vergleichen compare

der **Koffer** trunk;   *das **Dach** roof

Besserung

Ludwig Thoma

Wie ich in die Ostervakanz gefahren bin, hat die Tante Fanny gesagt:
,,Vielleicht kommen wir zum Besuch zu deiner Mutter. Sie hat uns so
dringend eingeladen, daß wir sie nicht beleidigen dürfen.''

Und Onkel Pepi sagte, er weiß es nicht, ob es geht, weil er soviel Arbeit
hat, aber er sieht es ein, daß er den Besuch nicht mehr hinausschieben   5
darf. Ich fragte ihn, ob er nicht lieber im Sommer kommen will, jetzt
ist es noch so kalt, und man weiß nicht, ob es nicht auf einmal schneit.
Aber die Tante sagte: ,,Nein, deine Mutter muß böse werden, wir haben
es schon so oft versprochen.'' Ich weiß aber schon, warum sie kommen
wollen; weil wir auf Ostern das Geräucherte haben und Eier und   10
Kaffeekuchen, und Onkel Pepi ißt so furchtbar viel. Daheim darf er nicht
so, weil Tante Fanny gleich sagt, ob er nicht an sein Kind denkt. Sie
haben mich an den Postomnibus begleitet, und Onkel Pepi hat freundlich
getan und hat gesagt, es ist auch gut für mich, wenn er kommt, daß
er den Aufruhr beschwichtigen kann über mein Zeugnis.   15

Es ist wahr, daß es furchtbar schlecht gewesen ist, aber ich finde schon
etwas zum Ausreden. Dazu brauche ich ihn nicht.

Ich habe mich geärgert, daß sie mich begleitet haben, weil ich mir
Zigarren kaufen wollte für die Heimreise, und jetzt konnte ich nicht.
Der Fritz war aber im Omnibus und hat zu mir gesagt, daß er genug   20
hat, und wenn es nicht reicht, können wir im Bahnhof in Mühldorf noch
Zigarren kaufen.

Im Omnibus haben wir nicht rauchen dürfen, weil der Oberamtsrichter
Zirngiebel mit seinem Heinrich darin war, und wir haben gewußt, daß er
ein Freund vom Rektor ist und ihm alles verschuftet.   25

Der Heinrich hat ihm gesagt, wer wir sind. Er hat es ihm ins Ohr
gewispert, und ich habe gehört, wie er bei meinem Namen gesagt hat:
,,Er ist der Letzte in unserer Klasse und hat in der Religion auch
einen Vierer.''

Da hat mich der Oberamtsrichter angeschaut, als wenn ich aus einer   30
Menagerie bin, und auf einmal hat er zu mir und zum Fritz gesagt:

,,Nun, ihr Jungens, gebt mir einmal eure Zeugnisse, daß ich sie mit dem
Heinrich dem seinigen vergleichen kann.''

Ich sagte, daß ich es im Koffer habe, und er liegt auf dem Dache vom
Omnibus. Da hat er gelacht und hat gesagt, er kennt das schon. Ein gutes 35
Zeugnis hat man immer in der Tasche. Alle Leute im Omnibus haben
gelacht, und ich und der Fritz haben uns furchtbar geärgert, bis wir in
Mühldorf ausgestiegen sind.

es reut ihn he is sorry;   ***bloß = nur;**   **der Handwerksbursche** young worker, apprentice (**Zeugnis** *applies both to scholastic marks and to a testimonial, which an apprentice had to carry for identification*); **der Gendarm** policeman;   ***lustig** cheerful, happy;   ***die Eisenbahn** train, railway

das Coupé (railway) compartment;   **ist . . . gesessen** *In South German speech* **sitzen** *and* **stehen** *often are given* **sein** *as auxilliary;* **die Kette** chain;   **silbern** silver

husten cough;   **der Bauch** belly, paunch;   ***tanzen** dance; **scheppern** (*sl.*) quiver;   ***die Bank** bench;   **die Brille** eyeglasses; **der Landrat** *honorific title of a senior civil servant*

*an-zünden light up;   ***die Decke** ceiling;   **blasen** blow

weg-rücken move away;   **die Abteilung** compartment (*these are the open compartments of the old third-class railway carriages*); ***erstaunt** astonished;   **die Kiste** box;   **bestellen** order

*her-wachsen = wächst grow up;   ***die Jugend** youth, young people; **verrohen** to become uncivilized

aus-spucken spit;   **giftig** poisonous, venemous;   **woher es kommt = warum;**   **der Schüler** pupil;   **das Latein** Latin;   ***der Fortschritt** progress;   **die Volksschule** primary school;   ***das Mittel** remedy, means of dealing with;   **frech** impudent;   **der Lausbub(e)** bad boy, brat

an-wenden apply, make use of;   **falsch** false;   ***strafen** punish; **einen** one of them;   **ein bißchen** a little;   **einen auf den Kopf hauen** hit on the head, smack

brummen grumble, mutter;   **dankbar** thankful;   **müssen** (*here*) should; **wenn man . . . verhaut** whenever anyone warms the seat of their trousers;   **mit einem tiefen Baß** in a deep bass voice;   ***leider** unfortunately;   **vernünftig** sensible;   **Öltern** (*dial.*) = **Eltern**

Der Fritz sagte, es reut ihn, daß er nicht gesagt hat, bloß die
Handwerksburschen müssen dem Gendarm ihr Zeugnis hergeben. Aber es
war schon zu spät. Wir haben im Bahnhof Bier getrunken, da sind
wir wieder lustig geworden und sind in die Eisenbahn eingestiegen.

Wir haben vom Kondukteur ein Rauchcoupé verlangt und sind in eines   5
gekommen, wo schon Leute darin waren. Ein dicker Mann ist am Fenster
gesessen, und an seiner Uhrkette war ein großes, silbernes Pferd.

Wenn er gehustet hat, ist das Pferd auf seinem Bauch getanzt und hat
gescheppert. Auf der anderen Bank ist ein kleiner Mann gesessen mit
einer Brille, und er hat immer zu dem Dicken gesagt, Herr Landrat, und   10
der Dicke hat zu ihm gesagt, Herr Lehrer. Wir haben es aber auch
so gemerkt, daß er ein Lehrer ist, weil er seine Haare nicht geschnitten
gehabt hat.

Wie der Zug gegangen ist, hat der Fritz eine Zigarre angezündet und den
Rauch auf die Decke geblasen, und ich habe es auch so gemacht.   15

Eine Frau ist neben mir gewesen, die ist weggerückt und hat mich
angeschaut, und in der anderen Abteilung sind die Leute aufgestanden
und haben herübergeschaut. Wir haben uns furchtbar gefreut, daß sie alle
so erstaunt sind, und der Fritz hat recht laut gesagt, er muß von dieser
Zigarre fünf Kisten bestellen, weil sie so gut ist.   20

Da sagte der dicke Mann: ,,Bravo, so wachst die Jugend her,'' und
der Lehrer sagte, es sei kein Wunder, was man lesen muß, wenn man die
verrohte Jugend sieht.

Wir haben getan, als wenn es uns nichts angeht, und die Frau ist immer
weitergerückt, weil ich soviel ausgespuckt habe. Der Lehrer hat so giftig 25
geschaut, daß wir uns haben ärgern müssen, und der Fritz sagte, ob ich
weiß, woher es kommt, daß die Schüler in der ersten Lateinklasse so
schlechte Fortschritte machen, und er glaubt, daß die Volksschulen
immer schlechter werden. Da hat der Lehrer furchtbar gehustet, und der
Dicke hat gesagt, ob es heute kein Mittel nicht mehr gibt für freche   30
Lausbuben.

Der Lehrer sagte, man darf es nicht mehr anwenden wegen der falschen
Humanität, und weil man gestraft wird, wenn man einen bloß ein bißchen
auf den Kopf haut.

Alle Leute im Wagen haben gebrummt: ,,Das ist wahr,'' und die Frau   35
neben mir hat gesagt, daß die Eltern dankbar sein müssen, wenn man
solchen Burschen ihr Sitzleder verhaut. Und da haben wieder alle
gebrummt, und ein großer Mann in der anderen Abteilung ist

hat sich nichts daraus gemacht didn't let that bother him;
der Zwicker pince-nez; ***auf-setzen** put on

***aus-trinken** drain; **zum Fenster hinaus-schmeißen** throw out of the
window; **ob** (*here*) to see if; **der Bahnwärter** (railway) flagman

züchtigen punish, discipline; **Ruhe!** Quiet!; **die Ohrfeige** box on
the ears; **probieren** try; **die Schneid** (*dial.*) courage, pluck;
(sich) trauen dare; **Lassen Sie es gehen** Let it be

brüllen roar

als wenn es brennt as if there were a fire; **was es gibt** what is
going on; **arretieren** arrest

***zornig** angry

deswegen (*here*) over such a small matter; **der Spektakel** uproar, row;
Ober— senior, superior (*often used flatteringly, as here*);
hin-stellen put (*down*)

der Preuße Prussian (*Thoma often makes facetious use of the Bavarian
dislike of Prussians*); ***(sich) zurück-halten** restrain oneself

ist mir ganz schwindlig geworden I got quite dizzy; ***(sich) zusammen-
nehmen** pull oneself together; **vertragen** stand, bear

aufgestanden und hat mit einem tiefen Baß gesagt: „Leider, leider gibt
es keine vernünftigen Öltern nicht mehr."

Der Fritz hat sich gar nichts daraus gemacht und hat mich mit dem Fuß
gestoßen, daß ich auch lustig sein soll. Er hat einen blauen Zwicker aus
der Tasche genommen und hat ihn aufgesetzt und hat alle Leute   5
angeschaut und hat den Rauch durch die Nase gehen lassen.

Bei der nächsten Station haben wir uns Bier gekauft und wir haben es
schnell ausgetrunken. Dann haben wir die Gläser zum Fenster
hinausgeschmissen, ob wir vielleicht einen Bahnwärter treffen.

Da schrie der große Mann: „Diese Burschen muß man züchtigen," und   10
der Lehrer schrie: „Ruhe, sonst bekommt ihr ein paar Ohrfeigen!"
Der Fritz sagte: „Sie können's schon probieren, wenn Sie eine Schneid
haben." Da hat sich der Lehrer nicht getraut, und er hat gesagt:
„Man darf keinen mehr auf den Kopf hauen, sonst wird man selbst
gestraft." Und der große Mann sagte: „Lassen Sie es gehen, ich werde 15
diese Burschen schon kriegen."

Er hat das Fenster aufgemacht und hat gebrüllt: „Konduktör, Konduktör!"

Der Zug hat gerade gehalten, und der Kondukteur ist gelaufen, als wenn
es brennt. Er fragte, was es gibt, und der große Mann sagte: „Die
Burschen haben Biergläser zum Fenster hinausgeworfen. Sie müssen   20
arretiert werden."

Aber der Kondukteur war zornig, weil er gemeint hat, es ist ein Unglück
geschehen, und es war gar nichts.

Er sagte zu dem Mann: „Deswegen brauchen Sie doch keinen solchen
Spektakel nicht zu machen." Und zu uns hat er gesagt: „Sie dürfen es 25
nicht tun, meine Herren." Das hat mich gefreut, und ich sagte:
„Entschuldigen Sie, Herr Oberkondukteur, wir haben nicht gewußt, wo wir
die Gläser hinstellen müssen, aber wir schmeißen jetzt kein Glas nicht
mehr hinaus." Der Fritz fragte ihn, ob er keine Zigarre nicht will, aber er
sagte, nein, weil er keine so starken nicht raucht.   30

Dann ist er wieder gegangen, und der große Mann hat sich hingesetzt und
hat gesagt, er glaubt, der Kondukteur ist ein Preuße. Alle Leute haben
wieder gebrummt, und der Lehrer sagte immer: „Herr Landrat, ich muß
mich furchtbar zurückhalten, aber man darf keinen mehr auf den Kopf
hauen."   35

Wir sind weiter gefahren, und bei der nächsten Station haben wir uns
wieder ein Bier gekauft. Wie ich es ausgetrunken habe, ist mir ganz
schwindlig geworden, und es hat sich alles zu drehen angefangen.
Ich habe den Kopf zum Fenster hinausgehalten, ob es mir nicht besser

geschwind quickly

auf-springen jump up; **Da haben wir es** "Well, there you are";
Anarchisten *At the time the Anarchist movement was a dangerous*
subversive force in Europe

folgen (*here*) obey; **der Verdruß** trouble, annoyance; **möchte es sein**
it would be; **als daß ich . . . habe** instead of having;
sich brechen vomit

die Wurst sausage

*der Gewohnheitsraucher habitual smoker

lügen tell a lie

auf einmal suddenly; ***brav** good, upright;
der Abscheu aversion, dislike

der Gestank odor, stench; **aus-halten** put up with

das Trittbrett footboard, running board; **platschen** splash;
der Expeditor dispatcher; **die Sau** sow, pig; **Herrgottsakrament** *oath*

*stürzen rush; **schmutzig** dirty

der nämliche the same person; ***die Flasche** bottle

wird. Aber es ist mir nicht besser geworden, und ich habe mich stark zusammengenommen, weil ich glaubte, die Leute meinen sonst, ich kann das Rauchen nicht vertragen.

Es hat nichts mehr geholfen, und da habe ich geschwind meinen Hut genommen.

Die Frau ist aufgesprungen und hat geschrien, und alle Leute sind aufgestanden, und der Lehrer sagte: ,,Da haben wir es." Und der große Mann sagte in der anderen Abteilung: ,,Das sind die Burschen, aus denen man die Anarchisten macht."

Ich dachte, wenn ich wieder gesund werde, will ich nie mehr Zigarren rauchen und immer folgen und meiner lieben Mutter keinen Verdruß nicht mehr machen. Ich dachte, wieviel schöner möchte es sein, wenn es mir jetzt nicht schlecht wäre, und ich hätte ein gutes Zeugnis in der Tasche, als daß ich jetzt den Hut in der Hand habe, wo ich mich hineingebrochen habe.

Fritz sagte, er glaubt, daß es mir von einer Wurst schlecht geworden ist.

Er wollte mir helfen, daß die Leute glauben, ich bin ein Gewohnheitsraucher.

Aber es war mir nicht recht, daß er gelogen hat.

Ich war auf einmal ein braver Sohn und hatte einen Abscheu gegen die Lüge.

Ich versprach dem lieben Gott, daß ich keine Sünde nicht mehr tun wollte, wenn er mich wieder gesund werden läßt. Die Frau neben mir hat nicht gewußt, daß ich mich bessern will, und sie hat immer geschrien, wie lange sie den Gestank noch aushalten muß.

Da hat der Fritz den Hut aus meiner Hand genommen und hat ihn zum Fenster hinausgehalten und hat ihn ausgeleert. Es ist aber viel auf das Trittbrett gefallen, daß es geplatscht hat, und wie der Zug in der Station gehalten hat, ist der Expeditor hergelaufen und hat geschrien: ,,Wer ist die Sau gewesen? Herrgottsakrament, Kondukteur, was ist das für ein Saustall?"

Alle Leute sind an die Fenster gestürzt und haben hinausgeschaut, wo das schmutzige Trittbrett gewesen ist. Und der Kondukteur ist gekommen und hat es angeschaut und hat gebrüllt: ,,Wer war die Sau?"

Der große Herr sagte zu ihm: ,,Es ist der nämliche, der mit den Bierflaschen schmeißt, und Sie haben es ihm erlaubt."

,,Was ist das mit den Bierflaschen?" fragte der Expeditor.

der Lügner liar

tun *frequently used as emphatic auxiliary;* **schimpfen** insult;
ab-machen settle

durcheinander (*here*) at the same time; **reinigen** clean, wash;
bezahlen pay for

Endorf *name of a town*

*erwarten wait for, expect

*das Kopfweh headache

*blaß pale; ***der Kuß** kiss; **nach . . . riechen** smell of; **Wo hast du
deinen Hut** Where is your hat; **der Kamillentee** camomile tea,
a common home remedy

aufgedeckt set

die Köchin cook; ***aus-schauen, aus-sehen** look; **der Bub(e)** (*arch.*
and *dial.*) boy; **Frau Oberförster** *Ludwig's late father was a chief forester
(in Germany wives are referred to by their husbands' title)*

etwas Unrechtes (*here*) something tainted; **das Kanapee** sofa

,,Sie sind ein gemeiner Mensch,'' sagte der Kondukteur, ,,wenn Sie sagen, daß ich es erlaubt habe, daß er mit die Bierflaschen schmeißt.''

,,Was bin ich?'' fragte der große Herr.

,,Sie sind ein gemeiner Lügner,'' sagte der Kondukteur, ,,ich habe es nicht erlaubt.''

,,Tun Sie nicht so schimpfen,'' sagte der Expeditor, ,,wir müssen es mit Ruhe abmachen.''

Alle Leute im Wagen haben durcheinander geschrien, daß wir solche Lausbuben sind, und daß man uns arretieren muß. Am lautesten hat der Lehrer gebrüllt, und er hat immer gesagt, er ist selbst ein Schulmann. Ich habe nichts sagen können, weil mir so schlecht war, aber der Fritz hat für mich geredet, und er hat den Expeditor gefragt, ob man arretiert werden muß, wenn man auf einem Bahnhof eine giftige Wurst kriegt. Zuletzt hat der Expeditor gesagt, daß ich nicht arretiert werde, aber daß Trittbrett gereinigt wird, und ich muß es bezahlen. Es kostet eine Mark. Dann ist der Zug wieder gefahren, und ich habe immer den Kopf zum Fenster hinausgehalten, daß es mir besser wird.

In Endorf ist der Fritz ausgestiegen, und dann ist meine Station gekommen.

Meine Mutter und Ännchen waren auf dem Bahnhof und haben mich erwartet.

Es ist mir noch immer ein bißchen schlecht gewesen und ich habe so Kopfweh gehabt.

Da war ich froh, daß es schon Nacht war, weil man nicht gesehen hat, wie ich blaß bin. Meine Mutter hat mir einen Kuß gegeben und hat gleich gefragt: ,,Nach was riechst du, Ludwig?'' Und Ännchen fragte: ,,Wo hast du deinen Hut, Ludwig?'' Da habe ich gedacht, wie traurig sie sein möchten, wenn ich ihnen die Wahrheit sage, und ich habe gesagt, daß ich in Mühldorf eine giftige Wurst gegessen habe, und daß ich froh bin, wenn ich einen Kamillentee kriege.

Wir sind heimgegangen, und die Lampe hat im Wohnzimmer gebrannt, und der Tisch war aufgedeckt.

Unsere alte Köchin Theres ist hergelaufen, und wie sie mich gesehen hat, da hat sie gerufen: ,,Jesus Maria, wie schaut unser Bub aus? Das kommt davon, weil Sie ihn so viel studieren lassen, Frau Oberförster.''

Meine Mutter sagte, daß ich etwas Unrechtes gegessen habe, und sie soll mir schnell einen Tee machen. Da ist die Theres geschwind in die Küche, und ich habe mich auf das Kanapee gesetzt.

Bürschel *dog's name;*   **ab-schlecken** lick all over;   **gewollt = wollen;**
*weich weak

drunten hatte (*here*) had inside;   **ist mir eingefallen** it occurred to me;
*schade sein be a pity;   **(sich) vor-nehmen** make up one's mind

*verbieten forbid;   **aus-spotten** make fun of, mock;   **halten** (*here*)
keep his word;   **vor meinem Tod** in the face of death;   **der Vorsatz**
resolution;   **nehmen** (*here*) make;   **kaputt machen** ruin, finish off;
*trösten console;   ***auf-hören** stop

*herein-leuchten shine into (*here*, with a lamp);   **sich erholen** get well;
auf (sein) (*here*) be awake

Unser Bürschel ist immer an mich hinaufgesprungen und hat mich abschlecken gewollt. Und alle haben sich gefreut, daß ich da bin. Es ist mir ganz weich geworden, und wie mich meine liebe Mutter gefragt hat, ob ich brav gewesen bin, habe ich gesagt, ja, aber ich will noch viel braver werden. 5

Ich sagte, wie ich die giftige Wurst drunten hatte, ist mir eingefallen, daß ich vielleicht sterben muß, und daß die Leute meinen, es ist nicht schade darum. Da habe ich mir vorgenommen, daß ich jetzt anders werde und alles tue, was meiner Mutter Freude macht, und viel lerne und nie keine Strafe mehr heimbringe, daß sie alle auf mich stolz sind. 10

Ännchen schaute mich an und sagte: ,,Du hast gewiß ein furchtbar schlechtes Zeugnis heimgebracht, Ludwig?''

Aber meine Mutter hat es ihr verboten, daß sie mich ausspottet, und sie sagte: ,,Du sollst nich so reden, Ännchen, wenn er doch krank war und sich vorgenommen hat, ein neues Leben zu beginnen. Er wird es schon 15 halten und mir viele Freude machen.'' Da habe ich weinen müssen, und die alte Theres hat es auch gehört, daß ich vor meinem Tod solche Vorsätze genommen habe. Sie hat furchtbar laut geweint, und hat geschrien: ,,Es kommt von dem vielen Studieren, und sie machen unsern Buben noch kaputt.'' Meine Mutter hat sie getröstet, weil sie gar nicht 20 mehr aufgehört hat.

Da bin ich ins Bett gegangen, und es war so schön, wie ich darin gelegen bin. Meine Mutter hat noch bei der Türe hereingeleuchtet und hat gesagt: ,,Erhole dich recht gut, Kind.'' Ich bin noch lange aufgewesen und habe gedacht, wie ich jetzt brav sein werde. 25

Ludwig Thoma, *Gesammelte Werke*, Vol. 5.
(*Courtesy R. Piper & Co. Verlag, Munich, 1956.*)

FRAGEN

1. Wohin fuhr Ludwig zu Ostern?
2. Was wollten Onkel Pepi und Tante Fanny tun?
3. War Ludwig froh, daß sie die Mutter besuchen wollten?
4. Warum wollten sie die Mutter besuchen?
5. Was durfte Onkel Pepi nur bei Ludwig tun?
6. Wie versprach Onkel Pepi, Ludwig zu helfen? Macht das Ludwig Freude?

7. Was durfte Ludwig zuerst nicht kaufen?
8. Warum durften die Jungen nicht im Omnibus rauchen?
9. Was für ein Schüler war Ludwig?
10. Wo soll Ludwigs Zeugnis stecken?
11. Was machten die Jungen im Mühldorfer Bahnhof?
12. Wo sassen sie im Zug?
13. Wer waren die zwei Herren in der Abteilung?
14. Woher wußte Ludwig, daß der Kleinere Lehrer war?
15. Was machte die Frau neben Ludwig, als die Jungen Zigarren anzündeten?
16. Was sagte Fritz, als der Lehrer sie so giftig ansah?
17. Warum dürfte man den Kindern nichts mehr tun?
18. Was kauften sie auf dem nächsten Bahnhof?
19. Was machten sie mit den Gläsern?
20. Worüber ärgerte sich eigentlich der Kondukteur?
21. Wie fühlte sich Ludwig, nachdem er noch ein Bier getrunken hatte?
22. Warum mußte er geschwind den Hut nehmen?
23. Was dachte Ludwig, als es ihm so schlecht wurde?
24. War er darüber froh, daß Fritz ihm mit einer Lüge helfen wollte?
25. Was mußte Ludwig bezahlen?
26. Wie ging es Ludwig, als er zu Hause ankam?
27. Sagte Ludwig der Mutter die Wahrheit? Warum?
28. Was sagte ihm die Schwester, als er versprach, brav zu sein?
29. Was, glaubte Theres, war der Grund für Ludwigs Krankheit?
30. Welchen Vorsatz machte Ludwig wieder, während er einschlief?

BASIC WORD LIST

auf·passen watch (for); pay attention

biegen (bog, hat gebogen) bend, turn; **ist gebogen** bent; arched

das Blut blood

die Brücke, –n bridge

empfinden (empfand, empfunden) feel, sense; **die Empfindung** feeling

ewig eternal; **die Ewigkeit** eternity

das Geheimnis, –se secret; **geheim** secret(ive)

der Haufe(n), –(n)s, –(n) crowd; pile; **häufen** heap

herrlich splendid

hübsch pretty; nice

klopfen knock, beat

leid tun (tat, getan) be sorry, feel sorry for; hurt

leuchten glow, gleam, shine

Die = man, sie; flicken patch, fix; **Spaß machen** (+ *dat.*) enjoy, like to, to be fun for; **die Tüchtigkeit** cleverness; **belegen** prove; **(sich) berauschen** be carried away; **die Ziffer** figure, number; **stumm** silent, dumb

strahlen beam; **das Ergebnis** result; **die Schicht** shift; **befriedigt** satisfied, happy, content

unzuverlässig untrustworthy; **der Eindruck** impression; **die Biederkeit** honesty; **erwecken** arouse (*here,* give)

insgeheim secretly, down deep; **unterschlagen** leave out; **das Mitleid** pity, sympathy; **der Durchschnitt** average; **auf·schlagen** open up (*here,* warm); **die Großzügigkeit** generosity; **verströmen** pour forth; **förmlich** literally; **ahnen** suspect; **das zweite Futur** future perfect tense

mit-teilen tell, communicate,
report; **die Mitteilung**
communication, etc.
die Post, —en mail
rauchen smoke
rechnen reckon, figure
der Schatten, – shadow, shade
schenken give
die Schulter, —n shoulder
spazie'ren (ist); (n.) **der
Spazier'gang, ⸚e** walk

die Stellung, —en position
stimmen be correct
vergleichen (verglich, verglichen)
compare
**verschwinden (verschwand, ist
verschwunden)** disappear
die Zahl, —en number
zählen count
zart tender, delicate

An der Brücke

Heinrich Böll

Die haben mir meine Beine geflickt und haben mir einen Posten gegeben,
wo ich sitzen kann: ich zähle die Leute, die über die neue Brücke gehen.
Es macht ihnen ja Spaß, sich ihre Tüchtigkeit mit Zahlen zu belegen, sie
berauschen sich an diesem sinnlosen Nichts aus ein paar Ziffern, und den
ganzen Tag, den ganzen Tag geht mein stummer Mund wie ein Uhrwerk,   5
indem ich Nummer auf Nummer häufe, um ihnen abends den Triumph
einer Zahl zu schenken.

Ihre Gesichter strahlen, wenn ich ihnen das Ergebnis meiner Schicht
mitteile, je höher die Zahl, um so mehr strahlen sie, und sie haben Grund,
sich befriedigt ins Bett zu legen, denn viele Tausende gehen täglich   10
über ihre neue Brücke . . .

Aber ihre Statistik stimmt nicht, Es tut mir leid, aber sie stimmt nicht.
Ich bin ein unzuverlässiger Mensch, obwohl ich es verstehe, den Eindruck
von Biederkeit zu erwecken.

Insgeheim macht es mir Freude, manchmal einen zu unterschlagen und   15
dann wieder, wenn ich Mitleid empfinde, ihnen ein paar zu schenken.
Ihr Glück liegt in meiner Hand. Wenn ich wütend bin, wenn ich nichts zu
rauchen habe, gebe ich nur den Durchschnitt an, manchmal unter
dem Durchschnitt, und wenn mein Herz aufschlägt, wenn ich froh bin,
lasse ich meine Großzügigkeit in einer fünfstelligen Zahl verströmen.   20
Sie sind ja so glücklich! Sie reißen mir förmlich das Ergebnis jedesmal
aus der Hand, und ihre Augen leuchten auf, und sie klopfen mir auf die

aus-setzen stop functioning; **die Allee** avenue, boulevard;
verschweigen conceal; **die Eisdiele** ice cream parlor; **der Gehsteig**
sidewalk; **defilieren** march past, file by;
nichtige Wesen empty creatures

ungeheur tremendous; **die Berechnung** calculation; **über den Haufen
werfen** confuse, mess up; **das Trinkgeld** tips

kontrollieren check up on; **der Kumpel** workmate; **höllisch** "like the
very devil"; **verrückt** crazy; **der Stundenplan** (*here*) hourly report;
transponieren transpose; **Es ging . . . Existenz** It was simply a matter
of life or death

verzählen miscount; **hinzu-zählen** take into account;
der Verschleiß margin of error; **beantragen** propose, make application;
versetzen transfer

Schulter. Sie ahnen ja nichts! Und dann fangen sie an zu multiplizieren, zu dividieren, zu prozentualisieren, ich weiß nicht was. Sie rechnen aus, wieviel heute jede Minute über die Brücke gehen und wieviel in zehn Jahren über die Brücke gegangen sein werden. Sie lieben das zweite Futur, das zweite Futur ist ihre Spezialität — und doch, es tut mir leid, daß alles nicht stimmt . . . 5

Wenn meine kleine Geliebte über die Brücke kommt — und sie kommt zweimal am Tage —, dann bleibt mein Herz einfach stehen. Das unermüdliche Ticken meines Herzens setzt einfach aus, bis sie in die Allee eingebogen und verschwunden ist. Und alle, die in dieser Zeit 10 passieren, verschweige ich ihnen. Diese zwei Minuten gehören mir, mir ganz allein, und ich lasse sie mir nicht nehmen. Und auch wenn sie abends wieder zurückkommt aus ihrer Eisdiele, wenn sie auf der anderen Seite des Gehsteiges meinen stummen Mund passiert, der zählen, zählen muß, dann setzt mein Herz wieder aus, und ich fange erst wieder an 15 zu zählen, wenn sie nicht mehr zu sehen ist. Und alle, die das Glück haben, in diesen Minuten vor meinen blinden Augen zu defilieren, gehen nicht in die Ewigkeit der Statistik ein: Schattenmänner und Schattenfrauen, nichtige Wesen, die im zweiten Futur der Statistik nicht mitmarschieren werden . . . 20

Es ist klar, daß ich sie liebe. Aber sie weiß nichts davon, und ich möchte auch nicht, daß sie es erfährt. Sie soll nicht ahnen, auf welche ungeheure Weise sie alle Berechnungen über den Haufen wirft, und ahnungslos und unschuldig soll sie mit ihren langen braunen Haaren und den zarten Füßen in ihre Eisdiele marschieren, und sie soll viel Trinkgeld bekommen. 25 Ich liebe sie. Es ist ganz klar, daß ich sie liebe.

Neulich haben sie mich kontrolliert. Der Kumpel, der auf der anderen Seite sitzt und die Autos zählen muß, hat mich früh genug gewarnt, und ich habe höllisch aufgepaßt. Ich habe gezählt wie verrückt, ein Kilometerzähler kann nicht besser zählen. Der Oberstatistiker selbst hat 30 sich drüben auf die andere Seite gestellt und hat später das Ergebnis einer Stunde mit meinem Stundenplan verglichen. Ich hatte nur einen weniger als er. Meine kleine Geliebte war vorbeigekommen, und niemals im Leben werde ich dieses hübsche Kind ins zweite Futur transponieren lassen, diese meine kleine Geliebte soll nicht multipliziert und dividiert 35 und in ein prozentuales Nichts verwandelt werden. Mein Herz hat mir geblutet, daß ich zählen mußte, ohne ihr nachsehen zu können, und dem Kumpel drüben, der die Autos zählen muß, bin ich sehr dankbar gewesen. Es ging ja glatt um meine Existenz.

Der Oberstatistiker hat mir auf die Schulter geklopft und hat gesagt, daß 40 ich gut bin, zuverlässig und treu. ,,Eins in der Stunde verzählt", hat er gesagt, ,,macht nicht viel. Wir zählen sowieso einen gewissen prozentualen

die Masche (*sl.*) a cinch;   **ein Lenz** (*sl.*) stroke of luck;   **das Gehirn** brain

ein Stück (*here*) a short distance

Verschleiß hinzu. Ich werde beantragen, daß sie zu den Pferdewagen versetzt werden."

Pferdewagen ist natürlich die Masche. Pferdewagen ist ein Lenz wie nie zuvor. Pferdewagen gibt es höchstens fünfundzwanzig am Tage, und alle halbe Stunde einmal in seinem Gehirn die nächste Nummer fallen zu lassen, das ist ein Lenz!

Pferdewagen wäre herrlich. Zwischen vier und acht dürfen überhaupt keine Pferdewagen über die Brücke, und ich könnte spazierengehen oder in die Eisdiele, könnte sie mir lange anschauen oder sie vielleicht ein Stück nach Hause bringen, meine kleine ungezählte Geliebte . . .

Taken from the volume of Heinrich Böll, *1947 bis 1951.*
(Courtesy Friedrich Middelhauve Verlag, Cologne, 4th edition, 1965.)

FRAGEN

1. Aus welchem Grund gab man dem Erzähler diesen Posten?
2. Was für Arbeit macht er?
3. Inwiefern macht der Erzähler seine Arbeitgeber manchmal glücklich?
4. Was tut er, wenn er wütend ist?
5. Interessieren sich seine Arbeitgeber für die Leute, die über die neue Brücke gehen?
6. Wozu multiplizieren, dividieren and prozentualisieren sie?
7. Wie oft geht das Mädchen über die neue Brücke?
8. Was macht der Erzähler, während das Mädchen an ihm vorbeigeht?
9. Weshalb zählt er das Mädchen nicht? Wer wird sonst nicht mitgezählt?
10. Wie haben sie den Erzähler eines Tages kontrolliert?
11. Wieso hatte er eins in der Stunde verzählt?
12. Ist der Oberstatistiker mit dem Ergebnis des Erzählers zufrieden?
13. Was wird der Oberstatistiker beantragen?
14. Wie ist es denn ein Lenz, Pferdewagen zu zählen?
15. Was darf der Erzähler machen, wenn er Pferdewagen zählt?

BASIC WORD LIST

der Ausdruck, ⸗e expression
begegnen (ist) meet
dar-stellen represent; die
    Darstellung representation
die Empfindung feeling, sense

erklären explain, declare
erstaunen astonish
die Gelegenheit, —en opportunity
messen (maß, gemessen) measure
der Nachbar, —s and —n, —n

die Anschaffung purchase; das Dorfwirtshaus village tavern, pub; vertraulich confidential; am Platz in order, called for; (sich) erkundigen inquire; nach Typ und Bauart about the model and its design; den Anschein zu erwecken give the impression; die Katze im Sack "pig in a poke"; gewillt willing, disposed; bereitwillig willingly; die Auskunft information; die Ansicht view, picture; bestellen order; sich . . . einigen agree; unter Rücksichtnahme auf die Tatsache taking into account; (sich) handeln be a question of

entnehmen gather, learn; daß der Lieferung . . . lag that some questionable act lay at the bottom of this delivery; ohnehin . . . Fahrzeuge just the place for a vehicle; der Fesselballon captive balloon; unter-bringen keep, store; platzen burst; die Geräte tools, implements

jeglicher . . . abhold disinclined to any speculation or expression of feeling; gelten lassen admit, not dispute; unausstehlich insufferable; der Duft fragrance; das Kartoffelkraut (*here*) nonsense; auf-stecken give up (*here*, ignore, forget about); ein-schenken pour; die Seife soap (*a common way of disparaging some cognacs*); die Etikett label; die Weltausstellung world exposition; Lüttich Liège (Belgium);

neighbor
das Opfer, — sacrifice; victim
schenken give
übrigens incidentally; besides;
  in other respects

der Vetter, —n cousin
die Vorsicht caution
der Wirt, —e host, landlord,
  hotelkeeper
ziemlich rather, fairly

Eine Grössere Anschaffung

Wolfgang Hildesheimer

Eines Abends saß ich im Dorfwirtshaus vor (genauer gesagt, hinter)
einem Glas Bier, als ein Mann gewöhnlichen Aussehens sich neben mich
setzte und mich mit vertraulicher Stimme fragte, ob ich eine Lokomotive
kaufen wolle. Nun ist es zwar ziemlich leicht, mir etwas zu verkaufen,
denn ich kann schlecht nein sagen, aber bei einer größeren Anschaffung   5
dieser Art schien mir doch Vorsicht am Platze. Obgleich ich wenig von
Lokomotiven verstehe, erkundigte ich mich nach Typ und Bauart, um bei
dem Mann den Anschein zu erwecken, als habe er es hier mit einem
Experten zu tun, der nicht gewillt sei, die Katze im Sack zu kaufen, wie
man so schön sagt. Er gab bereitwillig Auskunft und zeigte mir Ansichten,   10
die die Lokomotive von vorn und von den Seiten darstellten. Sie sah
gut aus, und ich bestellte sie, nachdem wir uns vorher über den Preis
geeinigt hatten, unter Rücksichtnahme auf die Tatsache, daß es sich
um einen second-hand-Artikel handelte.

Schon in derselben Nacht wurde sie gebracht. Vielleicht hätte ich daraus   15
entnehmen sollen, daß der Lieferung eine anrüchige Tat zugrunde lag,
aber ich kam nun einmal nicht auf die Idee. Ins Haus konnte ich die
Lokomotive nicht nehmen, es wäre zusammengebrochen, und so mußte
sie in die Garage gebracht werden, ohnehin der angemessene Platz für
Fahrzeuge. Natürlich ging sie nur halb hinein. Hoch genug war die Garage,   20
denn ich hatte früher einmal meinen Fesselballon darin untergebracht,
aber er war geplatzt. Für die Gartengeräte war immer noch Platz.

Bald darauf besuchte mich mein Vetter. Er ist ein Mensch, der, jeglicher
Spekulation und Gefühlsäußerung abhold, nur die nackten Tatsachen
gelten läßt. Nichts erstaunt ihn, er weiß alles, bevor man es ihm erzählt,   25
weiß es besser und kann alles erklären. Kurz, ein unausstehlicher Mensch.
Nach der Begrüßung fing ich an: ,,Diese herrlichen Herbstdüfte . . .‘‘ —
,,Welkendes Kartoffelkraut‘‘, sagte er. Fürs erste steckte ich es auf und

beschließen decide; **ein-stellen** put away; **nippen** sip; **zaghaft** timorous; **eine benachbarte Bäuerin** a neighboring farmwife; **ein freudiges Ereignis** blessed event; **der Zwilling** twin; **erlogen** fabricated, made up; **die Versuchung** temptation; **widerstehen** resist; **zur Kenntnis nehmen** take note of, accept; **offensichtlich** apparent, obvious; **einsilbig** monosyllabic; **(sich) verabschieden** say good-bye, take one's leave

die Meldung announcement; **die Staatsbahn** National Railway (SNCFF); **abhanden kommen** to lose, "be bereft of"; **vom Erdboden** from the face of the earth; **der Rangierbahnhof** switching station; **unlauter** questionable, disreputable; **zurückhaltend** reserved; **der Kran** crane; **sich in . . . ein-lassen** engage in

schenkte mir von dem Kognak ein, den er mitgebracht hatte. Er schmeckte
nach Seife, und ich gab dieser Empfindung Ausdruck. Er sagte, der
Kognak habe, wie ich auf dem Etikett ersehen könne, auf den
Weltausstellungen in Lüttich und Barcelona große Preise erhalten, sei
daher gut. Nachdem wir schweigend mehrere Kognaks getrunken hatten,   5
beschloß er, bei mir zu übernachten und ging den Wagen einstellen.
Einige Minuten darauf kam er zurück und sagte mit leiser, leicht zitternder
Stimme, daß in meiner Garage eine große Schnellzuglokomotive stünde.
,,Ich weiß", sagte ich ruhig und nippte von meinem Kognak, ,,ich habe sie
mir vor kurzem angeschafft." Auf seine zaghafte Frage, ob ich öfters   10
damit fahre, sagte ich, nein, nicht oft, nur neulich nachts hätte ich eine
benachbarte Bäuerin, die ein freudiges Ereignis erwartete, in die Stadt,
ins Krankenhaus gefahren. Sie hätte noch in derselben Nacht Zwillingen
das Leben geschenkt, aber das habe wohl mit der nächtlichen
Lokomotivfahrt nichts zu tun. Übrigens war das alles erlogen, aber bei   15
solchen Gelegenheiten kann ich oft diesen Versuchungen nicht
widerstehen. Ob er es geglaubt hat, weiß ich nicht, er nahm es schweigend
zur Kenntnis, und es war offensichtlich, daß er sich bei mir nicht mehr
wohl fühlte. Er wurde ganz einsilbig, trank noch ein Glas Kognak und
verabschiedete sich. Ich habe ihn nicht mehr gesehen.   20

Als kurz darauf die Meldung durch die Tageszeitungen ging, daß den
französischen Staatsbahnen eine Lokomotive abhanden gekommen sei
(sie sei eines Nachts vom Erdboden — genauer gesagt vom Rangierbahnhof
— verschwunden gewesen), wurde mir natürlich klar, daß ich das Opfer
einer unlauteren Transaktion geworden war. Deshalb begegnete ich auch   25
dem Verkäufer, als ich ihn kurz darauf im Dorfgasthaus sah, mit
zurückhaltender Kühle. Bei dieser Gelegenheit wollte er mir einen Kran
verkaufen, aber ich wollte mich in ein Geschäft mit ihm nicht mehr
einlassen, und außerdem, was soll ich mit einem Kran?

Wolfgang Hildesheimer, *Lieblose Legenden.*
(*Courtesy Suhrkamp Verlag, Frankfurt am Main, 1962.*)

FRAGEN

1. Wo saß der Erzähler, als er dem Lokomotivverkäufer zum ersten Mal
   begegnete?
2. Welche Anfrage stellte ihm der Fremde?
3. Warum schien in diesem Fall Vorsicht am Platze?
4. Wozu fragte der Erzähler nach Typ und Bauart?
5. Was zeigte ihm der Fremde?

6. Wann erfolgte die Lieferung?
7. Wo mußte er die Lokomotive unterbringen?
8. Was hatte er schon vorher in seiner Garage bereits untergebracht?
9. Wer kam kurz darauf zu Besuch?
10. Was für ein Typ war der Vetter?
11. Was brachte er mit?
12. Warum wollte der Vetter in die Garage?
13. Was antwortete der Erzähler auf die Frage, ob er öfters mit der Lokomotive fahre?
14. Woher hatte der Verkäufer die Lokomotive?
15. Was wollte er dem Erzähler zunächst verkaufen?

BASIC WORD LIST

allerdings to be sure, it is true
auf-hören stop
begegnen (ist) meet
beinahe almost
besonder(s) special(ly), especially
blicken glance, view
damals then
decken cover
deshalb for that reason
dringen (drang, ist gedrungen) penetrate, press, push; **hat gedrungen** urged
die Ehe, –n marriage
ehren honor
eigentlich actual(ly), anyway
eilen (ist, hat) hurry
ein-laden (lud ein, eingeladen) invite
die Einsamkeit loneliness
entschuldigen excuse
(sich) erinnern remind; remember
die Erinnerung, –en memory
erlauben allow
feiern celebrate
das Fest, –e celebration, festival, banquet
freilich to be sure, of course
das Geheimnis, –se secret
kaum hardly

der Kreis, –e circle
längst long since, for a long time
die Ordnung, –en order
(sich) rühren touch, move, stir
schade too bad; what a pity!
sogar even
spazie'ren (ist) walk
statt-finden (fand statt, stattgefunden) take place
der Stern, –e star
stören disturb
übrig remaining, left over
übrigens incidentally; besides; in other respects
die Unterhaltung conversation; entertainment
verschwinden (verschwand, ist verschwunden) disappear
verwandeln transform
der Verwandte (*as adj.*) relative
wagen dare, risk
wahrschein'lich probably, likely, evident
weder . . . noch neither . . . nor
weisen (wies, gewiesen) point, show
das Wesen, – being, creature; nature; system
der Zustand, ⸚e condition

Sylvesternacht New Year's Eve (Feast of St. Sylvester); **geräumig** spacious; **das Speisezimmer** dining room; **Souper zu vierundzwanzig Gedecken** dinner party for twenty-four; **der Sessel** chair; **der Kellner** waiter; **mieten** hire; **der Salon** drawing room; **angelehnt** ajar; **das Gewirr** confused noise, jumble; **dicht und lau** thickly and softly; **zahlreiche ... gegenüber** numerous lighted windows across the street; **der Teppich** carpet; **Stimmen tönen gedämpft herauf** muffled voices float upward; **passieren** pass through; **erblicken** catch sight of

(sich) verkühlen get a chill; **gnädige Frau** "Madame" (*polite form of address, pron.* „gnä' Frau", *still common in Vienna*)

merkwürdig remarkable; **im übrigen** by the way

gleichfalls likewise (*here*, the same to you)

Inwiefern? In what respect?

Selbstverständlich But of course; **die Stimmung ... gehoben** one's mood is enhanced by the consequence of the moment; **Bedenken Sie** Just think

freilich indeed

das Klavier piano

jedenfalls in any case

Sylvesternacht

Ein Dialog

Arthur Schnitzler

*Das geräumige Speisezimmer der Familie, in dem eben ein Souper zu
vierundzwanzig Gedecken stattgefunden hat. Gläser mit Champagner,
andere mit rotem und weißem Wein halbgefüllt, stehen auf dem Tisch.
Die Sessel in Unordnung.* **Zwei Kellner,** *die für den heutigen Abend
gemietet worden sind, verschwinden durch die Ausgangstür. Eine andere*   5
*Tür, die in den Salon führt, ist angelehnt. Gewirr von Stimmen dringt
herein. Zwei Fenster sind geschlossen, das dritte steht weit offen.* **Frau
Agathe,** *die ganz allein ist, blickt hinaus; der Schnee fällt dicht und lau;
zahlreiche erleuchtete Fenster gegenüber. Unten fährt ein Wagen vorbei
wie über einen Teppich. Stimmen tönen gedämpft herauf.* **Der Sohn** *des*   10
*Hauses, jung und blond, kommt aus dem Salon und will das Speisezimmer
passieren; da erblickt er Agathe und wendet sich zu ihr.*

Emil: Haben Sie nicht Angst, sich zu verkühlen, gnädige Frau?

Agathe: O nein; es ist ja ganz mild.

Emil (*eine Hand zum Fenster hinaushaltend*) Merkwürdig — der Schnee ist   15
beinah' warm. Der Frühling muß schon in der Nähe sein. Im übrigen,
glückliches neues Jahr.

Agathe: Danke, gleichfalls. Sagen Sie mir, was wird denn jetzt eigentlich
geschehen?

Emil: Inwiefern?   20

Agathe: Nun, es wird doch auf irgend eine Weise für die Unterhaltung gesorgt
werden.

Emil: Selbstverständlich. Ich weiß allerdings nicht . . . aber die Stimmung ist ja
schon durch den bedeutenden Augenblick gehoben. Bedenken Sie: ein
neues Jahr beginnt.   25

Agathe: Freilich.

Emil: Wahrscheinlich wird man tanzen.

Agathe: Haben Sie einen Klavierspieler?

Emil: Fritz wird spielen — jedenfalls.

Agathe: Ihr Cousin?   30

erweitert expanded; **der Gemahl** (*formal*) husband

die Sitte custom, practice; **verknüpfen** tie, bind;
gerührt (*here*) sentimental

sinnig thoughtful, well planned (*sarcastic here*)

bereits = **schon;** **der Flügel** grand piano

darauf "to that"

Tristan und Isolde *opera by Richard Wagner, notorious in those days for
the erotic nature of its music;* **Die Fledermaus** *operetta by
Johann Strauss, traditional in Vienna on New Year's Eve*

es hat Zeit there is plenty of time, there is no hurry

(sich) bemühen trouble oneself; **die Lehne** arm or back of chair

ein bißchen a little while; **um meinetwillen** on my account

Emil:	Ja. Wir sind ja ganz unter uns: es ist nichts als ein erweiterter Familienkreis. Glauben Sie denn, gnädige Frau, Sie wären heute bei uns geladen, wenn nicht Ihr Gemahl der Cousin von Mama wäre?	
Agathe:	Ach ja.	
Emil:	In unserem Haus hält man noch an der schönen Sitte fest, daß an solchen Abenden nur die Menschen zusammenkommen, die auch zusammengehören, die durch die Bande der Verwandtschaft miteinander verknüpft sind. Na ja, darum unterhält man sich auch so gut, daher die festliche und gerührte Stimmung. Haben Sie das gar nicht bemerkt?	5
Agathe:	Gewiß. Auch hab' ich die Sitzordnung so sinnig gefunden: Ehepaare zusammen, Kinder neben den Eltern . . .	10
Emil:	Ja.	
Agathe:	Und was sollen die Leute tun, die nicht tanzen?	
Emil:	Nun, die Herren werden Karten spielen; Ihr Mann, Papa und Herr Friedmann haben bereits angefangen. *(Klavierspiel im Nebenzimmer)* Hören Sie, Fritz hat sich schon an den Flügel gesetzt.	15
Agathe:	Darauf wird man schwerlich tanzen können.	
Emil:	O, er fängt immer mit Tristan und Isolde an, aber es wird immer wieder die Fledermaus. Darf ich Sie nicht hineinführen, gnädige Frau?	
Agathe:	Es hat Zeit; ich tanze nicht mehr.	20
Emil:	O, gnädige Frau!	
Agathe:	Bitte, bemühen Sie sich nicht. Ich bin sechzehn Jahre verheiratet. Wenn Sie mir vielleicht mein Cape reichen wollten? Dort über der Lehne hängt es.	
Emil:	Hier, gnädige Frau.	
Agathe:	Danke. So – ich bleibe noch ein bißchen am Fenster; es ist so wunderschön. Aber stören Sie sich nicht um meinetwillen, ich bitte sehr. Sie wollten wahrscheinlich fortgehen.	25
Emil:	O nein.	
Agathe:	Sie sind gewiß noch irgendwo eingeladen und werden wohl noch Ihre besondere Sylvesterfeier haben, in der richtigen Gesellschaft.	30
Emil:	Das wäre nicht unmöglich . . . aber geladen bin ich nicht, wirklich nicht. Ich wollte nur in mein Zimmer gehen; denn in meinem Zimmer hab' ich ein Rendezvous.	

Zustände (*here*) goings-on; **anständig** respectable, decent;
das Bürgerhaus middle-class household; **der Bürger** one of the
middle class

(sich) schämen be ashamed; **sichtbar** visible

König Marke and der Rentier Eisenstein *characters in* Tristan und Isolde
and Die Fledermaus, *respectively;* **allmählich** gradually, bit by bit;
trällern hum, trill

Das verhält sich folgendermassen "It's this way"

ebenso just the same

liebenswürdig kind

dahingestellt uncertain, up in the air; **kurz** in short;
wir können . . . zu tief *ironic reference to lovers in Low German folk poem*
(„ . . . de konnen tonanner nich kommen, dat Water was vil to bred")

da droben up there; **(sich) geben** (*here*) arrange

sich verabreden make an appointment; **wenn . . . gestiegen** when the
celebration has reached its peak; **„Die Majestät wird anerkannt"**
"Majesty is recognized," *words of a song from* Die Fledermaus; **(sich)
zurück-ziehen** retire; **auf** for (*with time*)

Agathe: O! was für Zustände in diesem anständigen Bürgerhause!

Emil: Das anständige Bürgerhaus braucht sich nicht zu schämen; ich habe Rendezvous mit einer Unsichtbaren.

Agathe: Sehr interessant!

Emil: Hören Sie? 5

Agathe: Was denn?

Emil: Wie sich der König Marke allmählich in den Rentier Gabriel Eisenstein verwandelt hat. *(Trällert mit)* ,,O je, o je, wie rührt mich dies . . .''

Agathe: Also was ist das für ein geheimnisvolles Rendezvous?

Emil: Das verhält sich folgendermaßen: ich bin hier, wie Sie bemerken, und sie — 10

Agathe: Die Unsichtbare . . .

Emil: Ja, die Unsichtbare ist in diesem Augenblick auch irgendwo, wo sie nicht hingehört oder wo sie nicht sein will, ebenso —

Agathe: Ebenso wie Sie. Das ist nicht sehr liebenswürdig, aber es ist wahr. Nun weiter. Wo Sie sind, weiß ich — aber die Unsichtbare . . . 15

Emil: Lassen wir das dahingestellt; vielleicht auch im Kreise ihrer Familie, vielleicht in einem andern Kreis — kurz, wir können zusammen nicht kommen, der Champagner ist viel zu tief.

Agathe: Ich bin gegen Witze.

Emil: Entschuldigen Sie, gnädige Frau. — Nun, und da haben wir uns einfach 20 *(zum Himmel weisend)* da droben ein Rendezvous gegeben.

Agathe: Wo?

Emil: Bei den Sternen.

Agathe: Süß!

Emil: So haben wir uns verabredet: wenn der Festesjubel aufs Höchste gestiegen 25 — hören Sie? *(trällert wieder mit)* ,,Die Majestät wird anerkannt . . .'' Also, wenn der Jubel aufs Höchste gestiegen ist, wie zum Beispiel jetzt in diesem anständigen Bürgerhause, ziehen wir uns beide auf wenige Minuten zurück und treten beide einsam an ein Fenster —

Agathe: Ich wünsche Ihnen von Herzen, daß die Einsamkeit der Unsichtbaren 30 ehrlicher sei als die Ihre . . .

der Bär bear *(name of constellation)*; **lebhaft** vividly;
es sei denn unless

Nichts . . . ferner Nothing is further from my mind; **gedämpft** muffled;
Prosit Neujahr Happy New Year; **Lachen . . . singen** people laugh
and try to sing; **die Stille** silence

Ausgeträumt "All through dreaming?"

imponieren impress

der Ehrgeiz ambition; **trotzdem** nevertheless

die Verhältnisse . . . so that's just the way things are

versichern assure; **ahnen** suspect

gleichgültig of no consequence; **keineswegs** certainly not; **in Ketten
geschmiedet** in chains

verkleiden disguise; **der Irrsinnige** madman

Emil: Ich wage es zu hoffen – treten ans Fenster, schauen den großen Bären an – sehen Sie, dort ist er – und träumen voneinander, so lebhaft als nur möglich. Ja, das ist unser Rendezvous in der Sylvesternacht. Darum wollte ich eben in mein Zimmer gehen. Aber von hier aus sieht man den großen Bären gleichfalls, und nichts hindert mich, zu träumen – es sei denn, daß Sie so freundlich sein wollten, gnädige Frau.   5

Agathe: Nichts liegt mir ferner. Träumen Sie.

Auf der Straße gehen Leute; Gruppen begegnen einander, gedämpfte Rufe: ,,Prosit Neujahr!'', Lachen, Versuche, zu singen; dann wieder Stille. – Agathe und Emil schweigen.   10

Agathe: Ausgeträumt?

Emil: Ja.

Agathe: Nun erlauben Sie mir vielleicht, Ihnen zu sagen, daß Sie mir nicht im geringsten imponieren.

Emil: Nun ja, ich habe auch niemals den Ehrgeiz gehabt . . . aber trotzdem, wie   15 meinen Sie das?

Agathe: Warum sind Sie denn nicht bei ihr?

Emil: Gnädige Frau, das ist eben unmöglich, die Verhältnisse liegen nun einmal so.

Agathe: Und ich sage Ihnen, sie lieben die Unsichtbare nicht, sonst wäre es nicht   20 unmöglich.

Emil: Aber gnädige Frau, ich versichere Ihnen . . . wenn Sie ahnten, wo sie jetzt ist –

Agathe: Das ist ganz gleichgültig; keineswegs ist sie in Ketten geschmiedet und Sie sind es auch nicht.   25

Emil: Aber es gibt auch Ketten, die –

Agathe: Nein.

Emil: Wenn Sie wüßten, wo sie ist!

Agathe: Warum geht sie nicht fort? Warum gehen Sie nicht hin? Verkleidet, wenn es nicht anders möglich ist – als Kellner – als Irrsinniger – Warum holen   30 Sie sie nicht?

Emil: Ich weiß gar nicht, was ich Ihnen antworten soll.

Agathe: Allerdings ist es gefahrloser, sich auf dem großen Bären ein Rendezvous zu geben.

der Irrtum error, false idea

was = etwas

daß es . . . nicht ankommt that it doesn't make the slightest difference to me

offenbar "very much"

Was fällt Ihnen ein? What's got into your mind?

der Verdacht suspicion;   **ab-lenken** turn away, avert

der Gatte husband;   **gemeinschaftlich** together, in common;   **geladen = eingeladen**

das Haustor front gate;   **spielen** (*here*) play cards, gamble

Emil:	Gnädige Frau, es ist eigentlich komisch, daß ich mich bei Ihnen entschuldigen muß — aber schauen Sie, man kann doch nicht wegen einer Viertelstunde — wegen eines Augenblicks soviel — alles — riskieren.	
Agathe:	Das ist eben der Irrtum. Wenn ich Ihnen erzählen würde, was einmal eine meiner Freundinnen wegen einer solchen Minute oder Stunde gewagt hat . . .	5
Emil:	Bitte, erzählen Sie, vielleicht kann ich was lernen.	
Agathe:	Ich versichere Ihnen, daß es mir darauf nicht ankommt. *(Sie schweigt . . .)*	
Emil:	Ich bitte Sie!	
Agathe:	Was denn?	10
Emil:	Die Geschichte Ihrer Freundin.	
Agathe:	Es war offenbar eine Nacht wie heute, es war sogar Sylvesternacht, das weiß ich. Meine Freundin —	
Emil:	Sie ist längst tot.	
Agathe:	Selbstverständlich. Aber damals lebte sie und war verheiratet.	15
Emil:	Und hatte sieben Kinder.	
Agathe:	Was fällt Ihnen ein?	
Emil:	Ich sage das, um meinen Verdacht abzulenken.	
Agathe:	Sie hatte kein Kind — zu jener Zeit kaum einen Gatten. Aber sie waren nun einmal ein Paar, und so gaben sie gemeinschaftlich ein Fest, so eine Art Familienfest, wie heute in diesem Hause — ja. Aber er, der, den sie liebte, war nicht geladen.	20
Emil:	Er gehörte eben nicht zur Familie.	
Agathe:	Niemand kannte ihn. Der Gatte und er hatten sich nie gesehen. Aber meine Freundin wollte mit ihm zusammen sein, gerade in dieser Sylvesternacht — und er mit ihr; denn sie liebten einander, und da es nun einmal ein Fest war, wollten sie es zusammen feiern. Und sie taten es auch.	25
Emil:	Ja — aber wie?	
Agathe:	Auf die einfachste Weise von der Welt. Er wartete im Wagen, nicht weit vom Haustor, von Mitternacht an, und meine Freundin verließ das Haus, ihre Wohnung, ihre Gäste, ihren Mann, während man tanzte, spielte, trank.	30
Emil:	Wie? Wie konnte sie das tun?	

indem ... tut by doing it

der Prater *Vienna's great park;* **vor lauter Schnee** "just from the snow"; **die Allee** avenue; **das Sternbild** constellation; **daheim** zu Hause

Ohne ... hätte? Without anybody noticing it? **die Abwesenheit** absence; **auf-fallen** be noticeable

schlimm aus-gehen turn out badly **nach-forschen** check up on; **entdecken** discover

mißglücken fail, miscarry; **davon-jagen** kick out **Was hat ... gesetzt** Your friend certainly gambled everything!

bequem self-satisfied, smug; **feig** cowardly

ergreifen move, touch; **hieher** here; **sonderbar** unusual, singular; **das Abenteuer** adventure

wohl-tun be good for

fest-stehen be certain

Agathe: Wie man alles kann —: indem man es tut. Sie eilte zu dem Wagen, in dem er wartete, und stieg ein.

Emil: Unglaublich! Und dann?

Agathe: Dann fuhren sie zusammen in den Prater. Es . . . muß wunderschön gewesen sein. Eine Nacht etwa wie heute, Schnee, überall Schnee und alles still vor lauter Schnee. Und unten in der großen Allee sind sie wahrscheinlich ausgestiegen und Arm in Arm spazieren gegangen und waren . . . wahrscheinlich glücklicher als man es auf irgend einem Sternbild sein kann. Und eine Stunde, nachdem sie fortgegangen, war die Frau wieder daheim unter ihren Gästen.

Emil: Ohne daß es jemand gemerkt hätte?

Agathe: Das will ich eben nicht sagen; vielleicht war ihre Abwesenheit dem Einen oder dem Andern aufgefallen — aber da sie nun doch zurückkam . . .

Emil: Ja — sie kam zurück — und doch —

Agathe: Es hätte schlimm ausgehen können, meinen Sie?

Emil: Ja, das mein' ich allerdings. — Wenn der Gatte der Sache nachgeforscht — wenn er entdeckt hätte . . .

Agathe: Ja — dann wäre es eben mißglückt. Er hätte sie davongejagt.

Emil: Ah! was für ein Mut! Was hat Ihre Freundin nicht alles aufs Spiel gesetzt!

Agathe: Ja, wenn man nichts aufs Spiel setzen will . . .

Emil: Schade, schade . . .

Agathe: Was?

Emil: Daß Ihre Freundin tot ist. Ich hätte eine solche Frau einmal sehen mögen; ich habe nicht geglaubt, daß es solche Frauen überhaupt gibt. Sie sind alle so bequem, so feig!

Agathe: Beinah' wie die Männer.

Emil: Ihre Geschichte hat mich sehr ergriffen, gnädige Frau — ja . . . Sie sind gewiß nur deshalb hieher gekommen und sind am Fenster stehen geblieben, um sich an diese Freundin und an ihr sonderbares Abenteuer erinnern zu können.

Agathe: Nein. Wenn ich die Wahrheit sagen soll, ich hatte sie schon lang vergessen. Ich stehe hier am Fenster nur, weil die Luft mir wohltut. Und dann — da ich weder tanze, noch Karten spiele. —

Emil: Jedenfalls steht es fest: Auch Sie feiern Ihren Sylvesterabend nicht an dem rechten Ort. Auch Sie sind nicht — wo Sie eigentlich sein möchten —

da drin inside, in there

schmeicheln flatter

ehrenvoller Rückzug honorable retreat

nahe-stehen be dear to, close to; **verzeihen** forgive;
hauptsächlich primarily, mainly; **vorbei** over, past

hingegen on the other hand

Denn bei . . . an For with every celebration, the important thing is
tomorrow

das Alter age, old age

Agathe *(lachend)* Was fällt Ihnen denn ein!

Emil: Und ich sage noch mehr: Sie wären mit ihm, wenn er nicht sehr fern wäre!

Agathe: Er? Welcher Er?

Emil: Er, mit dem Sie in dieser festlichen Stunde am liebsten zusammen sein möchten. 5

Agathe: Sehr fern? . . . da drin sitzt er und spielt Whist mit . . . Ihrem Papa und Herrn Friedmann.

Emil: Wieso? Entschuldigen Sie . . . das ist ja Ihr Mann.

Agathe: Natürlich.

Emil: Aber —! 10

Agathe: Nun ja; er ist's, mit dem ich Sylvester feiern möchte — und er spielt Whist mit Ihrem Papa und Herrn Friedmann. Übrigens wäre er nicht sehr geschmeichelt, wenn er jetzt Ihr Gesicht sähe. Ich bin nicht so romantisch, wie Sie glauben — und wie meine tote Freundin war.

Emil: O gnädige Frau, ich durchschaue Sie ja. Das ist einfach ein ehrenvoller 15 Rückzug, nichts anderes.

Agathe: Sie irren sich sehr. Ich versichere Ihnen, daß es keinen Menschen auf der Welt gibt, der mir näher steht, als mein Mann — ja. Sehen Sie mich nicht so dumm an. Es ist nun einmal so. Ich sage Ihnen, wenn zwei Menschen nur überhaupt zusammen bleiben, so kommt immer eine Zeit, wo sie 20 einander wieder finden. Und man verzeiht einander sehr viel, hauptsächlich weil es gar nichts Unverzeihliches gibt, wenn es nur vorbei ist.

Emil: Nun — warum sind Sie dann eigentlich so melancholisch am Fenster gestanden? Sie werden Ihr Fest eben um zwei Stunden später feiern, das ist alles. Denn in zwei Stunden fahren Sie mit Ihrem Mann nach Hause. 25 Ich hingegen bin und bleibe allein.

Agathe: Und doch ist ihre Sylvesterfeier die schönere. Denn bei jedem Fest kommt es auf das Morgen an. Und darum gibt es nur Feste, so lang man auch morgen noch jung ist.

Emil: Gnädige Frau, reden Sie doch nicht so — man kann Ihnen wirklich gar 30 nicht zuhören. Sie reden vom Altwerden! Sie wissen ja gar nicht, wie jung Sie sind. Während Sie die Geschichte Ihrer verstorbenen Freundin erzählten — o gnädige Frau . . .

Agathe *(auf den Himmel weisend)* Sie vergessen —

Emil: Nein, gnädige Frau; wenn Sie vom Alter reden, das ist wirklich . . . 35

ein-gestehen confess; **glühen** glow

ob eigene oder fremde Vergangenheit whether it is my past history or that of another

erleben experience, live to see

Ihrer Art "such as you"; **der Mühe wert** worthwhile

besorgt apprehensively, anxiously

es hat's niemand = niemand hat es

verlegen embarrassed

beschwören swear; **daß es . . . hatte** that it meant nothing

(sich) ein-bilden imagine

Agathe: Koketterie – natürlich. Ja, ich weiß schon, wenn ich wollte –! o gewiß, es kostete mich nicht viel Mühe, einen jungen Mann vom großen Bären herunterzuholen – vielleicht nur ein Wort.

Emil: Ja, nur ein Wort, nur einen Blick. Diesen zum Beispiel. – Warum gestehen Sie mir's denn nicht ein, gnädige Frau? Sie sind es, Sie waren es, die in einer Nacht wie heute mit ihrem Geliebten durch den Schnee fuhr, während zuhause die Leute tanzten und Karten spielten. Und während Sie die Geschichte erzählt haben, glühten Ihre Augen in der Erinnerung jener Nacht. 5

Agathe: Sie irren Sich ganz gewiß. Im übrigen ist das ganz gleichgültig – ob eigene oder fremde Vergangenheit, es ist fern. 10

Emil: Aber es kann wiederkommen.

Agathe: Was fällt Ihnen ein. Nichts kommt wieder. –

Emil: Aber Neues kommt. Wie sagten Sie, gnädige Frau? Bei jedem Fest kommt es auf das Morgen an. So könnte das das schönste sein, das ich je erlebt habe. 15

Agathe: Aber!

Emil (*faßt ihre Hand*) Sie wissen ja nicht, wie schön Sie sind! O glauben Sie mir! Wenn man von einem Wesen Ihrer Art geliebt würde, da wär' es wohl der Mühe wert, alles aufs Spiel zu setzen. 20

Agathe: Glauben Sie?

Emil: Ich weiß es, ich fühle es!
(*Sie sind nebeneinander; ihre Lippen begegnen sich, wie zufällig. – In diesem Moment hört das Klavierspiel im Nebenzimmer auf; Emil sieht besorgt nach der Tür.*) 25

Agathe: Nein, es hat's niemand gesehen.

Emil (*verlegen*) O –

Agathe: Im übrigen – wir könnten beschwören, daß es gar nichts zu bedeuten hatte.

Emil: Nun ja . . . gnädige Frau . . . (*er will wieder ihre Hand fassen.*) 30

Agathe (*sie ihm leicht entziehend*) Oder bilden Sie sich am Ende ein, daß Sie es waren, den ich geküßt habe?

(*Sie tritt vom Fenster weg, geht zur Türe, und ohne sich noch einmal umzuwenden, tritt sie in den Salon.*)

Arthur Schnitzler, *Gesammelte Werke, Die Dramatischen Werke,* Vol. I.
(Courtesy Dr. Heinrich Schnitzler and S. Fischer Verlag, Frankfurt am Main, 1962.)

FRAGEN

1. Wo ist Frau Agathe, als das Drama beginnt? Wozu ist sie dort?
2. Welches Fest findet statt? Wie ist das Wetter?
3. Was soll man noch heute Abend bei dem Fest tun?
4. Wo bleibt Agathes Mann? Was macht er jetzt?
5. Warum wollte Emil auf sein Zimmer gehen?
6. Mit wem hat Emil ein Rendezvous? Was für ein Rendezvous ist es?
7. Warum kommen Emil und die Unsichtbare heute Abend nicht zusammen?
8. Was hält Agathe von diesem Rendezvous bei den Sternen?
9. Wie hätte Emil zu seiner Geliebten gehen können?
10. Wann ist das geschehen, was Agathe ihm jetzt erzählt?
11. Liebte Agathes ,,Freundin'' ihren Mann?
12. Wohin fuhr diese Frau in der Sylvesternacht? Mit wem?
13. Wie hätte die Sache schlimm ausgehen können?
14. Will Agathe den Anschein erwecken, daß sie ihren Mann liebt?
15. Welchen jungen Mann könnte Agathe ,,vom großen Bären herunterholen?''
16. Warum glaubt Emil, er darf Agathe küssen?
17. Wie tut er, nachdem sie sich geküßt haben?
18. Was gibt sie ihm zu verstehen, indem sie fortgeht?
19. Wen hat Agathe eigentlich geküßt?

BASIC WORD LIST

auf-hören stop
beschreiben (beschrieb,
beschrieben) describe
besonder(s) special(ly), especially
bestehen (bestand, bestanden)
    (with **aus**) consist; (with **auf**)
    insist; exist
(sich) beugen bend
der Blick, —e glance, view
blicken glance, view
blaß pale
decken cover
dringen (drang, ist gedrungen)
    penetrate, press, push; **hat**
    gedrungen urged
eilen (ist, hat) hurry
endlich final
(sich) entschließen (entschloß,
    entschlossen) decide
erkennen (erkannte, erkannt)
    recognize
erscheinen (erschien, ist
    erschienen) appear
gelingen (gelang, ist gelungen)
    succeed
graben (grub, gegraben) dig
die Hose, —n trousers

jagen hunt, chase, race
kaum hardly
kleiden dress
klingen (klang, geklungen) sound
der Künstler, — artist
die Lage, —n location, situation
das Loch, ⸚er hole
los rid off; off; wrong
prüfen test
richten direct; judge
der Rücken, — back
sanft gentle, soft
sofort' immediately
sondern but (on the other hand)
stoßen (stieß, gestoßen) push,
    strike, hit
streichen (strich, gestrichen)
    stroke; brush; cancel; **ist**
    gestrichen move; rove;
    sweep
der Strom, ⸚e stream, current
stützen support
die Tatsache, —n fact
trennen separate
üben practice, exercise
die Ursache, —n cause
wachen be awake, wake

Josef K. or **K.** *the central character in many of Kafka's works;*
der Friedhof cemetery; **künstlich** artificial; **gewunden** winding;
gleiten glide; **reißendes Wasser** torrent; **unerschütterlich**
unwaveringly; **schweben** soar, float; **die Haltung** mien, carriage;
frisch freshly; **auf-werfen** pile up; **der Grabhügel** grave mound;
übte fast . . . auf ihn aus had almost the power of allurement (over him);
die Fahne banner, flag; **dessen Tücher sich wanden** the fabrics
of which were waving; **herrschen** reign; **der Jubel** festivity, jubilation

rasen race; **schwanken** totter, falter; **ins Knie** on his knees;
festgemauert cemented in place; **das Gebüsch** bushes; **zu-knöpfen**
button; **die Samtkappe** velvet cap; **gewöhnlich** ordinary;
beim Näherkommen as he approached

an-setzen begin, set in; **Fußspitzen** tiptoes; **sich stützen** support
(prop) oneself; **die Fläche** surface; **geschickt** skillful; **die Hantierung**
maneuvering; **der Buchstabe** letter of alphabet; **erzielen** produce;
ritzen engrave; **vollkommen** (*here*) pure; **begierig auf . . . war** was
very eager for the inscription to proceed; **kümmern** concern;
das Hindernis obstacle; **die Verlegenheit** embarrassment; **die
Lebhaftigkeit** vivacity; **geriet in Verlegenheit** became embarrassed;
wechseln exchange; **vor-liegen** exist, obtain; **häßlich** ugly, distressing;
auf-lösen resolve; **zur Unzeit** inopportunely; **die Glocke** bell;
die Kapelle chapel; **läuten** ring; **fuchteln** brandish, gesture; **ohne
besondere Aufforderung** "apropos of nothing"; **ab-brechen** stop short,
cease; **untröstlich** inconsolable; **schluchzen** sob; **beruhigen** calm;
dennoch nevertheless; **die Erlösung** deliverance; **der Künstler . . .**
zustande but the artist was apparently able to accomplish this only with
the utmost reluctance; **die Schrift** writing; **der Strich** stroke, line;

Ein Traum

Franz Kafka

Josef K. träumte:

Es war ein schöner Tag und K. wollte spazierengehen. Kaum aber hatte er
zwei Schritte gemacht, war er schon auf dem Friedhof. Es waren dort sehr
künstliche, unpraktisch gewundene Wege, aber er glitt über einen solchen
Weg wie auf einem reißenden Wasser in unerschütterlich schwebender
Haltung. Schon von der Ferne faßte er einen frisch aufgeworfenen   5
Grabhügel ins Auge, bei dem er haltmachen wollte. Dieser Grabhügel übte
fast eine Verlockung auf ihn aus und er glaubte gar nicht eilig genug
hinkommen zu können. Manchmal aber sah er den Grabhügel kaum, er
wurde ihm verdeckt durch Fahnen, deren Tücher sich wanden und mit
großer Kraft aneinanderschlugen; man sah die Fahnenträger nicht, aber es   10
war, als herrsche dort viel Jubel.

Während er den Blick noch in die Ferne gerichtet hatte, sah er plötzlich
den gleichen Grabhügel neben sich am Weg, ja fast schon hinter sich.
Er sprang eilig ins Gras. Da der Weg unter seinem abspringenden Fuß
weiter raste, schwankte er und fiel gerade vor dem Grabhügel ins Knie.   15
Zwei Männer standen hinter dem Grab und hielten zwischen sich einen
Grabstein in der Luft; kaum war K. erschienen, stießen sie den Stein in
die Erde und er stand wie festgemauert. Sofort trat aus einem Gebüsch
ein dritter Mann hervor, den K. gleich als einen Künstler erkannte.
Er war nur mit Hosen und einem schlecht zugeknopften Hemd bekleidet;   20
auf dem Kopf hatte er eine Samtkappe; in der Hand hielt er einen
gewöhnlichen Bleistift, mit dem er schon beim Näherkommen Figuren in
der Luft beschrieb.

Mit diesem Bleistift setze er nun oben auf dem Stein an; der Stein war
sehr hoch, er mußte sich gar nicht bücken, wohl aber mußte er sich   25
vorbeugen, denn der Grabhügel, auf den er nicht treten wollte, trennte ihn
von dem Stein. Er stand also auf den Fußspitzen und stützte sich mit
der linken Hand auf die Fläche des Steines. Durch eine besonders
geschickte Hantierung gelang es ihm, mit dem gewöhnlichen Bleistift
Goldbuchstaben zu erzielen; er schrieb: ,,Hier ruht. —'' Jeder Buschstabe   30
erschien rein und schön, tief geritzt und in vollkommenem Gold. Als er
die zwei Worte geschrieben hatte, sah er nach K. züruck; K., der sehr
begierig auf das Fortschreiten der Inschrift war, kümmerte sich kaum um
den Mann, sondern blickte nur auf den Stein. Tatsächlich setzte der
Mann wieder zum Weiterschreiben an, aber er konnte nicht, es bestand   35
irgendein Hindernis, er ließ den Bleistift sinken und drehte sich wieder
nach K. um. Nun sah auch K. den Künstler an und merkte, daß dieser
in großer Verlegenheit war, aber die Ursache dessen nicht sagen konnte.

stampfen stamp (*one's foot*); **wütend** furious; **ringsum** all around;
in die Höhe upwards; **ab-bitten** to beg off; **Widerstand leisten**
offer resistance; **vor-bereiten** prepare in advance; **zum Schein** for
form's sake; **die Erdkruste** covering of earth; **abschüssig** steep;
den Kopf im Genick noch aufrichtet "his head still raised upwards";
schon von . . . aufgenommen wurde was being received into the
impenetrable deep; **die Zierart** flourish

entzücken bewitch, charm; **der Anblick** sight

FRAGEN

1. Wohin ging Josef K. im Traum?
2. Wo wollte er im Friedhof haltmachen?
3. Wovor konnte er den Grabhügel nicht immer sehen?
4. Was für eine Stimmung schien im Friedhof zu herrschen?
5. Warum fiel er um, als er haltmachen wollte?
6. Was hielten die zwei Männer zwischen sich? Was machten sie damit?
7. Beschreiben Sie den Künstler!
8. Wozu war der Künstler da?
9. Warum mußte sich der Künstler vorbeugen?

Alle seine frühere Lebhaftigkeit war verschwunden. Auch K. geriet
dadurch in Verlegenheit; sie wechselten hilflose Blicke; es lag ein
häßliches Mißverständnis vor, das keiner auflösen konnte. Zur Unzeit
begann nun auch eine kleine Glocke von der Grabkapelle zu läuten, aber
der Künstler fuchtelte mit der erhobenen Hand und sie hörte auf. Nach   5
einem Weilchen begann sie wieder; diesmal ganz leise und, ohne
besondere Aufforderung, gleich abbrechend; es war, als wolle sie nur ihren
Klang prüfen. K. war untröstlich über die Lage des Künstlers, er begann
zu weinen und schluchzte lange in die vorgehaltenen Hände. Der Künstler
wartete, bis K. sich beruhigt hatte und entschloß sich dann, da er keinen   10
andern Ausweg fand, dennoch zum Weiterschreiben. Der erste kleine
Strich, den er machte, war für K. eine Erlösung, der Künstler brachte ihn
aber offenbar nur mit dem äußersten Widerstreben zustande; die Schrift
war auch nicht mehr so schön, vor allem schien es an Gold zu fehlen, blaß
und unsicher zog sich der Strich hin, nur sehr groß wurde der   15
Buchstabe. Es war ein J, fast war es schon beendet, da stampfte der
Künstler wütend mit einem Fuß in den Grabhügel hinein, daß die Erde
ringsum in die Höhe flog. Endlich verstand ihn K.; ihn abzubitten war
keine Zeit mehr; mit allen Fingern grub er in die Erde, die fast keinen
Widerstand leistete; alles schien vorbereitet; nur zum Schein war eine   20
dünne Erdkruste aufgerichtet; gleich hinter ihr öffnete sich mit
abschüssigen Wänden ein großes Loch, in das K., von einer sanften
Strömung auf den Rücken gedreht, versank. Während er aber unten, den
Kopf im Genick noch aufgerichtet, schon von der undurchdringlichen
Tiefe aufgenommen wurde, jagte oben sein Name mit mächtigen Zierarten   25
über den Stein.

Entzückt von diesem Anblick erwachte er.

Franz Kafka, *Erzählungen und kleine Prosa.*
(Courtesy Schocken Books, Inc., New York, 1946.)

10. Was waren die ersten zwei Worte auf dem Grabstein? Was fehlte
    noch?
11. Was hörte man in diesem Augenblick?
12. Warum weinte Josef K.?
13. Wie sah die Schrift aus, als der Künstler wieder zu schreiben anfing?
14. Was machte der Künstler, gleich nachdem er das J geschrieben
    hatte?
15. Was geschah, nachdem Josef K. in das Grab versank?

Rainer Maria Rilke (1875–1926)

Rilke's rank as the leading German lyric poet of this century is undisputed. Along with his fellow native of Prague, Franz Kafka, with Thomas Mann, and with Bertolt Brecht, he is one of the few twentieth-century German writers to hold an assured position in world literature. His position in modern German poetry may be likened to that of T. S. Eliot among English and American poets.

He is the embodiment of the *poète pur,* the concept of the complete identity of the poet's life with his art. His lyrics are the articulation of one of the most intensely subjective poetic sensibilities imaginable. Like Kafka, he proceeds from the feelings of estrangement and dislocation, but far from equating disorientation with doom, Rilke finds in his very awareness of his anguish the poetic strength to reinterpret his perception of God, nature, and the world in a manner that approaches sublimity.

Rilke is a German heir of the Symbolist movement, yet his style, his imagery, and his allusions are completely his own, completely private. Thus he will use perfectly conventional terms—*Gott, Engel, Liebe, Ding, Angst*—and infuse them with his own idiosyncratic meaning to convey an entirely new dimension to the word. He gathers a widely disparate collection of motifs—animals, the fairground, faded monuments of the past, unrequitable love, mythology, symbols from Christianity— extracts his own meanings from them, and builds them into his own personal cosmology.

One can read Rilke's mature poetry for the sheer beauty of his plastic language and the frequent majesty of the sound. To comprehend it, one must have some knowledge of Rilke's life and development. To comprehend his poetry is not, however, to understand Rilke.

His career is both charming and confounding. Were he not a poet, he would normally be characterized by such pedestrian terminology as "psychoneurotic," "poseur," and "philanderer." But his life, like his poetry, transcends such judgment by being more than the sum of its parts.

After his formal education in Austria and Germany, Rilke traveled extensively for the next 29 years, pausing briefly to enter into a short-lived marriage, and serving for a period as the secretary of the sculptor Rodin in Paris. His talent was recognized early, and it was primarily the patronage and understanding of older, wealthy, and influential friends that vouchsafed the only existence in which he could thrive as a poet. A roamer all his life, the nearest approximation to a permanent home was a small castle in the Valois district of Switzerland, where he died. The poetic cycles *Duino Elegies* and *Sonnets to Orpheus* are considered his masterpieces.

The following, well-known selections from Rilke afford but a slight glimpse into his style and manner. *Der Panther*, written at 27 during his Paris period, is a good example of his use of alliteration and internal rhyme, and of his intensively empathic sensibility—*Einfühlung*, the identifying of the poet and the object. The haunting look of the caged beast, his innate grandeur frustrated by captivity, betrays his awareness of defeat.

Herbsttag, with the familiar theme of seasonal change, has its own Rilkean touch: the passage of summer and the ripe fruits of autumn are noted. He who has not prepared for barren times must suffer for his improvidence, but for Rilke this implies a not unwelcome sweet melancholy.

O sage, Dichter, was du tust is not Rilke's apology for the poet, nor his justification—such would not have occurred to him. He is explaining. He is telling why the poet is. His use of the word *rühmen* is characteristically his own. Imagine what sense Rilke is conveying beyond the idea of "to praise" or "to sing."

BASIC WORD LIST

bauen build
befehlen (befahl, befohlen)
   command
der Blick, —e glance, view
der Dichter, — poet
der Gang, ̈e walk; gait;
   corridor
das Glied, —er limb
der Haufe(n), —(n)s, —(n) crowd;
   pile; **haufen** heap
jagen hunt, chase, race

klingen (klang, geklungen) sound
der Kreis, —e circle
los rid of; off; wrong
das Recht, —e right; law
der Schatten, — shadow, shade
schreiten (schritt, ist geschritten)
   step, walk, stride
der Stern, —e star
wach awake
wachen be awake, wake
weich soft

Jardin des Plantes Biological Gardens;   **der Stab** bar (of cage)

geschmeidig supplely, pliantly;   **betäubt** benumbed, stunned

(sich) auf-schieben (*here*) open;   **der Vorhang** curtain;   **die Pupille**
pupil (*of the eye*);   **angespannt** straining, stretched

die Flur field, meadow

die Frucht, ⸚e fruit, crop;   **südlichere** southerly (warm);   **hin-drängen**
push onward   **die Vollendung** perfection;   **jagen** (*here*) send, force

die Allee avenue;   **treiben** (*here*) blow about

Der Panther

Im Jardin des Plantes, Paris

Sein Blick ist vom Vorübergehn der Stäbe
so müd geworden, daß er nichts mehr hält.
Ihm ist, als ob es tausend Stäbe gäbe
und hinter tausend Stäben keine Welt.

Der weiche Gang geschmeidig starker Schritte,   5
der sich im allerkleinsten Kreise dreht,
ist wie ein Tanz von Kraft um eine Mitte,
in der betäubt ein großer Wille steht.

Nur manchmal schiebt der Vorhang der Pupille
sich lautlos auf —. Dann geht ein Bild hinein,   10
geht durch der Glieder angespannte Stille —
und hört im Herzen auf zu sein.

Herbsttag

Herr: es ist Zeit. Der Sommer war sehr groß.
Leg deinen Schatten auf die Sonnenuhren,
und auf den Fluren laß die Winde los.   15

Befiehl den letzten Früchten voll zu sein;
gib ihnen noch zwei südlichere Tage,
dränge sie zur Vollendung hin und jage
die letzte Süße in den schweren Wein.

Wer jetzt kein Haus hat, baut sich keines mehr.   20
Wer jetzt allein ist, wird es lange bleiben,
wird wachen, lesen, lange Briefe schreiben
und wird in den Alleen hin und her
unruhig wandern, wenn die Blätter treiben.

rühmen praise (*here with a special connotation, resembling "sing" in its epic sense*); **das Ungetüme** monstrous things; **aus-halten** endure; **dennoch** nonetheless, all the same; **hin-nehmen** put up with, suffer; **jeglich** = **jeder;** **das Ungestüme** violent

O sage, Dichter, was du tust?

O sage, Dichter, was du tust? — Ich rühme.
Aber das Tödliche und Ungetüme,
wie hältst du's aus, wie nimmst du's hin? — Ich rühme.
Aber das Namenlose, Anonyme,
wie rufst du's, Dichter, dennoch an? — Ich rühme.   5
Woher dein Recht, in jeglichem Kostüme,
in jeder Maske wahr zu sein? — Ich rühme.
Und daß das Stille und das Ungestüme
wie Stern und Sturm dich kennen?: — Weil ich rühme.

All three poems taken from Rainer Maria Rilke, *Gesammelte Werke*, Vol. 3. (*Copyright Insel Verlag, Leipzig, 1927.*) (*Courtesy Insel Verlag, Frankfurt am Main, 1962.*)

BASIC WORD LIST

begreifen (begriff, begriffen)
  comprehend, grasp
empfinden (empfand, empfunden)
  feel, sense
erkennen (erkannte, erkannt)
  recognize
ewig eternal(ly)
der Fall, ⸚e case
fressen (fraß, gefressen) eat (*of animals and, facetiously, of humans*)
das Gefühl, —e feeling, emotion
das Gesetz, —e law
gewöhnen (get) accustom(ed)

hassen hate
klopfen knock, beat
die Kunst, ⸚e art
die Leidenschaft, —en passion
nützlich useful
die Pflanze, —n plant
regie'ren govern; **die Regie'rung, —en** government
überzeugen convince; **die Überzeugung** conviction, attitude
verschieden different
das Wesen, — being, creature; nature; system

das Wirbeltier vertebrate; **übermütig** arrogant, rash, carried away

her-stellen produce, bring forth, manufacture; **hingegen** on the other hand

der Soldat soldier; **die Aktie** share of stock; **in die Höhe** upward; **der Bergmann** miner; **der Grubenherr** mine owner; **erhöhen** raise; **die Wissenschaft** science

der Trieb urge; **die Fortpflanzung** propagation, reproduction; **Krach machen** make a lot of noise, cause an uproar; **gradezu** flatly, simply; **gescheit** sensible, clever; **die Schmeichelei** flattery; **es empfiehlt sich** it is advisable; **drei Nummern gröber** "three sizes larger"; **grob** crude; **verfahren** act, proceed

gönnen permit, not begrudge; **die Gattung** species, breed; **erfinden** invent

sich verlassen auf depend on; **davon-laufen** run away

zerfällt in zwei Teile can be divided into two parts

weiblich female; **hervor-rufen** evoke; **in Funktion setzen** set in motion, put into operation; **ab-sondern** secrete; **die Lyrik** lyric poetry

doch . . . ausgeglichen "but Fascism is balancing all that out" (*the fertility campaign of the Italian Fascist Government in the 1920s*)

das Geschöpf creature; **das am liebsten . . . verbringt** who prefers to spend his life lumped together in clusters

Der Mensch

Kurt Tucholsky

Der Mensch hat zwei Beine und zwei Überzeugungen: eine, wenns ihm gut geht, und eine, wenns ihm schlecht geht. Die letztere heißt Religion.

Der Mensch ist ein Wirbeltier und hat eine unsterbliche Seele, sowie auch ein Vaterland, damit er nicht zu übermütig wird.

Der Mensch wird auf natürlichem Wege hergestellt, doch empfindet er 5 dies als unnatürlich und spricht nicht gern davon. Er wird gemacht, hingegen nicht gefragt, ob er auch gemacht werden wolle.

Der Mensch ist ein nützliches Lebewesen, weil er dazu dient, durch den Soldatentod Petroleumaktien in die Höhe zu treiben, durch den Bergmannstod den Profit der Grubenherren zu erhöhen, sowie auch Kultur, 10 Kunst und Wissenschaft.

Der Mensch hat neben dem Trieb der Fortpflanzung und dem, zu essen und zu trinken, zwei Leidenschaften: Krach zu machen und nicht zuzuhören. Man könnte den Menschen gradezu als ein Wesen definieren, das nie zuhört. Wenn er weise ist, tut er damit recht: denn Gescheites 15 bekommt er nur selten zu hören. Sehr gern hören Menschen: Versprechungen, Schmeicheleien, Anerkennungen und Komplimente. Bei Schmeicheleien empfiehlt es sich, immer drei Nummern gröber zu verfahren als man es grade noch für möglich hält.

Der Mensch gönnt seiner Gattung nichts, daher hat er die Gesetze 20 erfunden. Er darf nicht, also sollen die andern auch nicht.

Um sich auf einen Menschen zu verlassen, tut man gut, sich auf ihn zu setzen; man ist dann wenigstens für diese Zeit sicher, daß er nicht davonläuft. Manche verlassen sich auch auf den Charakter.

Der Mensch zerfällt in zwei Teile: 25

In einen männlichen, der nicht denken will, und in einen weiblichen, der nicht denken kann. Beide haben sogenannte Gefühle: man ruft diese am sichersten dadurch hervor, daß man gewisse Nervenpunkte des Organismus in Funktion setzt. In diesen Fällen sondern manche Menschen Lyrik ab. 30

Der Mensch ist ein pflanzen- und fleischfressendes Wesen; auf Nordpolfahrten frißt er hier und da auch Exemplare seiner eigenen Gattung; doch wird das durch den Faschismus wieder ausgeglichen.

Der Mensch ist ein politisches Geschöpf, das am liebsten zu Klumpen geballt sein Leben verbringt. Jeder Klumpen haßt die andern Klumpen, 35 weil sie die andern sind, und haßt die eignen, weil sie die eignen sind. Den letzteren Haß nennt man Patriotismus.

die Leber liver; **die Milz** spleen; **die Fahne** flag (*perhaps a pun of the slang use of* **Fahne** *for something strong on the breath*); **sämtlich** all

die Tätigkeit activity; **an-fachen** stimulate; **mancherlei Mittel** several means; **der Stier** bull (*Psychoanalysis has stressed the erotic implications of violent sports and crime*); **das Verbrechen** crime, misdeed; **die Gerichtspflege** administration of justice

Menschen miteinander human beings as an entity; **(be)herrschen** dominate, control; **der opponierende Sklave** the rebellious slave (*i.e., in oneself*); **regierungssüchtig** greedy for power; **unterlegen** subject to

daß er ... kann that he can no longer succeed by devious means; **verzichten auf** renounce; **die Traube** grape; **innere Einkehr** "a contemplative life"; **die Altersstufe** age level, generation; **die Rasse** race, breed

Bildet er sich ein If he imagines; **das Alte ... mitmachen will** wants to keep on doing the same old thing for a little bit longer; **mit-machen** participate in

Im übrigen furthermore; **bellen** bark; **Ruhe geben** leave one in peace

der Sachse Saxon (*native of the German province of Saxony, often thought of by other Germans as a strange breed*)

Jeder Mensch hat eine Leber, eine Milz, eine Lunge und eine Fahne; sämtliche vier Organe sind lebenswichtig. Es soll Menschen ohne Leber, ohne Milz und mit halber Lunge geben; Menschen ohne Fahne gibt es nicht.

Schwache Fortpflanzungstätigkeit facht der Mensch gern an, und dazu hat er mancherlei Mittel: den Stierkampf, das Verbrechen, den Sport und die Gerichtspflege.

Menschen miteinander gibt es nicht. Es gibt nur Menschen, die herrschen, und solche, die beherrscht werden. Doch hat noch niemand sich selber beherrscht; weil der opponierende Sklave immer mächtiger ist als der regierungssüchtige Herr. Jeder Mensch ist sich selber unterlegen.

Wenn der Mensch fühlt, daß er nicht mehr hinten hoch kann, wird er fromm und weise; er verzichtet dann auf die sauern Trauben der Welt. Dieses nennt man innere Einkehr. Die verschiedenen Altersstufen des Menschen halten einander für verschiedne Rassen: Alte haben gewöhnlich vergessen, daß sie jung gewesen sind, oder sie vergessen, daß sie alt sind, und Junge begreifen nie, daß sie alt werden können.

Der Mensch möchte nicht gern sterben, weil er nicht weiß, was dann kommt. Bildet er sich ein, es zu wissen, dann möchte er es auch nicht gern; weil er das Alte noch ein wenig mitmachen will. Ein wenig heißt hier: ewig.

Im übrigen ist der Mensch ein Lebewesen, das klopft, schlechte Musik macht und seinen Hund bellen läßt. Manchmal gibt er auch Ruhe, aber dann is er tot.

Neben den Menschen gibt es noch Sachsen und Amerikaner, aber die haben wir noch nicht gehabt und bekommen Zoologie erst in der nächsten Klasse.

Kurt Tucholsky, *Gesammelte Werke 1929–1932*, Vol. 3.
(*Courtesy Rowohlt Verlag, Reinbek bei Hamburg, 1961.*)

FRAGEN

1. Auf welchem Zustand beruht die Religion?
2. Wozu hat der Mensch ein Vaterland?
3. Warum spricht der Mensch nicht gerne von der Art seiner Herstellung?
4. Wozu ist der Mensch nützlich?
5. Was sind einige Triebe des Menschen?
6. Wie könnte man den Menschen am einfachsten definieren?
7. Was hört der Mensch immer gern?
8. Wozu sind die Gesetze da?
9. Was sollte man tun, wenn man sich auf einen Menschen verlassen will?
10. Wie unterscheiden sich der männliche und der weibliche Teil der Menschheit?
11. Was ist manchmal das Resultat der menschlichen Gefühle?
12. Was heißt der Patriotismus?
13. Wen hat der Mensch nie beherrscht?
14. Warum verstehen die verschiedenen Altersstufen einander nicht?
15. Warum möchte der Mensch nicht gern sterben? Wie lange möchte er leben?
16. Welche menschenähnlichen Wesen soll der Autor erst in der nächsten Klasse erlernen?

BASIC WORD LIST

achten respect, regard
betrachten regard, observe, contemplate
brav good, fine
damals then
die Entschuldigung excuse
erwidern reply
der Esel, – donkey, jackass
flüstern whisper
der Großvater grandfather
heiß hot; ardent
hübsch pretty; nice
klingeln ring
lächeln smile
die Lage, –n location, situation
leid tun (tat, getan) be sorry; hurt
der Nachbar, –s and **–n, –n** neighbor
nämlich you see; namely; same
neidisch envious

nicken nod
riechen (roch, gerochen) smell
rühren touch, move, stir
schaden hurt
schließlich finally, after all
schütteln shake
sogar even
sondern but (on the contrary)
stimmen be correct
stoßen (stieß, gestoßen) push, strike, hit
stützen support
tanzen dance
die Träne, –n tear
übel bad; distressed; ill
vorsichtig cautious
die Wahl, –en choice, election
weg away; gone
Weihnachten Christmas
die Zeitung, –en newspaper
der Zorn anger

Siebzig war . . . gern "he was a good seventy"; **verräuchert** smoke-filled; **die Kneipe** bar, tavern; **der Schopf, ¨e** crown, head of hair; **blitzen** sparkle, flash; **blankgefegt** clean-swept; **die Eisbahn** ice rink; **die Flocke** flake; **auf-wirbeln** whirl up; **die Dauerwurst** smoked sausage; **die Scheibe** slice; **geräuchert** smoked; **als hinge . . . im Rauchfang** as if at your house the ham of fortune were hanging in the chimney; **die Ausnahme** exception; **der Schluck** swallow, drink

prüfend searchingly; **die Backe** cheek; **verbittert** embittered; **hocken** crouch, squat; **beiläufig** casually, apropos of nothing; **(sich) überlegen** think over, consider; **der Schnurrbart** moustache; **in Zivil** in civilian clothes, mufti; **rote Apfelbäckchen** cheeks red as apples; **die Watte** cotton wool; **Gar nichts verrücktes** Nothing particularly strange; **gutmütig** good-natured; **eingehend** closely, thoroughly; **Obwohl . . . angeht** Although it's none of our affair; **die Angelegenheit** matter, affair; **hadern** wrangle; **Die Wachtparade . . . zum Schloß** Somewhere the changing of the guard proceeded with drum and trumpet toward the castle; **der Quatschkopf** (*coll.*) twaddler, one who talks nonsense

mir war zumute "I felt"; **der Kessel** boiler; **zerplatzen** explode; **zornzitternd** trembling with rage; **duzen** *address with the informal* **„du";** **innig** heartfelt, fervent; **Scheren Sie . . . Teufel!** "Go straight to the devil!" **zerreißen** tear to pieces (*here*, drive around the bend)

Das Märchen vom Glück

Erich Kästner

Siebzig war er gut und gern, der alte Mann, der mir in der verräucherten
Kneipe gegenübersaß. Sein Schopf sah aus, als habe es darauf geschneit,
und die Augen blitzten wie eine blankgefegte Eisbahn. „Oh, sind die
Menschen dumm", sagte er und schüttelte den Kopf, daß ich dachte,
gleich müßten Schneeflocken aus seinem Haar aufwirbeln. „Das Glück   5
ist ja schließlich keine Dauerwurst, von der man sich täglich seine
Scheibe herunterschneiden kann!" „Stimmt", meinte ich, „das Glück hat
ganz und gar nichts Geräuchertes an sich. Obwohl . . ." „Obwohl?"
„Obwohl gerade Sie aussehen, als hinge bei Ihnen zu Hause der Schinken
des Glücks im Rauchfang." „Ich bin eine Ausnahme", sagte er und   10
trank einen Schluck. „Ich bin die Ausnahme. Ich bin nämlich der Mann,
der einen Wunsch frei hat."

Er blickte mir prüfend ins Gesicht, und dann erzählte er seine Geschichte.
„Das ist lange her", begann er und stützte den Kopf in beide Hände,
„sehr lange. Vierzig Jahre. Ich war noch jung und litt am Leben wie an 15
einer geschwollenen Backe. Da setzte sich, als ich eines Mittags
verbittert auf einer grünen Parkbank hockte, ein alter Mann neben mich
und sagte beiläufig: ‚Also gut. Wir haben es uns überlegt. Du hast drei
Wünsche frei.' Ich starrte in meine Zeitung und tat, als hätte ich nichts
gehört. ‚Wünsch dir, was du willst', fuhr er fort, ‚die schönste Frau   20
oder das meiste Geld oder den größten Schnurrbart — das ist deine Sache.
Aber werde endlich glücklich! Deine Unzufriedenheit geht uns auf die
Nerven.' Er sah aus wie der Weihnachtsmann in Zivil. Weißer Vollbart, rote
Apfelbäckchen, Augenbrauen wie aus Christbaumwatte. Gar nichts
Verrücktes. Vielleicht ein bißchen zu gutmütig. Nachdem ich ihn eingehend 25
betrachtet hatte, starrte ich wieder in meine Zeitung. ‚Obwohl es uns
nichts angeht, was du mit deinen drei Wünschen machst', sagte er, ‚wäre
es natürlich kein Fehler, wenn du dir die Angelegenheit vorher genau
überlegtest. Denn drei Wünsche sind nicht vier Wünsche oder fünf,
sondern drei. Und wenn du hinterher noch immer neidisch und   30
unglücklich wärst, könnten wir dir und uns nicht mehr helfen.' Ich weiß
nicht, ob Sie sich in meine Lage versetzen können. Ich saß auf einer Bank
und haderte mit Gott und der Welt. In der Ferne klingelten die
Straßenbahnen. Die Wachtparade zog irgendwo mit Pauken und Trompeten
zum Schloß. Und neben mir saß nun dieser alte Quatschkopf!"   35

„Sie wurden wütend?"

„Ich wurde wütend. Mir war zumute wie einem Kessel kurz vorm
Zerplatzen. Und als er sein weißwattiertes Großvatermündchen von neuem
aufmachen wollte, stieß ich zornzitternd hervor: ‚Damit Sie alter Esel
mich nicht länger duzen, nehme ich mir die Freiheit, meinen ersten und 40

wehen blow, waft; **auf-lösen** dissolve; **vor lauter Schreck** "for sheer terror"; **Du meine Güte** *periphrastic for* **Mein Gott;** **die Hölle** Hell; **albern** silly, foolish; **schlottern** tremble, wobble; **d(a)ran-setzen** risk, stake; **der Ochs(e)** ox, blockhead; **brat—** baked; **schaudern** shudder; **der Vorwurf** reproach; **verschleudern** squander

man sah's ihm schon an "you could tell by looking at him"; **verteufelt** devilish; **der Rand** edge, border; **nach . . . Gans** like a singed goose; **vorwurfsvoll** reproachfully; **die Bürste** brush; **die Brust** breast; **putzen** brush; **stottern** stutter; **um-gehen mit** manage, handle; **schlucken** gulp, swallow; **acht-geben** take care, mind; **feierlich** solemnly, festively; **blasen** blow

innigsten Wunsch auszusprechen — scheren Sie sich zum Teufel!'
Das war nicht fein und höflich, aber ich konnte einfach nicht anders.
Es hätte mich sonst zerrissen.''

,,Und?''

,,Was ,Und'?''   5

,,War er weg?''

,,Ach so! — Natürlich war er weg! Wie fortgeweht. In der gleichen Sekunde.
In nichts aufgelöst. Ich guckte sogar unter die Bank. Aber dort war er
auch nicht. Mir wurde ganz übel vor lauter Schreck. Die Sache mit den
Wünschen schien zu stimmen! Und der erste Wunsch hatte sich bereits   10
erfüllt! Du meine Güte! Und wenn er sich erfüllt hatte, dann war der
gute, liebe, brave Großpapa, wer er nun auch sein mochte, nicht nur weg,
nicht nur von meiner Bank verschwunden, nein dann war er beim Teufel!
Dann war er in der Hölle! ,Sei nicht albern', sagte ich zu mir selber.
,Die Hölle gibt es ja gar nicht, und den Teufel auch nicht.' Aber die drei   15
Wünsche, gab's denn die? Und trotzdem war der alte Mann, kaum hatte
ich's gewünscht, verschwunden . . . Mir wurde heiß und kalt. Mir
schlotterten die Knie. Was sollte ich machen? Der alte Mann mußte wieder
her, ob's nun eine Hölle gab oder nicht. Das war ich ihm schuldig.
Ich mußte meinen zweiten Wunsch dransetzen, den zweiten von dreien,   20
o ich Ochse! Oder sollte ich ihn lassen, wo er war? Mit seinen hübschen,
roten Apfelbäckchen? ,Bratapfelbäckchen', dachte ich schaudernd.
Mir blieb keine Wahl. Ich schloß die Augen und flüsterte ängstlich:
,Ich wünsche mir, daß der alte Mann wieder neben mir sitzt!' Wissen Sie,
ich habe mir jahrelang, bis in den Traum hinein, die bittersten Vorwürfe   25
gemacht, daß ich den zweiten Wunsch auf diese Weise verschleudert habe,
doch ich sah damals keinen Ausweg. Es gab ja auch keinen . . .''

,,Und?''

,,Was ,Und'?''

,,War er wieder da?''   30

,,Ach so! — Natürlich war er wieder da! In der nämlichen Sekunde. Er saß
wieder neben mir, als wäre er nie fortgewünscht gewesen. Das heißt,
man sah's ihm schon an, daß er . . . daß er irgendwo gewesen war, wo es
verteufelt, ich meine, wo es sehr heiß sein mußte. O ja. Die buschigen,
weißen Augenbrauen waren ein bißchen verbrannt. Und der schöne   35
Vollbart hatte auch etwas gelitten. Besonders an den Rändern. Außerdem
roch's wie nach versengter Gans. Er blickte mich vorwurfsvoll an.
Dann zog er ein Bartbürstchen aus der Brusttasche, putzte sich Bart und
Brauen und sagte gekränkt: ,Hören Sie, junger Mann — fein war das
nicht von Ihnen!' Ich stotterte eine Entschuldigung. Wie leid es mir täte.   40

die Garderobehaken clothes hook; **blitzblank** "lightning-bright"; **an-rühren** touch; **absichtlich** on purpose

FRAGEN

1. Wo hat der Autor den Alten getroffen?
2. Inwiefern ist der Alte eine Ausnahme?
3. Wann passierte das, was der Alte erzählt? Wie war damals seine Stimmung?
4. Was bot ihm einer plötzlich an, als er eines Tages auf einer Parkbank saß?
5. Wie sah der alte Fremde aus?
6. Was gab der Fremde dem Erzähler?
7. Was war sein erster Wunsch? Weshalb?
8. Was ist sofort geschehen?

Ich hätte doch nicht an die drei Wünsche geglaubt. Und außerdem hätte ich immerhin versucht, den Schaden wieder gutzumachen. ,Das ist richtig', meinte er. ,Es wurde aber auch die höchste Zeit.' Dann lächelte er. Er lächelte so freundlich, daß mir fast die Tränen kamen. ,Nun haben Sie nur noch einen Wunsch frei', sagte er, ,den dritten. Mit ihm gehen Sie hoffentlich ein bißchen vorsichtiger um. Versprechen Sie mir das?' Ich nickte und schluckte. ,Ja', antwortete ich dann, ,aber nur, wenn Sie mich wieder duzen'. Da mußte er lachen. ,Gut, mein Junge', sagte er und gab mir die Hand. ,Leb wohl. Sei nicht allzu unglücklich. Und gib auf deinen letzten Wunsch acht.' ,Ich verspreche es Ihnen', erwiderte ich feierlich. Doch er war schon weg. Wie fortgeblasen.''

,,Und?''

,,Was ,Und'?''

,,Seitdem sind Sie glücklich?''

,,Ach so. — Glücklich?'' Mein Nachbar stand auf, nahm Hut und Mantel vom Garderobehaken, sah mich mit seinen blitzblanken Augen an und sagte: ,,Den letzten Wunsch hab ich vierzig Jahre lang nicht angerührt. Manchmal war ich nahe daran. Aber nein. Wünsche sind nur gut, solange man sie noch vor sich hat. Leben Sie wohl.'' Ich sah vom Fenster aus, wie er über die Straße ging. Die Schneeflocken umtanzten ihn. Und er hatte ganz vergessen, mir zu sagen, ob wenigstens er glücklich sei. Oder hatte er mir absichtlich nicht geantwortet? Das ist natürlich auch möglich.

5

10

15

20

Erich Kästner, *Der tägliche Kram*. (*Courtesy Atrium Verlag, Zurich, 1948.*)

9. Warum dachte der Erzähler plötzlich an Bratapfelbäckchen?
10. Was hält der Erzähler von der Hölle und dem Teufel?
11. Wozu gebrauchte der Erzähler seinen zweiten Wunsch?
12. Wie sah der Fremde aus, als er plötzlich wieder erschien?
13. Worum bat der Erzähler den Fremden gleich bevor dieser verschwand?
14. Warum hat der Erzähler den dritten Wunsch immer für sich frei?
15. Ist der alte Erzähler glücklich?
16. Was soll deshalb das Glück eigentlich heißen?

Bertolt Brecht (1898–1956)

Bertolt Brecht is the preeminent figure of recent German literature. He is also the most enigmatic and the most controversial. To his aficionados he is Shakespeare reincarnate; to his detractors he is a tediously arch pamphleteer and cad. His nomadic career, his complex personality, and his *Marxist-manqué* politics provoke as much attention as his plays and dramaturgical theories. His career extends over almost four decades; a legend in his own lifetime, his posthumous fame has been such that he is now included in that previous triumvirate of Mann, Rilke, and Kafka, the only modern German authors to attain a truly international reputation.

An avowed but heterodox Marxist, Brecht never succeeded in his posture of being proletarian. He was born into the capitalist upper middle class he professed to despise, the son of an industrialist in Augsburg in Southeast Germany. He served as a medical corpsman in World War I and emerged a militant pacificist. His first play *Baal* (1918) gained him notoriety, and his most popular work *Die Dreigroschenoper* (*Threepenny Opera*) (1928), in collaboration with the composer Kurt Weill, established his reputation. He fled Germany for Scandinavia in 1933 and later moved to Hollywood, where he worked in obscurity as a screenwriter throughout World War II. He returned to Europe in 1947, first to Zurich, and then to East Berlin, where the Communist authorities had offered to subsidize his experimental theater, the Berlin Ensemble. Devoted exclusively to the production of his plays, it has developed into one of the most admired theatrical groups of the modern stage. In and out of trouble with his East German Maecenases, Brecht continued writing, revising his previous work, and directing his theater until his death. The Berlin Ensemble continues under the direction of his widow, the actress Helene Weigel.

The themes in Brecht's works range from all but crude Communist propaganda to those which examine the most subtle of moral dilemmas. His attack is upon the perversity of a world that must have poverty, degradation, corruption, authoritarianism, violence, and war. In all of his works, however, the underlying theme is that of survival—survival, no matter what the means and at any cost. Thus he implicitly abrogates a whole sector of commonly held moral beliefs—courage, steadfastness, integrity—any such virtues that might interfere with survival.

The controversy over Brecht persists and will continue indefinitely. The problem of assessing his position in modern literature is, because of Brecht's uncongenial theories and eccentric career, so complex that his critics seem to overlook one elementary fact: he could write.

Over the years Bertolt Brecht wrote a series of short sketches, published intermittently as *Die Geschichten vom Herrn Keuner*, witty, concise, and paradoxical, to illustrate his thoughts over a whole range of topics about life and human behavior. *Maßnahmen gegen die Gewalt* is an encapsulation of the Brechtian view of survival. In *Wenn Herr K. einen Menschen liebte* we see the basic didacticism that underlies Brecht's thought. *Der Zweckdiener* is a jab at the dog-eat-dog world. In *Der hilflose Knabe* you may reflect that there is a little more truth than facile cynicism about the ways of bad guys versus good guys. Bear in mind that Herr Keuner is Brecht's *alter ego*.

Brecht was brilliant as a lyricist, clever, lucid, and pungent in his verse. *Der Pflaumenbaum* describes the sorry spectacle of a fruit tree attempting to grow in a crowded city slum. We may, of course, imagine a child.

Moritat von Mackie Messer, the original of the popular song *Mack the Knife*, is the introductory and concluding number in the *Threepenny Opera*. It is a ballad or street song sung to the music of a barrel organ. In recounting the hero Macheath's violent career, it compares him to the shark, criminal among fish: everyone knows his misdeeds, but none may punish him. The final verse from the stage production has been here appended to the published version of the poem.

BASIC WORD LIST

ähnlich similar
befehlen (befahl, befohlen)
  command
die Decke, —n cover; ceiling

die Gewalt, —en power, force,
  might
sorgen worry; care

die Massnahme measure, precaution; **der Saal** hall, lecture room;
zurück-weichen shrink back, recoil

Ich habe . . . zum Zerschlagen "I can't afford to have my backbone
shattered"

in der Zeit der Illegalität *imagine a period of tyranny or occupation;*
der Schein document, license; **aus-stellen** issue, write out; **derer**
of those; **beherrschen** rule, govern; **stand** (*here*) it read;
verlangen demand, require

gehorchen obey; **sich hüten** shun, beware, take care; **wickeln** wrap;
verdorben ruined, worn out; **schleifen** skid, slide; **das Lager** bed;
tünchen whitewash

der Entwurf copy, sketch, design

Geschichten vom Herrn Keuner

Bertolt Brecht

Massnahmen gegen die Gewalt

Als Herr Keuner, der Denkende, sich in einem Saale vor vielen gegen die Gewalt aussprach, merkte er, wie die Leute vor ihm zurückwichen und weggingen. Er blickte sich um und sah hinter sich stehen — die Gewalt.

,,Was sagtest du?'' fragte ihn die Gewalt.

,,Ich sprach mich für die Gewalt aus'', antwortete Herr Keuner. 5

Als Herr Keuner weggegangen war, fragten ihn seine Schüler nach seinem Rückgrat. Herr Keuner antwortete: ,,Ich habe kein Rückgrat zum Zerschlagen. Gerade ich muß länger leben als die Gewalt.''

Und Herr Keuner erzählte folgende Geschichte:

In die Wohnung des Herrn Egge, der gelernt hatte, nein zu sagen, kam 10 eines Tages in der Zeit der Illegalität ein Agent, der zeigte einen Schein vor, welcher ausgestellt war im Namen derer, die die Stadt beherrschten und auf dem stand, daß ihm gehören solle jede Wohnung, in die er seinen Fuß setze; ebenso sollte ihm auch jedes Essen gehören, das er verlange; ebenso sollte ihm auch jeder Mann dienen, den er sähe. 15

Der Agent setzte sich in einen Stuhl, verlangte Essen, wusch sich, legte sich nieder und fragte mit dem Gesicht zur Wand vor dem Einschlafen: ,,Wirst du mir dienen?''

Herr Egge deckte ihn mit einer Decke zu, vertrieb die Fliegen, bewachte seinen Schlaf, und wie an diesem Tage gehorchte er ihm sieben Jahre 20 lang. Aber was immer er für ihn tat, eines zu tun hütete er sich wohl: das war, ein Wort zu sagen. Als nun die sieben Jahre herum waren und der Agent dick geworden war vom vielen Essen, Schlafen und Befehlen, starb der Agent. Da wickelte ihn Herr Egge in die verdorbene Decke, schleifte ihn aus dem Haus, wusch das Lager, tünchte die Wände, atmete 25 auf und antwortete: ,,Nein.''

Wenn Herr K. einen Menschen liebte

,,Was tun Sie'', wurde Herr K. gefragt, ,,wenn Sie einen Menschen lieben?'' ,,Ich mache einen Entwurf von ihm'', sagte Herr K. ,,und sorge, daß er ihm ähnlich wird.'' ,,Wer? Der Entwurf?'' ,,Nein'', sagte Herr K., ,,der Mensch.''

der Grammophonkasten record player; **turnen** do gymnastics, take exercises; **benötigen** need, require; **besiegen** defeat, subdue

erschlagen smite

der Knabe, —n, —n *an old-fashioned term for "boy," giving the title the aspect of a traditional nineteenth-century fairy tale;* **die Unart . . . hineinzufressen** "the bad habit of quietly accepting any wrong one suffers"; **vor sich hin-weinen** weep, cry to oneself; **der Kummer** sorrow, trouble; **der Groschen** German coin; **das Kino** movies; **beisammen** together, collected; **reißen** snatch, grab; **der in . . . war** who could be seen some distance away; **schluchzen** sob; **streicheln** stroke, caress; **unbekümmert** blithely

Der Zweckdiener

Herr Keuner stellte die folgenden Fragen:

Jeden Morgen macht mein Nachbar Musik auf einem Grammophonkasten.
Warum macht er Musik? Ich höre, weil er turnt. Warum turnt er? Weil
er Kraft benötigt, höre ich. Wozu benötigt er Kraft? Weil er seine Feinde
in der Stadt besiegen muß, sagt er. Warum muß er Feinde besiegen?   5
Weil er essen will, höre ich.

Nachdem Herr Keuner dies gehört hatte, daß sein Nachbar Musik
machte, um zu turnen, turnte, um kräftig zu sein, kräftig sein wollte, um
seine Feinde zu erschlagen, seine Feinde erschlug, um zu essen, stellte
er seine Frage: ,,Warum ißt er?''   10

Der hilflose Knabe

Herr K. sprach über die Unart, erlittenes Unrecht stillschweigend in sich
hineinzufressen, und erzählte folgende Geschichte: ,,Einen vor sich
hinweinenden Jungen fragte ein Vorübergehender nach dem Grund seines
Kummers. ,Ich hatte zwei Groschen für das Kino beisammen', sagte
der Knabe, ,da kam ein Junge und riß mir einen aus der Hand', und er   15
zeigte auf einen Jungen, der in einiger Entfernung zu sehen war.
,Hast du denn nicht um Hilfe geschrien?' fragte der Mann. ,Doch', sagte
der Junge und schluchzte ein wenig stärker. ,Hat dich niemand gehört?'
fragte ihn der Mann weiter, ihn liebevoll streichelnd. ,Nein', schluchzte
der Junge. ,Kannst du denn nicht lauter schreien?' fragte der Mann.   20
,Dann gib auch den her.' Nahm ihm den letzten Groschen aus der Hand
und ging unbekümmert weiter.''

All stories taken from Bertolt Brecht, *Geschichten von Herrn Keuner.*
(*Courtesy Gebrüder Weiß Verlag, Berlin Schöneberg, 1949.*)

FRAGEN

Massnahmen gegen die Gewalt

1. Wovor wichen Keuners Zuhörer plötzlich aus dem Saale?
2. Was stand in diesem Augenblick hinter ihm?
3. Warum sagte er der Gewalt nicht die Wahrheit?
4. Wann kam der Agent zu Herrn Egge?
5. Was stand auf dem Schein?
6. Was wollte der Agent wissen, bevor er einschlief?
7. Was tat Herr Keuner nicht, während der Agent bei ihm wohnte?
8. Wovon starb der Agent?
9. Was sagte Herr Keuner endlich, nachdem der Agent gestorben war?

Wenn Herr K. einen Menschen liebte

1. Was tut Herr Keuner, wenn er einen Menschen liebt?
2. Welches Wort ist hier zweideutig?

Der Zweckdiener

1. Wer macht jeden Morgen Musik?
2. Welche Fragen stellt Herr Keuner? Was für Antworten gibt er auf diese Fragen?
3. Wie lautet Herr Keuners letzte Frage?

Der hilflose Knabe

1. Worüber sprach Herr Keuner, als er diese Geschichte erzählte?
2. Wieviel Geld hatte das Kind bei sich?
3. Was machte der Junge, als der Mann ihn sah?
4. Warum weinte er?
5. Warum hat niemand den Schrei des Jungen gehört?
6. Was tat der Mann, nachdem der Junge ihm die Geschichte erzählt hatte?
7. Warum hat ein anscheinend sympatischer Mann dem Kind so etwas getan?

BASIC WORD LIST

beweisen (bewies, bewiesen)
  prove
das Blut blood
(sich) erinnern remind;
  remember

das Gericht court
verschwinden disappear
der Zahn, ⸚e tooth

die Pflaume plum; **das Gitter** trellis, guard; **um-treten** kick over, step on

wer'n = werden; **'s ist . . . davon** "there is no question of that happening, no chance of that"; **Sonn** = **Sonne**

den Pflaumenbaum (*here*) the fact that it is a plum tree; **kennen an** tell from, know by means of

der Haifisch shark; **Macheath** *the amoral bandit hero of the Brecht-Weill production,* Dreigroschenoper; *the remaining personal names are incidental*

die Flosse fin; **vergießen** shed, spill; **der Handschuh** glove; **Drauf . . . Untat liest** "which conceal any trace of crime"

die Themse River Thames; **um-fallen** fall down, collapse; **die Pest** plague; **um-gehen** be about, be in the vicinity

der Strand beach

Der Pflaumenbaum

Im Hofe steht ein Pflaumenbaum,
Der ist klein, man glaubt es kaum.
Er hat ein Gitter drum,
So tritt ihn keiner um.

Der Kleine kann nicht größer wer'n.   5
Ja, größer wer'n, das möcht er gern;
's ist keine Red davon,
Er hat zu wenig Sonn.

Den Pflaumenbaum glaubt man ihm kaum,
Weil er nie eine Pflaume hat.   10
Doch er ist ein Pflaumenbaum,
Man kennt es an dem Blatt.

Bertolt Brecht, *Gedichte*, Vol. IV.
(Courtesy Suhrkamp Verlag, Frankfurt am Main, 1961.)

Die Moritat von Mackie Messer

Und der Haifisch, der hat Zähne
Und die trägt er im Gesicht
Und Macheath, der hat ein Messer   15
Doch das Messer sieht man nicht.

Ach, es sind des Haifischs Flossen
Rot, wenn dieser Blut vergießt!
Mackie Messer trägt 'nen Handschuh
Drauf man keine Untat liest.   20

An der Themse grünem Wasser
Fallen plötzlich Leute um!
Es ist weder Pest noch Cholera
Doch es heißt: Macheath geht um.

Liegt ein toter Mann am Strand   25
An 'nem schönen blauen Sonntag
Und ein Mensch geht um die Ecke
Den man Mackie Messer nennt.

ward = wurde;   der Kai wharf, pier

der Fuhrherr proprietor of transport company

Soho *district of London, scene of the action in* Dreigroschenoper;
der Greis old man

minderjährig minor, of minor years;   **schänden** shame, ravish

zum Kummer des Gerichts to the dismay of the court;
zitieren cite, summon

ran = heran

Und Schmul Meier bleibt verschwunden
Und so mancher reiche Mann
Und sein Geld hat Mackie Messer
Dem man nichts beweisen kann.

Jenny Towler ward gefunden   5
Mit 'nem Messer in der Brust
Und am Kai geht Mackie Messer
Der von allem nichts gewußt.

Wo ist Alfons Glite, der Fuhrherr?
Kommt das je ans Sonnenlicht?   10
Wer es immer wissen könnte —
Mackie Messer weiß es nicht.

Und das große Feuer in Soho
Sieben Kinder und ein Greis —
In der Menge Mackie Messer, den   15
Man nichts fragt und der nichts weiß.

Und die minderjährige Witwe
Deren Namen jeder weiß
Wachte auf und war geschändet —
Mackie, welches war dein Preis?   20

Und die Fische, sie verschwinden
Doch zum Kummer des Gerichts:
Man zitiert am End den Haifisch
Doch der Haifisch weiß von nichts.

Und er kann sich nicht erinnern   25
Und man kann nicht an ihn ran:
Denn ein Haifisch ist kein Haifisch
Wenn man's nicht beweisen kann.

Denn die einen sind im Dunkeln
Und die andern sind im Licht.   30
Und man siehet die im Lichte
Die im Dunkeln sieht man nicht.

Bertolt Brecht, *Gedichte, 1913–1929.*
(*Courtesy Suhrkamp Verlag, Frankfurt am Main, 1960.*)

Georg Britting (1892–1964)

The work of Georg Britting, both as lyricist and narrator, is closely
identified with his native region of Bavaria: the ambivalent quality of its
land and people, at once benign and cruel, the inextricable tie of
elemental life to elemental land. Britting's highly individual treatment
of the stuff of poetry—nature, life, love, pleasure, tragedy, war,
death—is expressionistic in form and utterly modern in sensibility.

Nature is thus seen not merely for its beauty but also for its barbs. Life is
noble, but bitter as well. Beyond pleasure lies death. We savor what
we may in the awareness of the fickle, demonic forces that control us.
Britting's consciousness is modern, but with his insight into the polarities
of existence he shares much with the German poets of the Baroque era
of the seventeenth and early eighteenth century, whose preoccupations
were likewise shaped in times of violence and change.

Britting was born in Regensburg in northeast Bavaria. An infantry officer
in World War I, he settled in Munich in 1920 as a free-lance writer
and resided there until his death.

Der Sekt der Geizigen is an anecdote demonstrating how stinginess can
work as a virtue: here not only does it save money but also a reputation.
Britting, the wine lover, here employs the high-flown style of a raconteur
of the old school and ends with a useful homily on the storage of wine.

BASIC WORD LIST

der Arzt, ⸚e doctor, physician
berichten report
bunt gay, of many (different) colors
die Ehre, –n honor
eigentlich actual(ly), anyway
endlich finally
etwa about; perhaps; say
der Fall, ⸚e case
die Flasche, –n bottle
die Folge, –n consequence
der Gedanke, –ns, –n thought
die Gelegenheit, –en opportunity
gelingen (gelang, ist gelungen) succeed
das Geschenk, –e present
der Handel, ⸚ trade, business;
    handeln trade, bargain, deal
heiraten marry

herrlich splendid
die Hose, –n trousers
der Inhalt content(s)
kehren (re)turn
klug smart, clever
die Kunst, ⸚e art
nötig necessary
rechnen reckon, figure
das Recht, –e right; law
retten save, rescue
schaffen (schuf, geschaffen) do;
    create, make
der Schatz, ⸚e treasure;
    sweetheart
schmecken taste (good)
die Träne, –n tear
der Vetter, –n cousin
weg away; gone
ziemlich rather, fairly

der Sekt champagne;   **geizig** stingy, miserly;   **der Schotte** Scot;
das Laster vice;   **haarsträubend** hair-raising;   **üble Nachrede**
malicious gossip;   **arg** malicious;   **die Übertreibung** exaggeration;
kurzröckige Hochlandbewohner kilted Highlanders;   **an-siedeln** settle,
colonize;   **der Schwabe** Swabian, *native of Southwest Germany;*
die Sparsamkeit frugality;   **daher-machen** make a big to do about;
der Franke Franconian, *native of present-day Northwest Bavaria;*
der Bayer Bavarian

wohlhabend wealthy;   **das Seil** rope;   **der Strick** cord;   **das
Angelgerät** fishing tackle;   **die Galle** gall;   **mißmutig** ill-tempered;
darnieder-liegen to be laid up with;   **zögern** hesitate;
verschwenderisch prodigal;   **freigebig** generous;   **auf-wenden** employ,
apply;   **die Geschicklichkeit** skill, deftness;   **trüb** sad;   **gewärtigen**
await, face up to;   **schelten** blame, reprove;   **voreilig** hasty, premature;
hadern quarrel, wrangle;   **walten** rule, prevail;   **vermögen** be able;
sich den Kopf zerbrechen rack one's brain;   **an-stellen** arrange;
ungerupft zu bleiben keep from getting fleeced;   **grausam** cruel;
der Einfall idea, brainstorm;   **Spitzbubenstreich** rascality;   **verüben**
perpetrate;   **sich anschicken** set about

auf-heben store away, save;   **die Herkunft** origin;   **die Hochzeit**
wedding;   **der Witwer** widower;   **Tübinger, Memminger Brunnenwasser**
spring water from Swabian towns;   **verschließen** close (*here,* cap);
das Drahtgeflecht wire netting;   **wickeln** wrap;   **vollbringen** carry off,
achieve;   **der Fachmann** expert;   **der Vorwand** pretext;   **die Wette**
bet, wager;   **Rats = Rat;**   **bewerkstelligen** manage, accomplish;
. . . es gelang das schwere Tun . . . he succeeded in such a complicated
undertaking;   **kleben** glue, stick;   **der Zettel** label;   **melden** announce;
an-schimmeln make mouldy;   **der Stockfleck** mildew, spot;   **bezeugen**
bear witness to;   **rühmlich** venerable;   **lagern** to store

Der Sekt der Geizigen

Georg Britting

Bei den Schotten, erzählt man sich, sei der Geiz ein weit verbreitetes
Laster, und man weiß haarsträubende Beispiele davon zu berichten, aber
das ist vielleicht nur üble Nachrede oder zum mindesten arge
Übertreibung. Das folgende Stückchen sei drum nicht bei den kurzröckigen
Hochlandbewohnern angesiedelt, sondern wir bleiben im deutschen   5
Vaterland, bei den Schwaben etwa, von deren Sparsamkeit viel
dahergemacht wird, wir können die kleine Geschichte aber auch bei den
Franken spielen lassen, oder auch bei den Bayern, die in den Bergen
leben wie die Schotten, nur kurze Lederhosen tragen statt der bunten
Röckchen.   10

In einer schwäbischen Stadt also, in Tübingen oder in Memmingen, lebte
ein wohlhabender, aber geiziger Mensch, und beides fällt gern zusammen,
ein Kaufmann, der mit Seilen und Stricken handelte, mit Fischnetzen
und allerlei Angelgerät, und es ist schon eine Weile her, um die Zeit war's,
da der Großvater die Großmutter nahm. Der Kaufmann hatte mit der Galle   15
zu tun, der Krankheit der mißmutig Sparsamen, und einmal lag er schwer
und unter großen Schmerzen darnieder. Spät erst, und nach langem
Zögern, weil er die Kosten fürchtete, ließ er einen Arzt rufen. Der Doktor,
der auch nicht zu den verschwenderisch Freigebigen gehörte und dafür
bekannt war in der ganzen Stadt wie der Seilhändler auch, kam also, der   20
Geiz zum Geize, und wendete alle Geschicklichkeit auf, dem Leidenden
zu helfen, und es gelang. Dessen Freude darüber war getrübt durch den
Gedanken an die Rechnung, die er nun zu gewärtigen hatte. Er schalt
sich, desto mehr, als es ihm von Tag zu Tag besser ging, voreilig gewesen
zu sein, und vielleicht, haderte er mit sich, wäre er von selber wieder   25
gesund geworden, hätte er's nur abgewartet und die Natur walten lassen,
die viel vermögende. Er zerbrach sich lange den Kopf, wie es anzustellen,
ungerupft zu bleiben von dem grausamen Doktor, und es kam ihm
endlich auch ein rettender Einfall, das heißt, es gerade heraus zu sagen,
es war ein rechter Spitzbubenstreich, den zu verüben er sich nun   30
anschickte.

Er hatte noch, da er natürlich alles aufhob und das Geringste nicht
wegwarf, ein Dutzend leerer Sektflaschen im Keller stehen, französischer
Herkunft, von seiner Hochzeit her noch vor zwanzig Jahren — inzwischen
war er längst Witwer geworden. Die füllte er mit gutem Tübinger oder   35
auch Memminger Brunnenwasser und verschloß sie auf die Weise, wie
man es in Frankreich mit dem Sekt macht, mit einem Drahtgeflecht um
die Korken, und wickelte Silberpapier um die Flaschenhälse. Es war
ein ziemliches Kunststück, das er da vollbringen mußte, und bei einem
Fachmann hatte er, unter dem Vorwand, es handle sich um eine Wette,   40
sich Rats geholt, wie es zu bewerkstelligen, und es gelang das schwere

schmeichlerisch flattering; **schätzen** appreciate, treasure; **der Herzog** duke; **der Fürst** prince; **die Heilung** recovery

die Überlegung figuring, calculation; **sich überwinden** bring oneself to; **den Sekt . . . zu jagen** "as soon as he had got it, to toss the champagne right down his gullet"; **erst recht** "not to speak of"; **der schwäbische Landwein** *The local, very light wines of Swabia are very much cheaper than vintage Rhines and Moselles;* **vergeuden** squander; **bewundern** admire; **verschimmelt** mouldy (*see* **anschimmeln** *above*); **die Pracht** splendor; **die Magd** maid, servant girl

vergehen pass (of time), slide by; **die Lungenentzündung** pneumonia; **hinweg-raffen** snatch away; **die Beerdigung** funeral; **gedenken** reflect, ponder; **der Sarg** coffin; **der Schluck** sip, swallow; **der Spender** donor; **das Bett aufzusuchen** to take to his bed; **an-brechen** break open, put into service; **. . . segnete der Doktor selber das Zeitliche** ". . . the doctor himself took leave of this world"; **betrauern** mourn; **(sich) versagen** deny (oneself); **(sich) grämen** grieve

der Erbe heir; **die Base** female cousin; **rüsten** prepare, throw together; **der Leichenschmaus** funeral banquet; **üppig** lavish; **Zur Krönung des Festes** to top off the occasion; **lebhaft** lively; **. . . des Toten . . . zu gedenken** . . . to commemorate the departed in a fitting manner; **der Kelch** goblet; **ungebührlich** unseemly; **anstieß auf das jenseitige Wohl des Verstorbenen** drank to the departed's health

Tun. Die auf den Flaschen noch klebenden Zettel, die den Namen des Sekts, Herkunft und Jahrgang meldeten, waren angeschimmelt und hatten braune Stockflecken, sie ließ er, wie sie waren, und die bezeugten ja nur das rühmliche Alter des Weins, und der gewinnt durch langes Lagern, wie man weiß.

Das Flaschendutzend schickte er, noch bevor er eine Rechnung von ihm bekommen hatte, dem Arzt, mit einem höflichen und schmeichlerischen Brief des Inhalts, er, der Doktor, ein Kenner gewiß, werde den Sekt zu schätzen wissen: ein Getränk sei es für Herzöge und Fürsten, aber seine Dankbarkeit für die gelungene Heilung sei groß, und nichts sei ihm zu kostbar in diesem Falle.

Seine, des Seilhändlers, nicht falsche Überlegung war diese: der geizige Doktor werde sich nicht überwinden, den Sekt sich alsbald durch die Gurgel zu jagen oder gar ihn seinen sowieso seltenen Gästen vorzusetzen — für ihn, und erst recht für sie, tat es der schwäbische Landwein auch, und Sünden würde er sich fürchten, so Herrliches schnell zu vergeuden. Es geschah denn auch, wie der Kaufmann, seinesgleichen nur zu gut kennend, voraus gesehen hatte: der Doktor bewunderte die verschimmelte Pracht, bedankte sich bei dem Geber und ließ die Flaschen durch die Magd in den Keller schaffen, sie aufzuheben für eine besondere Gelegenheit.

Die Jahre vergingen, der Kaufmann starb, nicht an seinem Gallenleiden, eine schnelle Lungenentzündung, zu deren Behandlung den Doktor herbeizurufen er für unnötig gehalten hatte, raffte ihn hinweg. Der Doktor ging trotzdem zu seiner Beerdigung und gedachte, während der Sarg in die Tiefe sank, der Silberhalsflaschen in seinem Keller, und wie unrecht hatte man dem Verstorbenen immer getan, ihn geizig zu nennen: Er wußte es besser! Eigentlich wollte er am Abend dieses Tages eine der kostbaren Flaschen öffnen, einen guten Schluck zu nehmen, dem Spender zu Ehren, aber er kam nicht dazu, man holte ihn zu einem Kranken, und als er spät zurückkehrte, war es Zeit, das Bett aufzusuchen, frisch zu sein, für den nächsten Morgen, und so blieb das Flaschendutzend unangebrochen. Nicht lange danach segnete der Doktor selber das Zeitliche, betrauert nur von seiner alten Magd, denn zu heiraten hatte er sich versagt, und keine Witwe also grämte sich um ihn mit vielen Tränen.

Seine Erben, entfernte Vettern und Basen, rüsteten einen großen Leichenschmaus, bei dem es so üppig herging, daß der Doktor im Grab sich umgedreht hätte, wäre ihm zuzuschauen möglich gewesen. Zur Krönung des Festes, und da waren sie schon recht lebhaft geworden, holten sie auch von dem alten Sekt aus dem Keller, des Toten damit würdig zu gedenken. Als die Kelche gefüllt waren und man in fast

in the beyond; **darob** for this very reason; **entsetzen** shock, horrify;
die Schürze apron; **inne halten** pause, stop for a moment; **husten**
cough; **prusten** snort; **(sich) verschlucken** choke, gag; **unbeherrscht**
out of control; **spucken** spit; **faulig** rotten, putrid; **verdorben**
spoiled; **verdächtig** suspicious; **einfädeln** contrive;
scherzen jest, joke

FRAGEN

1. In welcher Provinz findet die Geschichte statt?
2. Was ist der wohlhabende Mann von Beruf?
3. Woran leidet er?
4. Warum zögert er, den Arzt zu rufen?
5. Welchen Charakterzug haben Arzt und Patient gemeinsam?
6. Wodurch ist die Freude des erholenden Patienten getrübt?
7. Was will er vermeiden?
8. Warum hat er noch die leeren Sektflaschen?
9. Seit wann hat er sie?
10. Wie ist sein Ehestand?
11. Bei wem holte er sich wegen der Flaschen Rat?
12. Unter welchem Vorwand tut er das?
13. Wie sahen nun die Sektflaschen aus?
14. Wann schickte er dem Doktor das Flaschendutzend?

ungebührlicher Fröhlichkeit anstieß auf das jenseitige Wohl des
Vestorbenen, hielt die darob entsetzte fromme Magd die Schürze vor
das Gesicht und ging aus dem Zimmer. So sah sie nicht, wie die einen
schnell inne hielten mit dem Trinken und husteten und prusteten und
sich verschluckten und andere gar unbeherrscht den Sekt wieder von   5
sich spuckten auf den Teppich — so faulig und verdorben schmeckte er!
Trotzdem — für Wasser nahm das Getränk keiner! Und wenn sie auch
von der Magd dann erfuhren, daß die Flaschen ein Geschenk gewesen,
des schon lange toten Seilhändlers, es fiel kein verdächtiger Schatten
auf dessen Ehre — so klug hatte er es eingefädelt gehabt! Sie beschlossen   10
nur nach dieser Erfahrung, ihnen sollte dergleichen nicht geschehen,
und sie wollten ihre Weine nicht zu lange lagern lassen, denn, so
scherzten sie, alt zu werden bekommt schönen Frauen nicht, und nicht
französischem Sekt.

(Courtesy Nymphenburger Verlagshandlung, GmbH., Munich.)

15. Warum hat der Kaufmann keine Angst, daß der Doktor die
    Sektflaschen alsbald öffnen werde?
16. Durch wen läßt der Doktor die Flaschen in dem Keller aufheben?
17. Woran stirbt endlich der Kaufmann?
18. Was gedenkt der Doktor bei der Beerdigung?
19. Welche Absicht hat er an jenem Abend, dem Kaufmann zu Ehren
    zu tun?
20. Was passiert ihm nach kurzer Zeit?
21. Was veranstalten seine Erben, die Trauernden?
22. Warum verläßt die Magd entsetzt das Zimmer?
23. Wie reagieren die Gäste auf den „Sekt"?
24. Ist der verstorbene Kaufmann durch dieses Vorkommnis beschuldigt
    worden?
25. Warum entschließt man sich, Wein nie zu lange lagern zu lassen?

Werner Bergengruen (1892–1964)

Werner Bergengruen, master of narrative style in recent German literature and one of the few popular authors whose career successfully spanned the period from the interregnum years to the postwar era, is largely concerned in his vast and multifarious production with the reconciliation of the ideal of human destiny with actual human fate. Whether with respect to an individual or a whole society, he examines the conflict between the rightful course of one's life or of history and the external forces which frustrate or overwhelm the transcendent order. It will be obvious that his work is largely influenced by the crises of both conscience and consciousness that he faced throughout his lifetime.

Bergengruen stemmed from the outskirts of the German sphere. He was born in the Baltic nation of Latvia into a German-Swedish family, *Volksdeutsch* so called, because its ties to the German nation were cultural and ethnic but not necessarily political. He was educated in Germany proper, served in World War I, and later was deeply involved as soldier and journalist in the civil strife of the early 1920s. Devoting himself exclusively to writing, he resided in Germany and Austria throughout the Third Reich, although his writings brought him into difficulty with the Nazi authorities. Later he lived in Switzerland and Italy, but resettled in Germany before his death.

His works largely employ the device of the historical or metaphorical medium to convey his message. Thus much of his work aimed against totalitarianism and its consequences is not direct, but takes the form of a twice-told story told for the first time. The works of his mature years show a certain polarity between the parochial "German" virtues of attachment to home, soil, and fatherland and a wider sensibility—owing to his conversion to Catholicism and affinity for Southern Europe—of the spiritual continuity of European civilization at large.

Mikulitsch the jeweler is a war victim. Not that he suffered or was wounded, but he was inflicted with an inexpungeable awe of the sacred dignity of the military, for which he would lay down—his business.

Das Freiheitsbändchen refers to a military honor of a small, newly constituted Central European country—a sovereign fragment of the Austro-Hungarian Empire after World War I—where we may presume that the production of medals was exceeded in the gross national product only by the issuance of postage stamps.

BASIC WORD LIST

aus-drücken express
bedürfen (bedurfte, bedurft) need
der Befehl, —e command
begleiten accompany
begreifen (begriff, begriffen)
    comprehend, grasp
(sich) beugen bend
die Bewegung move
die Dame, —n lady
deuten interpret; point (out)
drücken press, squeeze
die Ehre, —n honor
entstehen (entstand, ist
    entstanden) arise
erinnern remind; remember
erklären explain, declare
erscheinen (erschien, ist
    erschienen) appear
erwidern reply
falten fold
flüstern whisper
die Folge, —n consequence
geheim secret
das Geschenk, —e present
die Gewalt, —en power, force
handeln trade, bargain, deal
kehren (re)turn
küssen kiss
lächeln smile

der Laden, ∺ *and* — store
lauter pure(ly); sheer, nothing
    but
leider unfortunately
leuchten glow, gleam, shine
das Loch, ∺er hole
das Maul, ∺er mouth
(sich) neigen incline, bend
der Rücken, — back
schade too bad
schrecklich terrible
der Schutz protection; **schützen**
    protect
streben strive
stürzen (ist) rush; fall;
    (hat) plunge; throw
unterrichten instruct
der Vorschlag, ∺e proposal,
    suggestion
die Waffe, —n weapon
wählen choose, elect
der Wert, —e value, worth
(sich) wundern (be) surprised,
    wonder
die Zahl, —en number
zahlen pay
zart tender, delicate
der Zauber, — magic, enchantment
zunächst first (of all)

die Freiheit freedom; **das Bändchen** small ribbon (*decoration*); **das Gefolge** (*here*) wake, consequence; **die Tagesordnung** order of the day

der Juwelier jeweler; **bezeichnen** designate, call; **das Gewehr** gun; **wohlfeil** dirt cheap; **der Knopf** button; **die Charge** rank, officer; **das Herstellungsrecht** right to produce; **oberst—** highest; **übertragen** entrust

der Kraftwagen automobile; **der Umfang** bulk; **zum Trotz** in spite of; **flott** buoyant; **der Pelz** fur; **der Vorgang** procedure; **die Hitze** heat, excitement

rücken pull out, offer; **vollführen** carry out, "describe"; **gnädige Frau** Madame

der Kenner connoiseur; **der Namenstag** saint's day

sich verlassen auf depend on; **bezaubert** enchanted; **die Sporen** spurs

vor-wölben "swell," "puff up"; **an-wenden auf** apply to, use on

zwirbeln twirl; **der Schnurrbart** moustache; **mustern** measure; **der Blitz** flash; **Viel mitgemacht damals?** Did you see a lot of action back then?"

aufleuchtend brightening, shining

schnaufen breathe heavily; **bestechend** infectious; **(sich) vor-nehmen** propose, make up one's mind; **ebenfalls** likewise

Das Freiheitsbändchen

Werner Bergengruen

Gewisse europäische Staaten sind im Gefolge des ersten Weltkrieges
entstanden, es ist kein Wunder, daß in ihnen Generäle an der
Tagesordnung waren.

Der Juwelier Mikulitsch hatte am Freiheitskrieg teilgenommen, denn so
wurde jene Zeit bezeichnet, in welcher eine große Armee auseinanderfiel   5
und Maschinengewehre wohlfeil verkauft wurden. Daher trug Mikulitsch
ein farbiges Bändchen im Knopfloch, und er war beglückt, wenn er höhere
Chargen bedienen durfte. Zudem war ihm das alleinige Herstellungsrecht
der zwei obersten Klassen des Freiheitssternes übertragen worden.

Ein Kraftwagen fuhr vor, ein General sprang heraus, seinem Leibesumfang   10
zum Trotz leichtfüßig und flott wie ein Leutnant, und half einer Dame
im Pelzmantel beim Aussteigen. Mikulitsch beobachtete den Vorgang mit
einem angenehmen Hitzegefühl. Wahrhaftig, sie wollen zu ihm.

Mikulitsch kommt hinter dem Ladentisch hervor, er rückt Stühle, er
verbeugt sich, seine Hände vollführen Bewegungen, als wüschen sie   15
einander auf eine besonders appetitliche Art. „Gnädige Frau? Exzellenz?
Zu Ihren Befehlen!"

„Also, Exzellenz, nun zeigen Sie, daß Sie ein Kenner sind, und beraten
Sie mich!" sagt die Dame mit einem hübschen Lächeln. „Es muß aber
schon etwas Spezielles sein, mein Mann soll zum Namenstag eine richtige   20
Freude haben!"

„Verlassen Sie sich nur auf mich, Gnädigste, ich bin bezaubert, Ihnen
dienen zu dürfen", antwortet der General, schlägt die Sporen zusammen
und küßt ihr die Hand.

Ein Kavalier der alten Schule! denkt Mikulitsch entzückt und wölbt seine   25
Brust vor. Er hat diesen Satz in einem Film gehört und möchte ihn am
liebsten auf jeden Offizier vom Hauptmann aufwärts anwenden dürfen.

Der General zwirbelt seinen Schnurrbart und mustert Mikulitsch mit
einem Augenblitz. „Auch ein alter Kamerad, wie ich sehe", sagt er dann
und deutet auf das farbige Bändchen. „Viel mitgemacht damals?"   30

„Zu Befehl, Exzellenz", erwidert Mikulitsch mit aufleuchtendem Blick;
denn er trägt ja sein Bändchen nun schon durch eine rechte Zahl von
Jahren, da kann niemand verlangen, er solle sich noch an die Wirklichkeit
von damals erinnern.

„Na, also dann wollen wir uns an die Arbeit machen", sagt der General   35
und schnauft ein wenig, wie es die Generäle tun, die ja gern Rotwein
trinken. Dies Schnaufen hat etwas Bestechendes, und Mikulitsch nimmt

die Dose box, case, etui; **der Ankauf** purchase; **mit dem . . . kann**
that will provoke admiration; **geringe Ware** (*here*) lesser goods

verwerfen reject; **hingerissen** carried away; **ritterlich** chivalrous;
die Sachkunde knowledgeability, expertise; **an-ordnen** arrange;
der Klee clover; **dergleichen** such things

vorbereitet auf prepared for; **bedenklich** doubtful, reluctant;
bei . . . Barzahlung "if you desire to pay in cash"; **die Gewährung**
granting, warranting; **das Rabatt** discount

ehrerbietig respectfully; **die Gewandtheit** skill, deftness;
sich offenbaren be revealed

her-bitten ask to come here; **einverstanden** agreed; **die Zelle** booth;
plaudern chat; **allenfalls** in any case, at most

der Geschmack taste; **begeistert** enthusiastic; **das Pfand** deposit,
pledge; **der Geisel** hostage; **hinzu-setzen** add

sich im stillen vor, von nun an ebenfalls Rotwein zu trinken und zu schnaufen.

Es handelt sich, so wird Mikulitsch unterrichtet, um den Ankauf einer Zigarettendose, aber es soll ein Stück sein, mit dem man Ehre einlegen kann, und der General ist ein Kenner, da braucht Mikulitsch gar nicht erst mit geringer Ware zu kommen.

Die geringe Ware bleibt also ungezeigt, unter lauter kostbaren Stücken wird gewählt, verworfen, wieder gewählt und wieder verworfen, und Mikulitsch ist hingerissen von den eleganten Bewegungen und dem Lächeln der Dame, vom ritterlichen Wesen, der Sachkunde und dem Schnaufen des Generals. Endlich bleibt man bei einer goldenen Dose, die mit Steinen besetzt ist, und die Steine sind angeordnet in Form eines vierblättrigen Kleeblatts, das von einem Schweinchen im Maule getragen wird, dergleichen ist ja glückbringend.

Natürlich waren die Dame und der General auf einen hohen Preis vorbereitet; aber als der Juwelier von Dreißigtausend spricht, wird sie doch ein wenig bedenklich. Mikulitsch indessen erklärt feurig, selbstredend werde ihm bei geneigter Barzahlung die Gewährung eines fünfprozentigen Rabatts eine Ehre sein.

Die Dame und der General rechnen ein wenig, Mikulitsch hilft ehrerbietig nach, denn von Damen und Generälen darf ja keine große Gewandtheit im Rechnen verlangt werden, und so offenbart sich denn ein Preis von 28 500, den Mikulitsch großherzig auf 28 000 abrundet.

Der Dame erscheint auch diese Summe noch recht hoch, obwohl sie ja nicht sagen will, daß die schöne Dose das Geld nicht wert sei.

,,Achtundzwanzigtausend? Ich fürchte, da werde ich meinen Bruder bitten müssen, sich an dem Geschenk zu beteiligen. Schade.''

Sie wird also ihren Bruder herbitten, denn natürlich wird er das Geschenk sehen wollen, bevor er sich einverstanden erklärt. Nun geht die Dame in die Telephonzelle, und der General plaudert mit Mikulitsch über den Freiheitskrieg. Die Dame kommt heraus, der Bruder hat leider eine wichtige Konferenz und kann nicht abkommen. Allenfalls könne er sich für fünf Minuten hinausrufen lassen.

,,Also, dann fahren Sie doch hin, Gnädigste, und zeigen Sie ihm die Dose'', meint der General. ,,Wie ich den Geschmack Ihres Herrn Bruders kenne, wird er begeistert sein. Herr Mikulitsch wird nichts dagegen haben, ich bleibe bis zu Ihrer Rückkehr hier. Sozusagen als lebendes Pfand; oder als Geisel, um mich soldatisch auszudrücken'', setzte er lächelnd hinzu.

die Einwendung objection; **abermals** once more, yet again

sich erkundigen inquire; **der Bedarf** need, requisite; **die Spitze** (*here*) holder; **Der Vaterländische Wehrfreund** *travesty for the name of the many right-wing veterans' newspapers of the time;* **der Zwicker** pince-nez; **gewissenhaft** conscientiously

an-flehen implore, beg; **gehorsamst** most obediently (*in the older armies used with requests to superior officers*); **in Euer Excellenz Begleitung** "in the company of your Excellency"; **die Verlegenheit** embarrassment, difficulty; **drängen** insist, press; **die Bürgschaft übernehmen** act as security

preis-geben reveal, compromise; **das Schützenbataillon** rifle batallion

stammeln stammer; **beschwören** entreat

der Vorwurf reproach; **der Schutzmann** policeman; **das Fach** specialty, department

stöhnen groan; **schwanken** stagger; **tiefbekümmert** anguished

spähen peer; **unausdenkbar** unpredictable; **an-zünden** light; **heran-winken** call over, motion someone over

Herr Mikulitsch hat nichts dagegen, denn wie könnte er Einwendungen
gegen Generalsvorschläge machen? Die Dame erklärt, sie werde
spätestens in einer halben Stunde zurück sein, der General küßt ihr
abermals die Hand und schlägt mit einem leichten Schnaufen die Sporen
gegeneinander.   5

Mikulitsch erkundigt sich höflich, ob die Exzellenz vielleicht Bedarf an
Zigarettenspitzen habe; der General sieht sich einiges an, dann aber
sinkt er schnaufend auf einen Stuhl, zieht den „Vaterländischen
Wehrfreund" aus der Tasche, setzt einen goldenen Zwicker auf und
beginnt zu lesen. Er liest das Blatt gewissenhaft zu Ende, dann faltet er   10
es sehr ordentlich zusammen und legt es auf den Ladentisch. Er sieht
nach der Uhr, lächelt freundlich und sagt: „Vierzig Minuten! Mein lieber
Mikulitsch, die Dame kommt nicht wieder, und von jetzt ab brauchen
Sie mich auch nicht mehr Exzellenz zu nennen."

Mikulitsch beginnt zu schnaufen; dies geht also auch ohne Rotwein.   15

„Aber, Exzellenz! Exzellenz!" ruft er. „Ich flehe Sie an, Euer Exzellenz!
Euer Exzellenz werden doch nicht . . . Aber ich bitte gehorsamst,
Exzellenz, wenn Sie mir doch nur sagen wollten, wer die Dame ist, die in
Euer Exzellenz Begleitung . . . , ach Gott, Exzellenz! Exzellenz! Und wozu
denn das? Wenn die Dame in einer augenblicklichen Verlegenheit sein   20
sollte, aber ich bitte gehorsamst, werde ich denn drängen, wenn ein
Exzellenzherr sozusagen die Bürgschaft übernimmt?"

Der General lacht von Herzen und versichert: „Nein, mein lieber
Mikulitsch, die Dame ist keineswegs in einer augenblicklichen
Verlegenheit, seit vierzig Minuten nicht mehr. Und glauben Sie denn, ich   25
gebe den Namen einer Dame preis? Meinen eigenen, ja, in Gottes Namen.
Also ich heiße Pieka und war Korporal im zweiten Schützenbataillon."

„Aber, Exzellenz . . ." stammelt Mikulitsch, „Exzellenz, ich beschwöre
Sie! Exzellenz, was soll ich denn anfangen?"

„Na, hören Sie mal, das müßten Sie doch selbst wissen", sagt der General   30
mit kameradschaftlichem Vorwurf. „Rufen Sie einen Schutzmann und
lassen Sie mich abführen. Ich rechne auf drei Monate, so etwas geht
vorüber, ich habe schon mehr hinter mir. Keine Angst, ich tue Ihnen
nichts, Gewalttätigkeiten liegen außerhalb meines Faches."

„Ach Gott, Exzellenz", stöhnt Mikulitsch und schwankt tiefbekümmert   35
zur Tür.

Zunächst ist kein Schutzmann zu erblicken. Also bleibt Mikulitsch in der
Ladentür stehen und späht bald die Straße hinunter, bald hinter sich
in den Laden, denn es könnte ja sein, daß dieser schreckliche General

nötigen force, push;   **Handschellen** handcuffs

gleichgültig indifferent, unfazed;   **ein-greifen** intervene

fesseln bind, tie up;   **bedenken** consider

der Hochstapler swindler;   **der Dienstwagen** patrol car;   **an-fordern** request;   **grob** rudely, coarsely

ein-reden auf protest to, try to convince;   **gewissermaßen** more or less;
die Rücksicht consideration, respect;   **verstummen** fall silent;
ergriffen deeply stirred

stochern poke;   **mir liegt nur an** I am only concerned about;
die Waffenehre "for the honor of the service";   **die Münze** coin

hatte um . . . des Falles gebeten had prayed that the matter be handled
with gingerly discretion;   **der Schluß** end;   **die Amtszeit** *(here)*
period of official investigation;   **der Zeuge** witness;   **vernehmen**
interrogate, hear

vorläufig for the present, as far as he could tell;   **der Verlust** loss;
entgehen be lost;   **der Gewinn** profit;   **ins Auge nehmen** take into

noch irgend etwas Unausdenkbares unternähme. Aber er sitzt ruhig da und zündet sich eine Zigarette an, während Mikulitsch die Knie zittern. Nach ein paar Augenblicken sieht der Juwelier einen Schutzmann kommen und winkt ihn heran.

,,Was ist los?'' fragt der Schutzmann. Mikulitsch nötigt ihn in den Laden, und obwohl er keinen Satz richtig zu Ende bringt und heftig schnaufen muß, so begreift der Schutzmann doch das Geschehene. Er geht auf den General zu, nimmt ein paar Handschellen aus der Tasche und sagt: ,,Also los. Kommen Sie mit. Die Dame werden wir auch bald haben. Aufstehen!''

Der General erhebt sich gleichgültig und hält ihm die Hände hin. Allein da greift Mikulitsch ein.

,,Nein!'' ruft er. ,,Das geht nicht. Um Gottes willen! Sie werden doch nicht einen General gefesselt durch die Straßen führen! Und wenn er auch kein General ist, aber bedenken Sie doch . . . die Uniform . . . die Ehre der Armee . . . nehmen Sie wenigstens ein Auto . . .''

,,Ich kann nicht für jeden Hochstapler einen Dienstwagen anfordern'', antwortet der Schutzmann grob.

Mikulitsch redet beschwörend auf den Schutzmann ein. ,,Sie als alter Soldat . . . Kamerad gewissermaßen . . . Rücksichten auf die Ehre der Armee, in der ich selber . . .'' Er verstummt und deutet ergriffen auf sein Knopflochbändchen. ,,Ich bezahle das Auto. Ich telephoniere. Aber nehmen Sie ihm die Handschellen ab.''

Und damit stürzt Mikulitsch in die Telephonzelle.

Das Auto kommt, Mikulitsch stochert unruhig in seinen Taschen herum, während er dem Schutzmann zuflüstert: ,,Tun Sie, was Sie können, damit die Sache diskret behandelt wird. Mir liegt ja nur an der Dose. Ich bitte Sie, es geht um die Waffenehre, um den Freiheitskampf. Sie verstehen.'' Damit drückt er ihm eine Silbermünze in die Hand.

Mit Rücksicht auf Waffenehre und Freiheitskampf hatte Mikulitsch um geheimtuerische Zartheit in der Behandlung des Falles gebeten. Allein so weit, fand er nach einigen Tagen, hätten Zartheit und Geheimtuerei nicht getrieben zu werden brauchen. Warum wurde er denn nicht — in aller Stille, versteht sich, vielleicht nach Schluß der eigentlichen Amtszeit — als Zeuge vernommen? Er wunderte sich, er wurde unruhig, indem er gleichwohl immer noch wartete.

Endlich sagte er sich, daß ihm zum mindesten vorläufig ein Verlust von Zwölftausend oder, wenn er auch den entgangenen Gewinn ins Auge

account; **entstehen** come about; **die Spesen** expenses; **die Schonung** sparing, consideration; **die Auskunft** information; **der Beamte** official; **auf-leben** be invigorated, cheer up; **sich unterstehen** presume, be so bold; **maßvoll** moderate; **die Fröhlichkeit** gaiety; **sorgsam** careful, exhaustive; **die Nachforschung** investigation

Was uns betrifft As far as we are concerned; **der Anlaß** cause, reason; **sich begnügen** be content; **die Feststellung** confirmation; **dem Herzen . . . nicht Gewalt tun** "time heals all wounds"; **an-legen** put on; **sauber** neatly; **tuschen** draw, write in India ink; **die Papptafel** cardboard sign; **die Aufschrift** inscription; **der Lieferant** supplier, purveyor; **sowie** as well as; **verehrlich** venerable; **die Generalität** rank of general

FRAGEN

1. Warum waren die Generäle in gewissen europäischen Staaten an der Tagesordnung?
2. Was bedeutete das farbige Bändchen, das Mikulitsch im Knopfloch trug?
3. Welches bestimmte Recht war ihm übertragen worden?
4. Wer kam eines Tages in seinen Laden?
5. Wie empfängt Mikulitsch die Dame und den General?
6. Was wollen die Leute bei Mikulitsch kaufen?
7. Nachdem die beiden so lange gesucht haben, was für ein Entwurf hat ihnen endlich gefallen?
8. Warum muß ihnen Mikulitsch mit dem Rechnen helfen?
9. Was war der ursprüngliche Preis der Zigarettendose?
10. Wieviel soll die Dame dafür zahlen?
11. Warum will sie ihren Bruder anrufen?
12. Was schlägt der General vor, da sich der Bruder der Frau von seiner wichtigen Konferenz nicht entfernen kann?
13. Hat Mikulitsch etwas dagegen, daß sie die Dose zu ihrem Bruder bringt? Warum?

nahm, von Achtundzwanzigtausend entstanden war — denn die Spesen für Schutzmann und Kraftwagen mochte er nicht mitrechnen. Also ging er zur Polizei, erzählte — wie sich versteht, mit aller Schonung der freiheitskämpferischen Waffenehre — seine Geschichte und bat um Auskunft. Der Beamte, der ihn angehört hatte, rief einen zweiten, dieser 5
hörte ihn ebenfalls an. Es kamen andere, sie lebten auf, sie steckten die Köpfe zusammen, einige unterstanden sich einer maßvollen dienstlichen Fröhlichkeit. Man versprach dem Juwelier die sorgsamsten Nachforschungen: nach der Dame, nach dem General und nach dem Schutzmann. 10

Was uns betrifft, so haben wir keinen Anlaß, an diesen Nachforschungen teilzunehmen. Wir begnügen uns mit der Feststellung, daß der Juwelier Mikulitsch sein farbiges Bändchen aus dem Knopfloch entfernte. Allein die Zeit vergeht, dem Herzen läßt sich auf die Länge nicht Gewalt tun, Mikulitsch hat sein Bändchen wieder angelegt, und heute hängt in seinem 15
Schaufenster eine sauber getuschte Papptafel mit der Aufschrift: ,,Lieferant hoher und höchster Chargen sowie der verehrlichen Generalität.''

Werner Bergengruen, *Der dritte Kranz.*
(*Courtesy Verlag der Arche Peter Schifferli, Zurich, 1962.*)

14. Wie lange soll sie weg sein?
15. Was macht der General während der ersten vierzig Minuten?
16. Versteht Mikulitsch sofort, was der General ihm sagen will?
17. Wieso ist die Dame ,,seit vierzig Minuten nicht mehr'' in einer ,,augenblicklichen Verlegenheit''?
18. Warum sollte sich Mikulitsch vor dem Soldaten nicht fürchten?
19. Wen ruft der Juwelier herbei, als er die Sache endlich begreift?
20. Warum ist er bereit, das Auto zu bezahlen?
21. Worüber wunderte sich Mikulitsch nach einigen Tagen?
22. Wie reagierten die Polizeibeamten auf seine Geschichte?
23. Was war deshalb die Rolle des ,,Schutzmanns''?
24. Was steht auf der Papptafel in seinem Schaufenster?
25. Woher wissen wir, daß der Juwelier die ganze Sache einigermassen vergessen hat?
26. Warum hat Mikulitsch sein Stolz verschlucken wollen?

Leo Slezak (1873–1946)

Leo Slezak, the tenor, was one of the great personalities in the colorful epoch of grand opera in the earlier part of this century. Possessed of robust physique and robust humor he was a great favorite with audiences all over Europe and the United States. From his career we have some of the more choice anecdotes in operatic history. It is not known whether it was he who as Lohengrin, seeing his swan drifting past without him, asked: "When does the next swan leave?" But if it wasn't, it should have been.

He was born in Moravia, then a province of Austria and now of Czechoslovakia. While quite young he joined the operatic chorus at Brünn (now Brno). He made his debut there in 1896 as Lohengrin. His success soon brought him to the Berlin Opera, then to Vienna, where he remained a member of the permanent company until 1926. His son, Walter Slezak, is well known in the United States for his work in musical comedy, films, and television.

Leo Slezak's wit and flair for writing occasioned what was to have been his one and only volume of memoirs, *Meine sämtlichen Werke* (1922), from which the selections below are drawn. Two subsequent cases of literary backsliding occurred with *Der Wortbruch* (1927) and *Rückfall* (1930).

In *Wie ich zum Theater kam* Slezak recounts the circumstances that brought him to opera. *Reklame* describes his introduction to public relations, American style, when he first visited the United States in 1909 for his debut at the Metropolitan Opera as Otello.

BASIC WORD LIST

an-nehmen (nahm an, angenommen) accept, assume
der Ausdruck, ⸚e expression
besitzen (besaß, besessen) possess
besuchen visit
(sich) bewegen move
die Empfehlung, —en recommendation
die Empfindung, —en feeling, sense
entweder . . . oder either . . . or
der Erfolg, —e success
ernst serious
erwachen (ist) awake
das Fest, —e celebration, festival, banquet
fressen (fraß, gefressen) eat (*of animals and, facetiously, of human beings*)
das Gefühl, —e feeling, emotion
gewaltig powerful, mighty

klug smart, clever
der Laden, ⸚ and — store
lieber prefer(ably)
der Meister, — master
die Not, ⸚e distress; emergency; need
die Quelle, —n source; spring
reif mature, ripe
rennen (rannte, ist gerannt) run
scheiden (schied, geschieden) separate, part
sofort immediately
die Sorge, —n worry; care
vertrauen trust
vor-kommen (kam vor, ist vorgekommen) occur, appear
wählen choose, elect
weichen (wich, ist gewichen) yield
der Wert, —e value, worth
das Ziel, —e goal, destination
der Zustand, ⸚e condition

gedeihen develop, succeed

fristen prolong, spare; **die Advokaturkanzlei** law office

der Rechtsfall suit, case; **ließ . . . übrig** left so much to be desired

um Auskunft befragt asked to explain; **die Schrift** handwriting;
entziffern decipher

und um halb zehn . . . die Vormittage wegblieb and by half past nine my
own needs for the said office had already been sated in such a manner
that I, using excuses so bold as to test the limits of my employer's
credulity, made myself absent two or three times a week and in the
mornings simply stayed away

aufrecht erhalten maintain

Allerheiligstes holy of holies; **sichtlich** visibly; **die Hochschätzung**
high esteem; **daß . . . der Schreiber** "that the clerk in me";
der Mundant *(obs.)* articled clerk in Austria

gegenseitig mutual; **auf-atmen** breathe a sigh of relief

ehemalig previous, erstwhile; **die Erlösung** salvation

widersprechen contradict

drohen threaten; **Sitzfleisch haben** "the ability to stick to a tedious
job"; **der Beruf** profession, occupation; **großartig** splendid, tremendous

die Vertretung business, agency, or franchise;
Powidel *Austrian equivalent of* **Pflaumenmus** plum jam

Wie ich zum Theater kam

Leo Slezak

Mein Studium war noch nicht so weit gediehen, als daß ich gleich hätte
zum Theater gehen können.

Ich nahm also, um mein Leben fristen zu können, eine Stelle als
Schreiber in einer Advokaturskanzlei an.

Diese Zeit bedeutete sowohl für mich als auch für den Herrn Advokaten 5
eine Quelle von Leiden.

Meine Konzentration auf die diversen Rechtsfälle ließ so viel zu wünschen
übrig, daß alles, was ich schrieb, meist unbrauchbar war. – Selbst
wenn man es hätte lesen können.

Es kam oft vor, daß ich, um Auskunft befragt, was dieses oder jenes 10
bedeutete, meine eigene Schrift nicht entziffern konnte.

Um neun Uhr früh saß ich in der Kanzlei, und um halb Zehn war mein
Bedarf an derselben bereits derart gedeckt, daß ich unter den kühnsten,
an die Leichtgläubigkeit meines Brotherrn die exorbitantesten Ansprüche
stellenden Ausreden mich zwei- bis dreimal in der Woche zu drücken 15
versuchte und die Vormittage wegblieb.

Dieser Zustand konnte auf die Dauer nicht aufrecht erhalten werden, das
stand fest.

Eines Tages rief mich der Chef in sein Allerheiligstes und erklärte mir,
sichtlich bewegt, daß wir voneinander scheiden müßten. – Seine 20
Hochschätzung für mich als Sänger nehme, trotzdem er mich nie gehört
habe, solche gewaltigen Dimensionen an, daß dadurch der Schreiber –
Mundant, wie es so richtig heißt – weit in den Schatten gestellt werde. –

Wir reichten einander die Hände, versicherten uns unseres gegenseitigen
Wohlwollens und atmeten beide auf, als sich die Tür zwischen uns schloß. 25

Wenn ich dann später, als alles weit hinter mir lag, mit meinem
ehemaligen Chef zusammenkam, sagte er oft: ,,Slezak, Sie ahnen nicht,
was für ein schlechter Advokatursschreiber Sie waren. Sie als Mundanten
zu verlieren, bedeutet für jeden Advokaten eine Erlösung!'' –

Es wäre unklug gewesen, ihm zu widersprechen. 30

Die Sorge um die Existenz stand nun wieder drohend vor mir. Man riet
mir, da ich doch kein Sitzfleisch hätte, zu einem freieren Beruf. – Agent!
– Großartig! –

Ich bekam, durch Empfehlung, die Vertretung einer Firma für Powidel.

das Verbrechen crime

äußerst utterly, extremely

das Muster sample; **fehl am Orte** in the wrong place

Mit krachendem Magen With a groaning stomach

Brünn Brno, *city in Austrian Bohemia, now Czechoslovakia;*
vor-stehen direct, manage, be in charge of; **bewirken** bring to pass,
arrange for; **die Probe** rehearsal

die Bühne stage; **die Bajazzo-Arie**
clown's aria from Leoncavallo's *I Pagliacci;* **berauschen**
enchant, intoxicate

der Vorschuß advance (of money); **der Gulden** *Austrian florin, worth at
the time about 40 cents;* **die Gage** fee, retainer; **ab-ziehen** deduct;
das Auftreten appearance; **das Spielhonorar** honorarium for a single
performance

sich schwindeln to be dizzy

die Unterschrift signature; **der Vertrag** contract

aus-lösen release, cause; **schildern** reveal; **damit** "merely"

das Mitglied member; **die Künstlerloge** artists' lounge

In Deutschland heißt es treffend: Pflaumenmus.

Ich rannte von einem Kaufmannsladen zum andern und offerierte meine Powidel in der intensivsten Form.

Ich erklärte es für ein Verbrechen, die Gelegenheit vorübergehen zu lassen und mir meine Powidel nicht aus den Händen zu reißen. 5

Die Kaufleute fanden mich äußerst originell, amüsierten sich sichtlich, aber kauften nichts.

Entweder war die Powidel nichts wert, oder aber meine Art und Weise nicht ganz vertrauenerweckend. – Ich weiß es nicht.

Eines Tages fraß ich alle Muster auf und sah ein, daß ich auch hier fehl 10 am Orte war.

Mit krachendem Magen kam ich zu den Gesangsstunden.

Mein Lehrer meinte, daß das so nicht weiter ginge.

Er besuchte Direktor Aman, der dem Brünner Stadttheater vorstand, und bewirkte, daß ich zum Probesingen zugelassen wurde. 15

So stand ich endlich auf der Bühne, und sang die Bajazzo-Arie. Das Resultat war berauschend – man engagierte mich sofort.

Fürs erste Jahr bekam ich einen Vorschuß von vierzig Gulden monatlich, der mir im nächsten Jahre von meinen hundert Gulden Gage abgezogen werden sollte. Für jedes Auftreten ein Spielhonorar von zehn Gulden. 20

Im dritten Jahre dreihundert Gulden Gage! –

Mir schwindelte! – So viel Geld gibt es ja gar nicht! – Ich saß da mit klopfendem Herzen, nur daran denkend: ,,Was wird die Mutter dazu sagen?''

Dann nach Hause, um die Unterschrift des Vaters auf den Vertrag setzen 25 zu lassen, denn ich war erst neunzehn Jahre alt.

Was sich daheim für ein Glücksgefühl auslöste, in welchen Formen es zum Ausdruck kam, kann ich nicht schildern, – ich würde es damit profanieren.

Alle Not hatte ein Ende! 30

Nun war ich Mitglied des Theaters und durfte in die Künstlerloge gehen. – Ich wohnte in derselben.

sämtlich all, every single; **die Fabrik** factory; **den Buckel herunterrutschen** (*idiom*) "go chase themselves"

die Bedingung condition, stipulation; **bühnenreif** ready for performance; **Mama Robinson** *wife of Slezak's music teacher;* **das Klavier** piano

mühsam laborious; **Freischütz, Zauberflöte, Lohengrin** *operas by von Weber, Mozart, and Wagner, respectively*

beschäftigen engage, occupy; **die Entrüstung** anger, indignation; **der Kollegenkreis** circle of colleagues; **der Trottel** fool, idiot

gemäß in accordance with; **die Aussprache** discussion, interview; **das Kaltstellen** putting on ice

der Bassist bass (voice)

verewigt late, immortal; **der Genosse** colleague, fellow; **Telramund** *part in Lohengrin*

gleichfalls also, similarly

sich wehren fight against; **berechtigt** justifiable; **mit Händen und Füßen** "with might and main"

überreden convince, talk (someone) into something; **ein-willigen** agree to; **der Kapellmeister** conductor; **tüchtig** capable, skillful; **gewissenhaft** conscientious; **leiten** direct; **die Vorstellung** performance

die Generalprobe dress rehearsal; **das Parkett** orchestra seats, stalls

der Takt tempo; **die Entgleisung** derailment; **rügen** scold, reprimand

Rat wissen to know what to do

bescheiden modestly, humbly

Jedes Erwachen des Morgens war ein Fest.

Sämtliche Advokaturkanzleien und Powidelfabriken der Erde konnten mir den Buckel herunterrutschen.

Da es im Vertrage Bedingung war, daß ich im ersten Jahre mindestens drei Opernpartien bühnenreif studieren müsse, ich aber noch keine Note 5 lesen konnte, spielte mir Mama Robinson am Klavier mit einem Finger jede Stelle so lange vor, bis ich sie nachsingen konnte.

Auf diese mühsame Art erlernte ich den Freischütz, die Zauberflöte und den Lohengrin.

Beschäftigt wurde ich nicht, was mich mit Entrüstung erfüllte. Ich glaubte 10 mich zurückgesetzt, gab auch dieser Empfindung im Kollegenkreise drastischen Ausdruck und erklärte meinen Direktor für einen Trottel.

Dies wurde ihm naturgemäß pünktlich zurückerzählt, was eine ziemlich bewegte Aussprache und ein noch intensiveres Kaltstellen zur Folge hatte.

Da kam das Benefiz des Bassisten Shukovsky. 15

Er wählte Lohengrin, mit der Bedingung, mein verewigter Jugendfreund und Studiengenosse Rudolf Berger solle den Telramund singen und ich den Lohengrin.

Rudolf Berger, gleichfalls ein Brünner Kind, besaß eine herrliche Baritonstimme, war musikalisch und gesanglich viel reifer als ich und 20 wurde daher von Direktor Aman als Telramund sofort akzeptiert.

Bei mir wehrte er sich in dem berechtigten Angstgefühl, daß es eine Katastrophe werden könnte, mit Händen und Füßen.

Aber Robinson wußte ihn zu überreden — endlich willigte er ein, Kappellmeister Thieme, ein äußerst tüchtiger, gewissenhafter 25 Norddeutscher, leitete die Vorstellung. —

Es kam zur Generalprobe — das Parkett voll Menschen.

Alles ging soweit ganz gut, bis auf einige Taktentgleisungen, die der Kapellmeister scharf rügte.

Nun kam aber eine Stelle, wo sich der Arme mit seinem Orchester 30 wahrhaftig keinen Rat mehr wußte.

Er schrie: ,,Slezak, nehmen Sie doch die Noten zur Hand!''

Ich erwiderte bescheiden: ,,Lieber Herr, wenn ich Noten lesen könnte, so redete ich nicht mit Ihnen!''

gespannt tense;   **die Heiterkeit** gaiety, cheer

Zur Vorsorge as a precaution;   **der Heldentenor** heroic tenor; **die Kulissen** wings (of the stage)

das Bussi (*sl.*) kiss;   **wegen des Trottels** "for calling him an idiot"

fördern encourage

bis auf except for

FRAGEN

1. Wo fand Slezak seine erste Arbeitsstelle?
2. Wieso ließen seine Bemühungen viel zu wünschen übrig?
3. Welche Gründe gab ihm sein Brotherr, daß sie voneinander scheiden müßten?
4. Was für eine neue Arbeit betrieb er jetzt?
5. Wie fanden ihn die verschiedenen Kaufleute?
6. Was tat er mit seinen Mustern?
7. Wer war Direktor des Brünner Stadttheaters?
8. Welchen Erfolg hatte sein Probesingen?
9. Verdiente er zunächst viel Geld?
10. Wieso mußte der Vater den Vertrag unterschreiben?
11. Was mußte er vertragsgemäß im ersten Jahre auswendig lernen?
12. Welche musikalische Kenntnis fehlte ihm noch?
13. Wie war die Mama Robinson dabei behilflich?

Die gespannte Situation wich einer erlösenden Heiterkeit.

Dann kam der Abend. —

Zur Vorsorge stand der damalige Heldentenor als Lohengrin angekleidet
in den Kulissen, um einzuspringen, wenn es nicht mehr weitergehen
sollte. — Es ging weiter, bis zum Schluß, und brachte mir einen großen   5
Erfolg.

In der Kulisse stand mein Direktor.

Ich trat zu ihm, nahm ihn um den Hals, gab ihm ein Bussi und bat ihn
wegen des Trottels um Verzeihung.

Er verzieh und wurde mir ein warmer, fördernder Freund, dem ich viel zu   10
danken habe.

Notenlesen habe ich inzwischen gelernt, bis auf die Baßnoten. Die kenne
ich auch heute noch nicht.

Ich befürchte ernstlich, ich werde sie nie mehr erlernen.

Leo Slezak, *Meine sämtlichen Werke.*
(*Courtesy Rowohlt Verlag, GmbH., Berlin, 1922.*)

14. Welche Opern erlernte er?
15. Welche Enttäuschung folgte zunächst?
16. Was nannte er den Direktor?
17. Was hatte seine Ausdrucksweise zur Folge?
18. Wie kam er endlich dazu, den Lohengrin einmal zu singen?
19. Wovor hatte der Direktor Angst, daß er an der Vorstellung
    teilnehmen sollte?
20. Warum rügte der Kapellmeister bei der Generalprobe?
21. Wie brachte Slezak dem Direktor seine musikalische Lücke zur
    Kenntnis?
22. Was tat man vorsichtshalber am Abend der Vorstellung?
23. Wie ist die Vorstellung ergangen?
24. Was hat Slezak nachher gelernt? Inwiefern?

BASIC WORD LIST

allerdings to be sure, it is true
aufmerksam attentive
baden bathe
berichten report
bilden constitute; educate
bloß only, barely, merely
deshalb for that reason
drucken print

entweder . . . oder either . . . or
die Erinnerung, —en memory
füttern feed (*animals or things*)
der Haß hate
der Inhalt content(s)
die Jugend youth
der Künstler, — artist
die Menge, —n crowd, multitude

Reklame advertising, promotion

ungeheuer monstrous, horrendous; **bis auf** except for; **entfalten**
unfold, unfurl; **widerstreben** resist; **umgehen** skirt around,
get out of, evade

gar particularly

eingeführt (*here*) syndicated; **der Betrieb** business, works;
der Geschmack taste

erfinden make up, contrive; **wenn . . . trottelhaft ist** no matter how
idiotic; **schleifen** drag

das Mittel, — means	**der Schmerz, —en** pain
der Mord, —e murder	**schrecklich** terrible
pflegen be accustomed to;	**vorsichtig** cautious
take care of	**die Wahl, —en** choice, election
die Prüfung, —en test	**zahlen** pay
die Regel, —n rule	**die Zeitung, —en** newspaper
richten direct; judge	**zwingen (zwang, gezwungen)**
sanft gentle, soft	compel

Reklame

Leo Slezak

Pressearbeit! — Reklame! —

In Amerika ist eine Grundregel, daß von allem, sei es was immer, gesprochen werden muß.

Gut oder schlecht, es ist gleichgültig, nur reden müssen die Leute davon.

Die ungeheure Größe dieses Landes und das, bis auf einige wenige   5
Ausnahmen, wenig gepflegte Kunstinteresse zwingen den Künstler, eine
Reklame zu entfalten, die ihm anfangs widerstrebt, die aber nicht zu
umgehen ist.

Gar für einen, der an erster Stelle steht und der an erster Stelle
verdienen will! —   10

Amerika ist ein schnellebiges Land, die größte Sensation von heute
morgen ist am Abend schon vergessen. Alles spielt sich in solch
gigantischen Formen ab, daß man, um überhaupt bemerkt zu werden,
womöglich noch lauter schreien muß als alle andern.

Da heißt es nun, sich immer und immer wieder in Erinnerung bringen,   15
von sich reden machen, ohne rigoröse Wahl der Mittel. Man hält sich
zu diesem Zweck einen Presseagenten.

Dieser ist ein bei allen Blättern eingeführter Reporter, der den ganzen
Betrieb, vor allem aber den Geschmack seines Publikums kennt, und das
Allerwichtigste ist, daß das, was er schreibt — auch gedruckt wird.   20

Seine Hauptaufgabe ist es, jede Woche irgendeine Geschichte zu erfinden,
die, wenn sie auch noch so trottelhaft ist, durch die Blätter der
Vereinigten Staaten geschleift werden soll.

die Beschaffenheit aptitude, turn of mind; **die Schamröte** blush of embarrassment

sich ab-härten harden oneself, become inured to

das Augenmerk attention

neugierig curious

die Tournee tour

in Aussicht nehmen propose, have in mind; **der Ärmel** sleeve; **der Orden** medal, citation; **das Komturkreuz** Grand Commander's Cross

der Bewohner inhabitant, resident; **versichern** assure; **die Äolienhalle** Aeolian Hall, *facetious for the name of any typical provincial concert house;* **das Löschblatt** blotter; **grinsen** grin

die Elektrische = **die Straßenbahn; die Litfaßsäule** advertisement pillar (*after Litfass, the designer*); **lächeln . . . entgegen** my intelligent features are smiling at him; **bedauernswert** pitiable, wretched; **ein-stellen** instill; **zurück-schrecken** shrink from

die Ankunft arrival; **gemanaget** (*Anglicism*), *pronounced* **ge-**"managed"

Je nach der geistigen Beschaffenheit seines Presseagenten liest man in den Blättern Sachen über sich, die einem mehr oder weniger die Schamröte ins Gesicht treiben.

Allerdings, wenn man ein Jahr lang drüben gewesen ist, härtet man sich gegen so manches ab.

Bei diesen Geschichten muß man sein Augenmerk darauf richten, daß darin ja nichts von Kunst gesprochen wird.

Das liest nämlich kein Mensch.

Das Wichtigste ist die ,,*Headline*"! Die Überschrift!

Diese ,,Headline" muß nicht nur einen Extrakt des Inhalts bilden, sie muß auch neugierig machen, denn achtzig Prozent der Amerikaner lesen nur die Headlines. — Aus denselben erfahren sie alles Wissenswerte, und wenn sie einen Witz oder sonst etwas Interessantes erhoffen, lesen sie den Text.

Eine Amerikatournee muß schon Monate vorher vorbereitet werden.

Die in Aussicht genommenen Städte werden mit Berichten gefüttert. Amateurbilder! — im Sommerheim! — in Hemdärmeln! — in der Schwimmhose! — Da dies alles schon da war, ließ ich mich im Badeanzug mit sämtlichen Orden und dem Komturkreuz um den Hals, ein Notenblatt in der Hand, photographieren. — Überschrift: ,,Mister Slezak studiert in seinem Countryhouse — eine neue Rolle für Amerika." —

Der unglückliche Bewohner wird bei jeder Gelegenheit, überall und zu jeder Zeit versichert, daß ich in der Äolianhalle der Stadt singen werde. — Die Preise sind von fünf Dollar bis fünfzig Cents. — Wenn er in irgendeinem Hotel ein Löschblatt in die Hand nimmt, grinst ihm mein Bild entgegen. — Als Othello. — ,,Leo Slezak — der größte Tenor der Welt! — Der je gelebt hat — nein — der je leben wird!" —

Wo er hinkommt — aus allen Ländern — in der Elektrischen — von den Litfaßsäulen — lächeln ihm meine durchgeistigten Züge entgegen. — Zuerst ist er irritiert, allmählich gehe ich dem Bedauernswerten derartig auf die Nerven, daß sich bei ihm ein Haßgefühl einstellt, das vor einem Mord nicht zurückschreckt. —

Da komme ich an, er kauft sich ein Billett, geht ins Konzert und ist das dankbarste Publikum.

Dankbar schon aus dem Grunde, weil er weiß, daß er nach dem Konzert vor mir Ruhe haben wird. —

Besonders die Ankunft in Amerika muß richtig gemanaget werden.

rasseln rattle; **die Postbarkasse** postal launch; **heran-flitzen**
dash along toward; **das Dampferchen** (small) launch

Schnauzi *name of Slezak's terrier*

der Clou play, gimmick; **die Ziege** goat; **die Schildkröte** turtle;
beide an einem Schnürl gefestigt (*dial.*) "both tied to one leash"

Porte-bonheur (*fr.*) good-luck piece; **außerstande** unable;
wedeln wag; **der Schwanz** tail

Riesen- huge, gigantic; **der Eindruck** impression

buchstabieren spell

der Leberknödel liver dumpling

würdigen praised (*here*, fawned over); **der Schweif** tail;
beschwöre swear (to)

der Kino-Operateur newsreel photographer

Wir lassen alles aussteigen We get everyone to disembark;
die Aufnahme (photographic) picture or shot;
die Kommandobrücke ship's bridge

Die Anker rasseln herunter, die Postbarkasse legt auf einer Seite an, auf der andern der Doktor, und schon flitzt das schnelle Dampferchen des ,,New-York-Herald'' heran mit allen Zeitungsreportern an Bord.

Man ruft einander zu — ,,*Hallo my boy! How do you do?*'' — ,,Was machen Frau und Kinder? . . . Ist die Katze mit? . . . Die beiden Hunde . . . Der große Schnauz?'' 5

Nun steigen sie an Bord, man begrüßt einander, und jetzt kommt der Clou: ich trete ihnen mit einer Ziege und einer Schildkröte — beide an einem Schnürl befestigt, entgegen. — ,,Was ist das?''

,,Meine Mascotte! — Mein Porte-bonheur! — Ich bin außerstande, ohne 10 diese Ziege zu singen, sie muß im Konzertsaal mit dabei sein, auch die Schildkröte liebt mich, wedelt mit dem Schwanz, wenn ich mit ihr rede — sie darf nicht fehlen.'' —

Riesengelächter! — Aber es macht sichtlichen Eindruck.

Alles wird photographiert. 15

,,Wie heißt die Ziege?''

,,Dinorah!''

,,Buchstabieren Sie das.''

,,Di-ai-n-o-ar-eh-eitsch-!''

,,*Fine!* — Was frißt sie?'' 20

,,Leberknödel.''

,,*Oh, very interesting* — wie alt ist sie?''

,,Dreiviertel Jahre.''

,,Oh — ist das so?''

,,Ja, das ist so!'' 25

Auch die Schildkröte wird gewürdigt — nur will man nicht glauben, daß sie mit dem Schweif wedelt. — ,,Ich beschwöre es!'' — Große Sensation. —

,,*Slezak ist crazy* — ist verrückt geworden — er singt nur mit einer Ziege am Schnürl.'' —

Bei der Ankunft in Hoboken — ist Mister Hensel, mein Impresario, am 30 Pier — mit einem Kino-Operateur.

Wir lassen alles aussteigen, dann werden einige Aufnahmen — ,,auf hoher See'' — gemacht — auf der Kommandobrücke.

das Fernrohr telescope

der Liegestuhl deck chair; **alle Viecher** (*dial.*) all the animals

Ich nehme . . . Familienoberhauptes an I assume the sunnily transfigured fond expression of the contented patriarch

zum Schlusse finally; **zu-jubeln** cheer at

verfolgen follow, pursue

die Ausrede excuse, alibi; **unvernünftigerweise** foolishly, without thinking; **das Lampenfieber** stage fright

die Ermunterung cheering up; **abergläubisch** superstitious

Sie war . . . ausgeliehen "It had been lent to me by a Polish Jew from the lower deck"

der Lackstiefel patent leather boot

passieren happen

Ich halte entweder ein Fernrohr in der Hand — oder starre auf den Kompaß. —

Dann am Promenadendeck, in den Liegestühlen, wo sich die ganze Familie um mich gruppiert — alle Viecher — und als Hauptattraktion — die Ziege. —

Ich nehme den sonnigverklärten Gesichtsausdruck des beglückten Familienoberhauptes an. —

Zum Schlusse gehen wir von Bord, begrüßen eine enthusiastische Menge, die uns zujubelt und die gar nicht da ist. —

Dieser Film ist für alle Kinos in Amerika und namentlich für die Städte, wo ich konzertiere, bestimmt.

Von nun an verfolgte mich die Ziege überall. —

,,Oh, Mr. Slezak, where is your pet-goat?" —

,,Wo ist Ihre Lieblingsziege?" —

Wo ich die Ausreden alle hernahm, ich weiß es nicht — aber eines Tages erklärte ich mit vibrierender Stimme: ,,Dinorah is dead! — Sie ist an einem Stückchen Gulasch, das ich ihr unvernüftigerweise zu fressen gab, erkrankt, bekam Lampenfieber und — vorbei!" —

,,Wo ist sie gestorben?"

"In Washington — im Palacehotel im 21. Stock — Zimmer Nr.2480."

,,Ist das so?"

,,Ja, das ist so!" —

Bis auf einige Kondolenzen und Ermunterungen, daß ich auch ohne Ziege werde singen können — denn man soll nicht so abergläubisch sein — war ich dieses Phantom endlich los.

Sie war von einem polnischen Juden aus dem Zwischendeck ausgeliehen.

Eines Tages lese ich in den Zeitungen, daß ich nur deshalb so groß und stark geworden bin, weil ich in meiner Jugend immer barfuß ging. — Ich singe auch bloßfüßig. — Das sei gut für die Stimme.

In Wakefield war das Publikum sehr indigniert, weil ich Lackstiefel anhatte. —

Einmal passierte mir folgendes:

Ich sang in der Academy of Musik in Brooklyn den Othello.

Madame Alda Frances Alda (1885–1952), *New Zealand–born soprano of the Metropolitan Opera;* **die Vorstellung** performance; **der Blinddarm** appendix

auf die Erde zu hauen throw to the ground

markieren make note of; **gleiten** glide

(sich) unterziehen submit to

die Aufschrift caption; **roh** brutal, cruel, rough

wie sie mich bat, sie zu schonen how she begged me to spare her; **die Wiedergabe** rendering; **eifersüchtig** jealous; **der Mohr** Moor; **der Aufwand** expenditure; **innewohnen** dwell within; **schleudern** hurl, fling; **die Parkettreihe** row of seats (orchestra); **krachen** burst, crack

bestürzt aghast, appalled

der Haupttreffer winning ticket

acht Tage = eine Woche

der Ausschnitt clippings; **gehässig** malicious, spiteful; **bewundern** admire, marvel at; **verdammen** curse, damn; **die Abhandlung** treatise, discussion; **das Gewicht** weight

zum Halse heraushängen "to be sick and tired of"

die Absolvierung completing

die Hochachtung respect, esteem

eingehend thorough

Meine Desdemona, Madame Alda, klagte vor der Vorstellung über sehr starke Schmerzen im Blinddarm und bat mich, recht vorsichtig mit ihr umzugehen.

Im dritten Akt habe ich sie nämlich einige Male liebevoll auf die Erde zu hauen. 5

Ich markiere die Stellen so vorsichtig wie nur möglich und lasse sie sanft zur Erde gleiten.

Sie vermochte unter den schrecklichsten Schmerzen die Oper kaum zu singen und mußte sich noch in der gleichen Nacht einer schweren Operation unterziehen. 10

Am nächsten Morgen brachten die Blätter unter großen Aufschriften mein Bild als Othello mit dem Titel: ,,Roher Russian Tenor bricht den Appendix von Madame Alda!''

Und ich lese in der Zeitung, wie sie mich bat, sie zu schonen, aber ich vergaß mich in der bestialischen Wiedergabe des eifersüchtigen Mohren 15 so sehr, daß ich die Arme mit dem ganzen Aufwande meiner ungeheuren Kraft, die mir tschechischem Giganten innewohnt, mit solcher Gewalt auf den Boden schleuderte, daß man ihren Blinddarm bis in die hinterste Parkettreihe krachen hörte.

Ich war bestürzt. — Mein Preßagent strahlte. — 20

,,Mister Slezak, das ist ein Haupttreffer, das sind Sie ja nicht imstande zu bezahlen, wenn Sie sich das kaufen wollten.'' —

Erst nach acht Tagen verstand ich ihn ganz.

Da kamen nämlich die Zeitungsausschnitte auz ganz Amerika in großen Mengen. — Wohlwollende Stimmen, — gehässige, — solche, die meine 25 Kraft bewunderten, dann wieder welche, die meine tierische Roheit verdammten, — Abhandlungen über meine Körperstärke, Größe, Gewicht und so fort. — Das ging Wochen hindurch. —

Allmählich begann mir Madame Aldas Appendix zum Halse herauszuhängen. 30

Später dann, nach Absolvierung der Abende an der Metropolitanoper, als ich allein auf meine Konzerttournee ging, fühlte ich den Effekt.

Mit einer gewissen Hochachtung fragte man mich: ,,Also Sie sind der Fellow, der seinen Partnerinnen die Blindgedärme zerbricht?''

Meine Muskeln wurden befühlt, meine Bizeps einer eingehenden Prüfung 35 unterzogen.

unbequem uncomfortable, disagreeable; **einträglich** profitable

Als Headline stand über der Kritik: ,,*The giant tschech Appendixbreaker wins Audience.*''

Die Hauptsache ist: es muß viel von einem gesprochen werden — gut oder schlecht — ganz egal — nur immer wieder die Leute auf sich aufmerksam machen.

5

Es ist sehr unbequem — aber einträglich.

Leo Slezak, *Meine sämtlichen Werke.*
(*Courtesy Rowohlt Verlag, GmbH., Berlin, 1922.*)

FRAGEN

1. Was ist in Amerika Grundregel?
2. Was muß man in Amerika tun, um bemerkt zu werden?
3. Was ist die Hauptaufgabe des Presseagenten?
4. Ist hier von der Kunst überhaupt die Rede? Warum?
5. Warum muß alles in Schlagzeilen erscheinen?
6. Was für Aufnahmen von Slezak sind in den Blättern veröffentlicht worden?
7. Was für Gefühle erwecken die vielen Reklamen?
8. Wie kommen die New-Yorker Reporter an Bord?
9. Wie gibt Slezak die Ziege und die Schildkröte an?
10. Was glauben die Reporter wegen der Schildkröte nicht?
11. Was läßt der Impressario Hensel publizieren?
12. Woran starb angeblich die Ziege Dinorah?
13. Warum soll Slezak den Reportagen nach so groß und stark sein?
14. Wieso enttäuscht er also das Publikum in Wakefield?
15. Welche Rolle singt er mit Madame Alda?
16. Worüber klagt sie vorher?
17. Was mußte sie sich gleich am selben Abend unterziehen?
18. Was berichtet am nächsten Morgen die Zeitungsschlagzeile?
19. Was meint der Presseagent darüber?
20. Wie reagierte das Publikum darauf?
21. Wie ist der Slezak auf der Amerikatournee in erster Linie als Prominenz erkannt?
22. Warum soll man alle Reklame — gut oder schlecht — gerne leiden?

BASIC WORD LIST

achten respect, regard
ähnlich similar
an-nehmen (nahm an,
    angenommen) accept, assume
(sich) an-ziehen (zog an,
    angezogen) put on (dress)
die Aufmerksamkeit attention,
    notice
aus-drücken express
besuchen visit
betrachten regard, observe,
    contemplate
drehen turn
enthalten (enthielt, enthalten)
    contain
entscheiden (entschied,
    entschieden) decide
entschuldigen excuse

entwickeln develop
erschrecken (erschrak,
    erschrocken) be frightened,
    frighten
erstaunen astonish
ertragen (ertrug, ertragen) bear
erwarten expect
falten fold
fliehen (floh, ist geflohen) flee
geduldig patient
der Gegenstand, ⁀e object, subject
gewinnen (gewann, gewonnen)
    win
die Grenze, –n boundary, limit
häufig frequent
die Karte, –n card; map, ticket
kleiden dress
messen (maß, gemessen) measure

einst einmal;   die Gasse = Straße

begabt talented; feige cowardly, weak-willed; der Trieb drive,
compulsion; die Bestrebung endeavor, effort; bestreben strive;
honett honest, clean-cut; erfreulich gratifyingly; das Exemplar
specimen, copy; die Weltanschauung way of looking at things;
                              mißbilligen disapprove

das **Mittel**, — means
nicken nod
nützlich useful
die Prüfung, —en test
rasch quick
regie'ren govern; **die Regie'rung,**
—en government
reizend charming
riechen (roch, gerochen) smell
das Schicksal, —e fate
schmecken taste (good)
der Schrank, ⸚e cupboard, closet
schreiten (schritt, ist geschritten)
step, walk, stride
seltsam strange
der Stock, ⸚e stick, cane
stolz proud
die Strafe, —n punishment,

penalty
strecken stretch
die Tatsache, —n fact
trennen separate
trocknen dry
trösten comfort
übrig remaining, left over
verbieten (verbot, verboten)
forbid; **das Verbot** prohibition,
inhibition
der Verein, —e association, club
das Vergnügen, — pleasure
das Vieh cattle; beast
das Wunder, — miracle, wonder
die Würde, —n dignity
der Zahn, ⸚e tooth
der Zauber, — magic, enchantment
der Zweifel, — doubt

Ein Mensch mit Namen Ziegler

Hermann Hesse

Einst wohnte in der Brauergasse ein junger Herr mit Namen Ziegler.
Er gehörte zu denen, die uns jeden Tag und immer wieder auf der Straße
begegnen und deren Gesicht wir uns nie recht merken können, weil sie
alle miteinander dasselbe Gesicht haben: ein Kollektivgesicht.

Ziegler war alles und tat alles, was solche Leute immer sind und tun. 5
Er war nicht unbegabt, aber auch nicht begabt, er liebte Geld und
Vergnügen, zog sich gern hübsch an und war ebenso feige wie die meisten
Menschen: sein Leben und Tun wurde weniger durch Triebe und
Bestrebungen regiert als durch Verbote, durch die Furcht vor Strafen.
Dabei hatte er manche honette Züge und war überhaupt alles in allem ein 10
erfreulich normaler Mensch, dem seine eigene Person sehr lieb und
wichtig war. Er hielt sich, wie jeder Mensch, für eine Persönlichkeit,
während er nur ein Exemplar war, und sah in sich, in seinem Schicksal
den Mittelpunkt der Welt, wie jeder Mensch es tut. Zweifel lagen ihm
fern, und wenn Tatsachen seiner Weltanschauung widersprachen, schloß 15
er mißbilligend die Augen.

die **Wissenschaft** science; **dabei** "with regard to it"; **der Krebs** cancer; **die Forschung** research; **zu-lassen** permit, let happen

(sich) aus-zeichnen distinguish oneself; **stets** always, constantly; **der Einklang** harmony, agreement, conformance; **die Mode** fashion; **übersteigen** exceed; **verachten** despise; **die Afferei** imitation, aping; **der Affe** monkey, ape; **die Scheu** reluctance; **der Vorgesetzte** person in authority, boss; **schimpfen** grumble about, scold; **verweilen** linger; **die Schilderung** description; **an ihm** "when we lost him"; **ein Ende finden** come to one's end; **berechtigt** justified; **zuwider** contrary to (+ *dat.*)

der Anschluß connection, social contacts; **die Unentschiedenheit** indecision; **der Verein, —e** club, organization; **bei-treten** join

auf etwas angewiesen sein to be dependent on; **die Sehenswürdigkeit** sight, attraction; **reiflich** careful, painstaking; **erfragen** look into, find out by asking; **unentgeltlich** free of charge; **ermäßigt** reduced; **besichtigen** inspect, look at

der Anzug suit; **der Tuchknopf** cloth-covered button; **—kantig** —edged; **die Haltung** support; **verleihen** lend; **der Türsteher** doorkeeper, guard

preisen prize, esteem; **die Zuverlässigkeit** dependability; **erweisen** prove, show; **sorgfältig** exact, careful; **der Kram** odds and ends; **der Schlüssel** key; **grünspanig** covered with patina; **die Kette** chain; **bezeichnen** designate, give a name to; **abschaffen** wipe out

Als moderner Mensch hatte er außer vor dem Geld noch vor einer zweiten Macht unbegrenzte Hochachtung: vor der Wissenschaft. Er hätte nicht zu sagen gewußt, was eigentlich Wissenschaft sei, er dachte dabei an etwas wie Statistik und auch ein wenig an Bakteriologie, und es war ihm wohl bekannt, wieviel Geld und Ehre der Staat für die Wissenschaft übrig habe. Besonders respektierte er die Krebsforschung, denn sein Vater war an Krebs gestorben, und Ziegler nahm an, die inzwischen so hoch entwickelte Wissenschaft werde nicht zulassen, daß ihm einst dasselbe geschähe.

Äußerlich zeichnete sich Ziegler durch das Bestreben aus, sich etwas über seine Mittel zu kleiden, stets im Einklang mit der Mode des Jahres. Denn die Moden des Quartals und des Monats, welche seine Mittel allzu sehr überstiegen hätten, verachtete er natürlich als dumme Afferei. Er hielt viel auf Charakter und trug keine Scheu, unter seinesgleichen und an sichern Orten über Vorgesetzte und Regierungen zu schimpfen. Ich verweile wohl zu lange bei dieser Schilderung. Aber Ziegler war wirklich ein reizender junger Mensch, und wir haben viel an ihm verloren. Denn er fand ein frühes und seltsames Ende, allen seinen Plänen und berechtigten Hoffnungen zuwider.

Bald nachdem er in unsre Stadt gekommen war, beschloß er einst, sich einen vergnügten Sonntag zu machen. Er hatte noch keinen rechten Anschluß gefunden und war aus Unentschiedenheit noch keinem Verein beigetreten. Vielleicht war dies sein Unglück. Es ist nicht gut, daß der Mensch allein sei.

So war er darauf angewiesen, sich um die Sehenswürdigkeiten der Stadt zu kümmern, die er denn gewissenhaft erfragte. Und nach reiflicher Prüfung entschied er sich für das historische Museum und den zoologischen Garten. Das Museum war an Sonntagvormittagen unentgeltlich, der Zoologische nachmittags zu ermäßigten Preisen zu besichtigen.

In seinem neuen Straßenanzug mit Tuchknöpfen, den er sehr liebte, ging Ziegler am Sonntag ins historische Museum. Er nahm seinen dünnen, eleganten Spazierstock mit, einen vierkantigen, rotlackierten Stock, der ihm Haltung und Glanz verlieh, der ihm aber zu seinem tiefen Mißvergnügen vor dem Eintritt in die Säle vom Türsteher abgenommen wurde.

In den hohen Räumen war vielerlei zu sehen, und der fromme Besucher pries im Herzen die allmächtige Wissenschaft, die auch hier ihre verdienstvolle Zuverlässigkeit erwies, wie Ziegler aus den sorgfältigen Aufschriften an den Schaukästen schloß. Alter Kram, wie rostige Torschlüssel, zerbrochene grünspanige Halsketten und dergleichen,

die Scheibe glass pane; **so . . . spiegelte** afforded such an excellent reflection; **die Frisur** hairdo; **der Kragen** collar; **der Krawattensitz** "how his tie was tied"; **die Befriedigung** gratification; **kontrollieren** check; **würdigte . . . seiner Aufmerksamkeit** honored with his attention some artifacts of ancient wood-carvers; **Tüchtige Kerle** Clever chaps; **wohlwollend** benignly; **elfenbeinern** made of ivory; **billigen** approve of; **langweilen** bore; **gähnen** yawn; **das Erbstück** inheritance

bedauern regret; **die Neugierde** curiosity; **fesseln** capture; **der Aberglaube** superstition; **der Hexenstaat** witches' habitat; **mit Esse . . . Blasbälgen** with a chimney, mortars, bulging beakers, withered pigs' bladders, bellows; **wollen** cotton, woolen; **das Seil** rope; **die Tafel** sign

unbedenklich without hesitation; **betasten** touch, feel; **(sich) befassen** occupy oneself; **der Tiegel** crucible; **der Zauberkram** hocus-pocus; **notwendig** necessary

das Kügelchen (little) pellet; **die Arznei** medicine, doctoring; **das Gewicht** weight; **genieren** embarrass

gewann durch diese Aufschriften ein erstaunliches Interesse. Es war wunderbar, um was alles diese Wissenschaft sich kümmerte, wie sie alles beherrschte, alles zu bezeichnen wußte — o nein, gewiß würde sie schon bald den Krebs abschaffen und vielleicht das Sterben überhaupt.

Im zweiten Saale fand er einen Glasschrank, dessen Scheibe so vorzüglich 5 spiegelte, daß er in einer stillen Minute seinen Anzug, Frisur und Kragen, Hosenfalte und Krawattensitz mit Sorgfalt und Befriedigung kontrollieren konnte. Froh aufatmend schritt er weiter und würdigte einige Erzeugnisse alter Holzschnitzer seiner Aufmerksamkeit. Tüchtige Kerle, wenn auch reichlich naiv, dachte er wohlwollend. Und auch eine alte 10 Standuhr mit elfenbeinernen, beim Stundenschlag Menuett tanzenden Figürchen betrachtete und billigte er geduldig. Dann begann die Sache ihn etwas zu langweilen, er gähnte und zog häufig seine Taschenuhr, die er wohl zeigen durfte, sie war schwer golden und ein Erbstück von seinem Vater. 15

Es blieb ihm, wie er bedauernd sah, noch viel Zeit bis zum Mittagessen übrig, und so trat er in einen andern Raum, der seine Neugierde wieder zu fesseln vermochte. Er enthielt Gegenstände des mittelalterlichen Aberglaubens, Zauberbücher, Amulette, Hexenstaat und in einer Ecke eine ganze alchimistische Werkstatt mit Esse, Mörsern, bauchigen Gläsern, 20 dürren Schweinsblasen, Blasbälgen und so weiter. Diese Ecke war durch ein wollenes Seil abgetrennt, eine Tafel verbot das Berühren der Gegenstände. Man liest ja aber solche Tafeln nie sehr genau, und Ziegler war ganz allein in dem Raum.

So streckte er unbedenklich den Arm über das Seil hinweg und betastete 25 einige der komischen Sachen. Von diesem Mittelalter und seinem drolligen Aberglauben hatte er schon gehört und gelesen; es war ihm unbegreiflich, wie die Leute sich damals mit so kindischem Zeug befassen konnten, und daß man den ganzen Hexenschwindel und all das Zeug nicht einfach verbot. Hingegen die Alchimie mochte immerhin entschuldigt 30 werden können, da aus ihr die so nützliche Chemie hervorgegangen war. Mein Gott, wenn man so daran dachte, daß diese Goldmachertiegel und all der dumme Zauberkram vielleicht doch notwendig gewesen waren, weil es sonst heute kein Aspirin und keine Gasbomben gäbe!

Achtlos nahm er ein kleines dunkles Kügelchen, etwas wie eine Arzneipille, 35 in die Hand, ein vertrocknetes Ding ohne Gewicht, drehte es zwischen den Fingern und wollte es eben wieder hinlegen, als er Schritte hinter sich hörte. Er wandte sich um, ein Besucher war eingetreten. Es genierte Ziegler, daß er das Kügelchen in der Hand hatte, denn er hatte die Verbotstafel natürlich doch gelesen. Darum schloß er die Hand, steckte 40 sie in die Tasche und ging hinaus.

harzartig resinous; **Spaß machen** please, find amusing

schnüfflen sniff about; **hochmütig** supercilious, arrogant; **je nachdem** depending on how; **aus Versehen** accidentally, mistakenly; **stehlen** steal; **kratzen** scratch; **der Zeigefingernagel** nail of index finger; **das Gelüst** desire; **(sich) auf-lösen** dissolve; **spülen** rinse

die Straßenbahn streetcar, tram

der Käfig cage; **Stand fassen** take up position, stand; **an-blinzeln** blink at; **Bruderherz** *affectionately familiar address*

Angewidert . . . erschrocken Disgusted and singularly taken aback; **Plattfuß, dummer** "silly clod"

die Meerkatze vervet, African monkey; **ausgelassen** wildly; **nach-ahmen** imitate; **der Hungerleider** miser; **die Zähne blecken** bare the teeth; **bestürzt** dismayed; **verwirrt** confused; **lenken** direct; **der Hirsch** stag; **das Reh** roe, deer; **das Betragen** conduct, deportment

das Gitter fence; **die Hoheit** majesty; **die Ergebung** resignation; **die Trauer** grief; **überlegen** superior; **samt** together with; **das Geschmeiß** vermin; **widerlich** repugnant, loathsome

der Steinbock ibex; **die Gemse** chamois; **ausgerechnet** just, precisely; **geckenhaft** foolish, clownish; **die Verkleidung** disguise

Erst auf der Straße fiel ihm die Pille wieder ein. Er zog sie heraus und dachte sie wegzuwerfen, vorher aber führte er sie an die Nase und roch daran. Das Ding hatte einen schwachen, harzartigen Geruch, der ihm Spaß machte, so daß er das Kügelchen wieder einsteckte.

Er ging nun ins Restaurant, bestellte sich Essen, schnüffelte in einigen   5
Zeitungen, fingerte an seiner Krawatte und warf den Gästen teils achtungsvolle, teils hochmütige Blicke zu, je nachdem sie gekleidet waren. Als aber das Essen eine Weile auf sich warten ließ, zog Herr Ziegler seine aus Versehen gestohlene Alchimistenpille hervor und roch an ihr. Dann kratzte er sie mit dem Zeigefingernagel, und endlich folgte er naiv   10
einem kindlichen Gelüste und führte das Ding zum Mund; es löste sich im Mund rasch auf, ohne unangenehm zu schmecken, so daß er es mit einem Schluck Bier hinabspülte. Gleich darauf kam auch sein Essen.

Um zwei Uhr sprang der junge Mann vom Straßenbahnwagen, betrat den Vorhof des zoologischen Gartens und nahm eine Sonntagskarte.   15

Freundlich lächelnd ging er ins Affenhaus und faßte vor dem großen Käfig der Schimpansen Stand. Der große Affe blinzelte ihn an, nickte ihm gutmütig zu und sprach mit tiefer Stimme die Worte: ,,Wie geht's, Brunderherz?''

Angewidert und wunderlich erschrocken wandte sich der Besucher schnell   20
hinweg und hörte im Fortgehen den Affen hinter sich her schimpfen: ,,Auch noch stolz ist der Kerl! Plattfuß, dummer!''

Rasch trat Ziegler zu den Meerkatzen hinüber. Die tanzten ausgelassen und schrien: ,,Gib Zucker her, Kamerad!'' und als er keinen Zucker hatte, wurden sie bös, ahmten ihn nach, nannten ihn Hungerleider und bleckten   25
die Zähne gegen ihn. Das ertrug er nicht; bestürzt und verwirrt floh er hinaus und lenkte seine Schritte zu den Hirschen und Rehen, von denen er ein hübscheres Betragen erwartete.

Ein großer herrlicher Elch stand nahe beim Gitter und blickte den Besucher an. Da erschrak Ziegler bis ins Herz. Denn seit er die alte   30
Zauberpille geschluckt hatte, verstand er die Sprache der Tiere. Und der Elch sprach mit seinen Augen, zwei großen braunen Augen. Sein stiller Blick redete Hoheit, Ergebung und Trauer, und gegen den Besucher drückte er eine überlegen ernste Verachtung aus, eine furchtbare Verachtung. Für diesen stillen, majestätischen Blick, so las Ziegler, war   35
er samt Hut und Stock, Uhr und Sonntagsanzug nichts als ein Geschmeiß, ein lächerliches und widerliches Vieh.

Vom Elch entfloh Ziegler zum Steinbock, von da zu den Gemsen, zum Lama, zum Gnu, zu den Wildsäuen und Bären. Insultiert wurde er von

das Gespräch conversation;   **(sich) äußern** express oneself;   **der Löwe** lion;   **der Turmfalke** kestrel;   **trüb . . . Schwermut** gloomy and proud in benumbed melancholy;   **der Ast** bough;   **der Häher** jay; **der Anstand** decorum, dignity;   **das Achselzucken** shrug of shoulders

benommen confused;   **lauschen auf** listen for;   **die Gebärde** bearing, gesture;   **der Adel** nobility

enttäuschen disappoint;   **entartet** degenerate;   **(sich) verstellen** dissemble, feign;   **lügen** lie;   **das Gemisch** mishmash

sich . . . schämend enormously ashamed of himself;   **das Gebüsch** bushes;   **der Stiefel** boot;   **das Aufsehen** sensation, ado; **das Irrenhaus** asylum, mental hospital

diesen allen nicht, aber er wurde von allen verachtet. Er hörte ihnen zu und erfuhr aus ihren Gesprächen, wie sie über die Menschen dachten. Es war schrecklich, wie sie über sie dachten. Namentlich wunderten sie sich darüber, daß ausgerechnet diese häßlichen, stinkenden, würdelosen Zweibeiner in ihren geckenhaften Verkleidungen frei umherlaufen durften.   5

Er hörte einen Puma mit seinem Jungen reden, ein Gespräch voll Würde und sachlicher Weisheit, wie man es unter Menschen selten höre. Er hörte einen schönen Panther sich kurz und gemessen in aristokratischen Ausdrücken über das Pack der Sonntagsbesucher äußern. Er sah dem blonden Löwen ins Auge und erfuhr, wie weit und wunderbar die wilde   10 Welt ist, wo es keine Käfige und keine Menschen gibt. Er sah einen Turmfalken trüb und stolz in erstarrter Schwermut auf dem toten Ast sitzen und sah die Häher ihre Gefangenschaft mit Anstand, Achselzucken und Humor ertragen.

Benommen und aus allen seinen Denkgewohnheiten gerissen, wandte sich   15 Ziegler in seiner Verzweiflung den Menschen wieder zu. Er suchte ein Auge, das seine Not und Angst verstünde, er lauschte auf Gespräche, um irgend etwas Tröstliches, Verständliches, Wohltuendes zu hören, er beachtete die Gebärden der vielen Gäste, um auch bei ihnen irgendwo Würde, Natur, Adel, stille Überlegenheit zu finden.   20

Aber er wurde enttäuscht. Er hörte die Stimmen und Worte, sah die Bewegungen, Gebärden und Blicke, und da er jetzt alles wie durch ein Tierauge sah, fand er nichts als eine entartete, sich verstellende, lügende, unschöne Gesellschaft tierähnlicher Wesen, die von allen Tierarten ein geckenhaftes Gemisch zu sein schienen.   25

Verzweifelt irrte Ziegler umher, sich seiner selbst unbändig schämend. Das vierkantige Stöcklein hatte er längst ins Gebüsch geworfen, die Handschuhe hinterdrein. Aber als er jetzt seinen Hut von sich warf, die Stiefel auszog, die Krawatte abriß und schluchzend sich an das Gitter des Elchstalls drückte, ward er unter großem Aufsehen festgenommen   30 und in ein Irrenhaus gebracht.

Hermann Hesse, *Gesammelte Dichtungen*, Vol. 2.
(Courtesy Suhrkamp Verlag, Frankfurt am Main, 1952.)

FRAGEN

1. Wie sah Ziegler aus?
2. Wodurch wurde Zieglers Leben angeordnet?
3. Wie reagierte er, wenn die Tatsachen seiner Weltanschauung widersprachen?
4. Wovor hatte er die größte Hochachtung?
5. Was verstand er unter Wissenschaft?
6. Welche wissenschaftliche Forschung respektierte er besonders? Warum?
7. Wie zog er sich gewöhnlich an?
8. Was ist aus ihm geworden?
9. Wie lange war Ziegler schon in dieser Stadt?
10. Warum war er noch keinem Verein beigetreten?
11. Warum ging er absichtlich am Vormittag ins Museum und am Nachmittag zum zoologischen Garten?
12. Wie war er an diesem Tag angezogen?
13. Was nahm man ihm an der Tür ab?
14. Was war in den Schaukästen des Museums zu sehen?
15. Wodurch gewann der alte Kram sein Interesse?
16. Was konnte Ziegler vor einem Schrank in dem zweiten Saal tun?
17. Warum fing er an zu gähnen?
18. Wozu zog er oft seine Taschenuhr aus der Tasche?
19. Warum blieb er trotz der Langeweile länger im Museum?
20. Was enthielt der dritte Saal?
21. Was fand er unbegreiflich?
22. Was hätte man im Mittelalter verbieten sollen?
23. Was dürfte man hingegen verzeihen?
24. Was gäbe es heute ohne die Alchimie vielleicht nicht?
25. Was nahm er trotz der Verbotstafel in die Hand?
26. Warum steckte er das Kügelchen in die Tasche?
27. Wohin ging Ziegler nachher?
28. Wie kam er dazu, die Alchimistenpille zu essen?
29. Welches Tier redete ihn zuerst an?
30. Was sagte der Affe dazu, daß Ziegler schnell fortging?
31. Wie sprach der große, herrliche Elch zu ihm?
32. Welche Meinung konnte er in den Augen der Tiere lesen?
33. Was für ein Gespräch hörte er zwischen einem Puma und seinem Jungen?
34. Was fand er, als er die Menschen wie durch ein Tierauge betrachtete?
35. Was machte er endlich mit Stock und Kleidern?
36. Was war Zieglers vorher angedeutetes, seltsames Ende?

BASIC WORD LIST

ewig eternal
feiern celebrate
gießen (goß, gegossen) pour
die Lust, ⸚e pleasure, joy

der Rauch smoke
die Vergangenheit past
das Weh misery, pain

das Lager bed, couch; **verstieben** scatter

taumelbunt "intoxicatingly colorful"; **satt** sated; **glühen** glow;
klirren clatter, rattle; **das Grab** grave; **verwehen** blow away;
flüchtig fleeting

Kennst du das auch?

Kennst du das auch, daß manchesmal
Inmitten einer lauten Lust,
Bei einem Fest, in einem frohen Saal,
Du plötzlich schweigen und hinweggehn mußt?

Dann legst du dich aufs Lager ohne Schlaf   5
Wie Einer, den ein plötzlich Herzweh traf;
Lust und Gelächter ist verstiebt wie Rauch,
Du weinst, weinst ohne Halt — Kennst du das auch?

Vergänglichkeit

Vom Baum des Lebens fällt
Mir Blatt um Blatt,   10
O taumelbunte Welt,
Wie machst du satt,
Wie machst du satt und müd,
Wie machst du trunken!
Was heut noch glüht,   15
Ist bald versunken.
Bald klirrt der Wind
Über mein braunes Grab,
Über das kleine Kind
Beugt sich die Mutter herab.   20
Ihre Augen will ich wiedersehn,
Ihr Blick ist mein Stern,
Alles andre mag gehn und verwehn,
Alles stirbt, alles stirbt gern.
Nur die ewige Mutter bleibt,   25
Von der wir kamen,
Ihr spielender Finger schreibt
In die flüchtige Luft unsre Namen.

aus-klingen die away; **der Duft** fragrance; **der Schlag** song

der Born spring, fountain; **schwelgerisch** luxuriously, opulently; **die Pracht** splendor

August

Das war des Sommers schönster Tag,
Nun klingt er vor dem stillen Haus
In Duft und süßem Vogelschlag
Unwiederbringlich leise aus.

In dieser Stunde goldnen Born   5
Gießt schwelgerisch in roter Pracht
Der Sommer aus sein volles Horn
Und feiert seine letzte Nacht.

All poems taken from Hermann Hesse, *Die Gedichte*.
(*Courtesy Fretz & Wasmuth Verlag, A.G., Zurich, 1942.*)

Wilhelm Schäfer (1868–1952)

We all know that success in recounting a funny event from real life or in
telling a joke depends heavily upon the skill of the person telling it.
We have seen a travesty made of maladroit joke telling in *Ein Ehepaar
erzählt einen Witz* (Part 1, p. 27). The embellishments given by
the narrator, the timing, the tone of voice, the ability to mimic, sometimes
to act, are all essential to carrying off a good story. We see even in the
smoothest of glossy magazines how flat and one-dimensional an anecdote
can come across in print, for the very reason that storytelling is
essentially an oral art.

The Rhinelander Wilhelm Schäfer developed this peculiarly spoken form
into his own particular literary genre and published some three volumes of
anecdotes, distinguished by a genial humor and by his skill as a narrative
writer. He draws his subject matter from actual or apocryphal episodes, as
exemplified by *Der Nichtraucher*, or from historical events and the lives
of great men of the past.

It is chiefly the German past and German history upon which his longer
works are based, mostly in the form of novels and novellas. These
are in a vein akin to our historical novel, and they brought him wide
popular success.

Schäfer's writing career spans almost six decades. At the turn of the
century he was closely associated with the circle of naturalistic writers in
Berlin, later returning to his home region of the Rhineland to work as
a political journalist. His latter years were spent by Lake Constance near
the Swiss border.

Der Nichtraucher is an anecdote accredited to his contemporary,
Otto Erich Hartleben, known as something of a character in his day. You
may note in Schäfer's purposeful use of elevated style and in the
common theme of deception a certain kinship with the stories by Werner
Bergengruen (*Das Freiheitsbändchen*, Part 2, p. 187) and Georg Britting
(*Der Sekt der Geizigen*, Part 2, p. 179). This motif, indeed, was a
favored one for comedy in Germany during her more authoritarian days:
as a result of the unquestioning subordination of the average citizen
to the symbols of authority, people are sometimes taken in.

BASIC WORD LIST

die **Achtung** respect, regard
ärgern annoy
die **Decke, –n** cover; ceiling
die **Eisenbahn, –en** railway
erwarten expect
freilich to be sure, of course
die **Geduld** patience
die **Karte, –n** card;   map, ticket
(sich) **nähern** approach
die **Pflicht, –en** duty
prüfen test

rasch quick
rauchen smoke
die **Schulter, –n** shoulder
die **Stellung, –en** position
stören disturb
das **Vergnügen, –** pleasure
zählen count
zornig angry
zugleich at the same time
zunächst first (of all)

boshaft mischievous; **der Spötter** mocker, practical joker; **Otto Erich Hartleben (1864–1905)** *poet and dramatist;* **denn er sah . . . an** "for he could tell at a glance that the fellow was on a business trip"; **(sich) rächen** take revenge; **der Kutscher** coachman; **in Brand setzen** (*here*) light; **die Zustimmung** assent

das Schild sign; **ließ . . . hinweisen** "paid no attention"; **die Erregung** agitation; **verhehlen** conceal; **das Behagen** ease, comfort; **paffen** puff

die Bahnvorschrift railway rules; **höchstamtlich ertappt** "caught in the act by a cabinet minister"

der Schalk rogue, rascal

voraus-sehen foresee; **erzürnen** irritate, provoke; **heucheln** feign; **empörend** revolting, outrageous; **der Gleichmut** equanimity; **die Weiche** siding; **rattern** rattle; **das Gedränge** crowd, throng; **sich sputen** hurry; **der Vorsteher** stationmaster

entzog sich seiner Wahrnehmung "was lost to his view"; **die Sperre** barrier; **keuchen** pant, gasp; **die Mütze** cap; **die Personalien** particulars, vital statistics; **der Inhaftierte** person in custody

der Kneifer pince-nez; **durch-bohren** penetrate; **Haltung an-nehmen** compose oneself; **aber er winkte ungnädig ab** but he motioned him away abruptly

Der Nichtraucher

Wilhelm Schäfer

Einmal fuhr der boshafte Spötter Otto Erich Hartleben in der ersten
Klasse, weil er allein sein wollte. Daß auf einer kleinen Station ein Herr
einstieg, ärgerte ihn doppelt; denn er sah ihm auf den ersten Blick die
Dienstreise an. Sich an ihm zu rächen, holte er eine von den Zigarren
heraus, die er für den Kutscher eingesteckt hatte, und setzte sie auch in   5
Brand, trotzdem er wußte, daß er dies in der ersten Klasse nur unter
Zustimmung seines Mitreisenden durfte.

Wie er es nicht anders erwartet hatte, wies der Herr mit zornigem Finger
auf das bezügliche Porzellanschild; aber Otto Erich Hartleben ließ sich
nicht hinweisen. Er sah der steigenden Erregung seines Gegenübers mit   10
kaum verhehltem Vergnügen zu; und als sie zu Worten überging, störte
das nicht sein Behagen: So blau paffte er weiter, daß dem Mitreisenden
die Geduld riß.

Er habe das Recht und die Pflicht, auf die Befolgung der Bahnvorschriften
zu achten; denn er sei der Eisenbahnminister Budde! donnerte er und   15
überreichte dem somit höchstamtlich ertappten Übeltäter seine Karte.

Hab ich dich! triumphierte der boshafte Schalk in Otto Erich Hartleben;
und er meinte nicht so sehr die Karte — die er genau prüfte, ehe er sie in
die Tasche steckte — wie den Dienstreisenden, der ihn seelenruhig
weiterpaffen sah.   20

Was der Minister an der nächsten Station tun würde, sah Otto Erich
Hartleben voraus; aber er wußte auch, daß er dort aussteigen mußte;
denn es war Vienenburg, wohin er wollte. Er sah dem Erzürnten an, wie
er die Sekunden zählte, und heuchelte einen empörenden Gleichmut, bis
der Zug in den Weichen zu rattern begann und bald danach in das   25
Gedränge der Reisenden einfuhr; denn sie hatten Verspätung. Dann
freilich sputete er sich, aus dem roten Paradies mit den weißen Deckchen
hinauszukommen, ehe der Minister ans Fenster treten und nach dem
Stationsvorsteher rufen konnte.

Das Weitere entzog sich zunächst seiner Wahrnehmung; nur als er   30
scheinbar im Gedränge vor der Sperre verschwinden wollte, legte sich ihm
eine Hand auf die Schulter: ,,Mein Herr, Ihren Namen!'' keuchte der
Mann mit der roten Mütze hinter Atem, weil er für seine Dicke zu rasch
gelaufen war, und suchte nach seinem Taschenbuch, die Personalien
des halb Inhaftierten aufzunehmen.   35

,,Bitte sehr!'' sagte Otto Erich Hartleben spöttisch und gab dem Beamten
die Karte des Ministers, nicht ohne ihn durch seinen Kneifer
durchbohrend anzusehen. Der hatte den Namen und den Titel mit einem

beziehen take up (position); **die Achsel** shoulder; **gebührend** proper;
bedauern regret; **die Auseinandersetzung** dispute, altercation;
ab-warten wait until something is over; **geraten** prudent; **das
Banngebiet** restricted area; **der Sockel** base of the barrier;
dem Störenfried zum Tort "to spite the intruder"

Blick erfaßt, nahm Haltung an und legte die Hand an seine rote Mütze, was Otto Erich milde bemerkte; aber er winkte ungnädig ab.

Danach bezog er eine strategische Stellung hinter der Sperre, durch die sein Rückzug unter Beobachtung des Feindes gesichert war. So sah er noch zu, wie der Beamte sich achselzuckend dem Herrn im Zugfenster 5 der ersten Klasse näherte und ihm kaum noch mit der gebührenden Achtung die Karte des Ministers überreichte, mit beiden Händen bedauernd, daß da nichts zu machen sei. Die Hände des Ministers, die beide zugleich aus dem Fenster herausfuhren, schienen anderer Meinung zu sein. Es begann da offenbar eine Auseinandersetzung, die Otto Erich 10 Hartleben nicht abwarten konnte. Ihm schien es geraten, das Banngebiet des Bahnhofs zu verlassen, nicht ohne die halb gerauchte Zigarre menschenfreundlich auf den Sockel zu legen. Er hatte sie nur dem Störenfried zum Tort angesteckt, weil er sonst Nichtraucher war.

Wilhelm Schäfer, *Die Anekdoten.*
(Courtesy J. G. Cotta'sche Buchhandlung Nachf. GmbH., Stuttgart, 1943.)

FRAGEN

1. Warum fuhr Herr Hartleben in der ersten Klasse?
2. Was für eine Reise machte der zweite Herr in der Abteilung?
3. Warum zündete Hartleben eine Zigarre an?
4. Wozu hatte er die Zigarren bei sich?
5. Was sagte ihm der Mitreisende endlich, da Hartleben ruhig weiter rauchte?
6. Was stand auf der Karte des Mitreisenden?
7. Wohin steckte Hartleben die Karte?
8. Was tat der Minister, sobald der Zug in Vienenburg angekommen war?
9. Was wollte der Dicke mit der roten Mütze von Otto Erich Hartleben?
10. Was gab ihm Hartleben?
11. Warum ging Hartleben darauf hinter die Sperre?
12. Was konnte Hartleben von da aus sehen?
13. Warum legte er nur halb geraucht die Zigarre auf den Sockel?

BASIC WORD LIST

ändern change
bedürfen (bedurfte, bedurft),
   need
behalten (behielt, behalten) keep
bekannt familiar, known
der Dichter, — poet
ehe before
ehren honor
eifrig eager, zealous
entscheiden (entschied,
   entschieden) decide;
   die Entscheidung decision
(sich) entschließen (entschloß,
   entschlossen) decide
die Entschuldigung excuse
entstehen (entstand, ist

entstanden) arise
erlauben allow
der Fleck, —e spot
fordern demand
der Gedanke, —ns, n thought
gelten (galt, gegolten) pass for,
   be a matter of; be (well)
   thought of
das Gericht, —e court
das Gesetz, —e law
gewöhnen accustom, get
   accustomed to; **gewohnt** used
   to, accustomed; **gewöhnlich**
   conventional, customary
heilig holy; sacred
jedoch however

a. D. = außer Dienst retired; der Assessor assistant judge;
der Leutnant lieutenant

möbliert furnished

steif stiff, formal; **Gestatten!** Allow me!; der Sekondeleutnant
second (in an affair of honor); **das Rencontre** (fr.) run-in, contretemps

die **Jugend** youth
kochen cook; **der Koch, ⸚e** cook
die **Lust, ⸚e** desire, pleasure
die **Mühe, —n** trouble, effort
öffentlich public
pflegen be accustomed to; take care of
die **Pflicht, —en** duty
die **Richtung, —en** direction
schaffen do; take
schießen (schoß, geschossen) shoot
schütteln shake
statt-finden (fand statt, statt-gefunden) take place
der **Streit, —e** quarrel

stürzen (ist) rush; fall; **(hat)** plunge; throw
die **Sünde, —n** sin
die **Treppe, —n** stair
die **Überraschung** surprise
der **Unterschied, —e** difference
verbieten (verbot, verboten) forbid
verschieden different, various
vor-kommen (kam vor, ist vorgekommen) occur; appear
die **Waffe, —n** weapon
der **Wechsel, —** change
würdig dignified, worth
zornig angry

Das Duell
Ludwig Thoma

Personen:

Professor Dr. Adolar Weller
Elsa, seine Frau
Botho von Lenin, Gutsbesitzer, Major a. D. ⎫ Eltern der
Gertrud, seine Frau ⎭ Frau Dr. Weller
Hans von Lenin, Assessor, deren Sohn   5
Fritz von Platow, Leutnant
Wilhelm von Sassen, Leutnant

Szene: Wohnzimmer des Dr. Adolar Weller. Gewöhnlich möbliert. Professor Weller sitzt am Schreibtische. Es klopft.

Dr. Weller: Herein! *(W. von Sassen in Infanterieuniform tritt ein.)*   10

Sassen: Habe ich die Ehre, Herrn Professor Dr. Weller zu sprechen?

Dr. Weller: Gewiß.

Sassen *(steif):*   Gestatten! Wilhelm von Sassen, Sekondeleutnant. Sie hatten gestern kleines Rencontre mit Kamerad von Platow?

das geht mich nichts an that is none of my affair;   **im Auftrag von**
on behalf of;   **die Forderung** challenge;   **überbringen** deliver;
dreimaliger Kugelwechsel "three exchanges of rounds"

stark "a bit much"

lediglich = nur;   **der Kartelträger** second, bearer of a challenge;
der Dritte a third party;   **bestimmen** appoint, name;   **mit dem . . .**
vereinbare with whom I can arrange the particulars

Da hört doch alles auf "That's the limit!"

drohen threaten;   **verweigern** refuse

vielmehr rather;   **die Genugtuung** compensation;   **beleidigen** insult;
die Vernunft sense, reason

ab exit

erregt upset;   **unerhört** unheard of;   **erwischen** catch;
in der . . . Situation in the most ticklish possible situation

Grüß Gott = Guten Tag

betrügen deceive

der Schwiegersohn son-in-law

Was erlauben Sie sich eigentlich "How dare you"

geständig sein = gestehen admit

der Schurke scoundrel

Dr. Weller: Ich hatte eine sehr ernste Sache . . .

Sassen: Na, das geht mich nichts an. Ich habe Ihnen im Auftrage des Herrn von Platow eine Forderung zu überbringen. Pistolen. Fünfzehn Schritt Distanz. Dreimaliger Kugelwechsel.

Dr. Weller: Was? Herr von Platow fordert mich? Das ist stark!   5

Sassen: Ich bitte, keine Kritik. Bin lediglich Kartellträger. Wollen mir Dritten bestimmen, mit dem ich Näheres vereinbare.

Dr. Weller: Da hört doch alles auf.

Sassen *(drohend):*   Sie verweigern die Satisfaktion?

Dr. Weller *(sehr bestürzt):*   Weigern? Nein. Das heißt, ja. Oder vielmehr, das ist   10
unglaublich. Satisfaktion, das heißt doch Genugtuung, die verlangt doch nur der Beleidigte. Nicht der Beleidiger. Erlauben Sie mir, das ist doch keine Vernunft!

Sassen: Das spielt hier keine Rolle. Ich komme in einer Stunde wieder und erwarte Ihre definitive Entscheidung. *(Ab)*   15

Dr. Weller *(erregt auf- und abgehend):*   Das ist unglaublich. Das ist unerhört. Ich erwische den Herrn in der denkbar kitzlichsten Situation bei meiner Frau — und er will dafür von mir Genugtuung haben. Er von mir! *(Botho von Lenin, seine Frau und sein Sohn treten rasch ein):* 'n Tag!

Botho von L.:   Hier sind wir.   20

Dr. Weller: Grüß Gott, Papa, grüß Gott, Mama.

Botho von L.:   Dein Telegramm kam gestern abend. Was ist los?

Dr. Weller: Eine sehr unangenehme Sache.

Frau von L.:   Elschen ist doch nicht krank?

Dr. Weller: Sie ist sehr gesund — aber, um es kurz zu sagen, sie hat mich betrogen.   25

Botho von L.:   Herr Schwiegersohn!

Frau von L.:   Eine Lenin betrügt nicht!

Professor von L.:   Was erlauben Sie sich eigentlich?

Dr. Weller: Bitte, es handelt sich nicht um glauben oder nicht glauben. Elsa ist geständig.   30

Botho von L.:   Wer ist der Schurke?

die Gardehusaren cavalry, hussars, elite regiment

derartig such

töricht foolish

nich = **nicht; Je weniger . . . desto besser** The less . . . the better

hart harsh, severe; **sich versöhnen** become reconciled;
nach-tragen bear a grudge

die Kiste (*here*) matter, affair; **bei-legen** make up (a quarrel)

das Nachspiel epilogue

unliebsames Aufsehen erregen "stir up a nasty sensation";
die Scheidung divorce; **der Prozeß** suit, trial

der Säbel saber sword; **der Nagel** (*here*) peg, hook

Na, also "Well, there you are"

Dr. Weller:	Ein Herr von Platow.
essor von L.:	Der bei den Gardehausaren stand?
Dr. Weller:	Ja.
Botho von L.:	Das ändert die Sache allerdings.
Frau von L.:	Jedenfalls ist er von Familie.
Dr. Weller:	Ich kann den Unterschied nicht sehen — aber ich habe Elsa verziehen.
Botho von L.:	Na, sieh mal! Das ist doch das einzig Richtige!
essor von L.:	Derartige Affären sind erst unangenehm, wenn Skandal entsteht.
Dr. Weller:	Ich liebe Elsa — und ich dachte an ihre Jugend.
Frau von L.:	Sie ist noch ein Kind, ein törichtes kleines Kind! Sie dachte sich vielleicht gar nichts dabei.
Botho von L.:	Es is ja nich schön — aber du lieber Gott! Wir sind alle mal jung gewesen. Je weniger darüber gesprochen wird, desto besser.
Frau von L.:	Und wenn du nicht zu hart gegen sie warst, werdet ihr euch herzlich versöhnen, und sie wird dir auch nichts nachtragen.
essor von L.:	Die ganze Kiste ist wieder beigelegt.
Dr. Weller:	Es kommt noch ein Nachspiel.
Botho von L.:	Du wirst doch kein unliebsames Aufsehen erregen wollen mit Scheidung oder Prozeß oder so was?
Frau von L.:	Nur keine Sensation!
Dr. Weller:	Ich sagte euch doch, ich habe ihr verziehen — aber Herr von Platow hat mir eine Pistolenforderung geschickt.
Botho von L.:	Wieso?
essor von L.:	Hat ein Wortwechsel stattgefunden?
Dr. Weller:	Nein, eigentlich nicht. Die Sache ging zu schnell. Als er mich sah, stürzte er zur Türe hinaus, nimmt den Säbel vom Nagel, und die Treppe hinunter. Ich schrie ihm nach: ,,Sie sind ein gemeiner Mensch!'' ,,Was?'' sagte er. ,,Jawohl!'' sagte ich. Da wollte er wieder herauf, mit dem Säbel in der Hand. Ich schlug aber schnell die Türe zu.
essor von L.:	Na, also!
Dr. Weller:	Was?

5

10

15

20

25

30

selbstredend sein goes without saying; **der Schimpf** insult;
hin-nehmen accept, bear

die Gemeinheit "a vile thing to do"

Verehrtester "my good man"; **verehren** honor, revere;
begehen commit

auf das Schwerste in the worst possible manner

unterlassen neglect, fail to do

bloß-stellen expose

der Zweikampf duel; **ritterlich** chivalrous

Aber erlauben Sie mal "Really," "Please"; **der Schwager** brother-in-law

die Ansicht notion, idea

pathetisch solemn, lofty

gründlich thorough; **bei-bringen** teach, train to do

die Belehrung instruction; **angeboren** innate; **vermeiden** avoid

So'n Kind "poor child"

überdies furthermore; **das Vorkommnis** occurrence

ssor von L.:	Da ist es selbstredend, daß er Sie fordert. Er darf doch keinen Schimpf hinnehmen.
Dr. Weller:	Ich habe ja bloß die Wahrheit gesagt. Es war doch eine Gemeinheit.
ssor von L.:	Erlauben Sie, Verehrtester, in unseren Kreisen kann man mal eine Gemeinheit begehen, aber man läßt sich nicht gemein heißen. 5
otho von L.:	Das ist doch ein kolossaler Unterschied!
Frau von L.:	Das sollten Sie aber wirklich verstehen!
Dr. Weller:	Wie? Er beleidigt mich auf das Schwerste, und dann verlangt er Genugtuung, als sei *ihm* Unrecht geschehen. Viel eher hätte ich doch Grund gehabt, ihn zu fordern. 10
ssor von L.:	Allerdings.
otho von L.:	Wie konntest du das unterlassen?
Dr. Weller:	Weil ich mich und Elsa nicht bloßstellen wollte. Ihr sagtet doch selbst, daß die Versöhnung das Richtige war.
ssor von L.:	Der Zweikampf ist etwas so Ritterliches, daß er niemals bloßstellen kann. 15 Außerdem veröffentlicht man ja nicht die Gründe.
Dr. Weller:	Wenn niemand etwas von der Sache weiß, brauche ich mich doch auch nicht zu schießen.
ssor von L.:	Aber erlauben Sie mal, Schwager!
Frau von L.:	Welche Ansichten! 20
otho von L. *(pathetisch):*	Es gibt doch noch etwas Höheres in unserer Brust, so etwas, was man *Ehre* heißt.
Dr. Weller *(zornig):*	Das hättest du deiner Tochter gründlicher beibringen sollen, dann wäre es vielleicht nicht so weit gekommen.
ssor von L. *(scharf):*	Meine Schwester braucht keine Belehrung über Ehre. Die ist ihr 25 angeboren. Sie wird jederzeit einen Skandal zu vermeiden wissen.
Frau von L.:	So'n Kind!
Dr. Weller:	Hat sie nicht ihre Frauenehre weggeworfen?
ssor von L.:	Das sind populäre Phrasen!
otho von L.:	In unseren Kreisen wirft man nicht mit so starken Ausdrücken herum, 30 lieber Adolar. Und überdies, wie gesagt, solche intimen Familienvorkommnisse haben nur dann etwas Entehrendes, wenn sie publik werden.

die Moral (concept of) morality;   **gefälligst** "be so kind"

im Gardejargon in the clipped manner of a guards officer;   **betonen** emphasize, stress;   **dulden** tolerate;   **die Sophistik** specious arguments, casuistry;   **der Spiegel** mirror;   **der Hauch** breath;   **trüben** dim, cloud

der Anhänger adherent, supporter

nivellierend leveling, egalitarian;   **verunglimpfen** beschmirch

ein-stehen für answer for, be responsible for;   **blank** bare, naked

Und tut damit genug And in so doing renders his due (*the pun with*

Genugtuung, *that is, a duel, is a sophistry and not translatable*)

der Pöbel rabble

herum-balgen fight, scuffle

der Jurist "the jurist in me";   **in erster Linie** first and foremost;
der Corpsphilister *an older man still active in his student dueling
fraternity (corps)*

durch-kommen succeed, get through;   **weil ihr . . . totschlagt**
"because you've got a come-back for everything";   **verführen** seduce

Dr. Weller: Schön. Wenn das eure Moral ist, dann wendet sie gefälligst auch auf das Duell an.

essor von L. *(sehr scharf, jede Silbe im Gardejargon betonend):* Herr Schwager! Ich bedaure sehr, daß Sie erst darüber belehrt werden müssen. Der germanische Ehrbegriff duldet keine Sophistik, absolut keine Sophistik. 5 Die Ehre ist ein Spiegel, welcher durch den leisesten Hauch getrübt wird. Solche Flecken können nur mit Blut abgewaschen werden, einfach mit Blut. Das ist der germanische Ehrbegriff. Gott sei Dank!

Dr. Weller: Herr von Platow ist wohl auch Anhänger dieser Theorie?

essor von L.: Selbstredend. Als Edelmann und Off'zier! 10

Dr. Weller: Dann verbietet also der germanische Ehrbegriff nicht, den Mann zu betrügen, an dessen Tisch man sitzt, und dessen Hand man schüttelt.

essor von L.: Sie sprechen in Tönen, welche wir schon kennen.

Botho von L.: Das sind die alles nivellierenden Lehren, die vor nichts halt machen und selbst das Heiligste, was wir haben, unsere Armee, verunglimpfen. 15

Dr. Weller: Das sind Begriffe von Recht? Großer Gott!

essor von L.: Das sind Begriffe, die Geltung behalten werden. Jeder kann mal 'ne Dummheit machen. Ein Kavalier steht dann eben mit der blanken Waffe dafür ein.

Botho von L.: Und tut damit genug. Daher der Name Genugtuung. 20

Dr. Weller: Ich will aber keine Genugtuung. Ich habe doch Elsa verziehen. Wenn ich ihr nicht verzeihen wollte, dann hätte ich das Gericht angerufen.

Frau von L.: Das Gericht! Pfui!

Botho von L.: Beim Gericht sucht nur der Pöbel sein Recht.

essor von L.: Sich vor der Öffentlichkeit herumbalgen! So eine Idee! 25

Dr. Weller: Sie sind doch selbst Jurist! Und werden Richter!

essor von L.: Erlauben Sie, in solchen Fragen hat der Jurist einfach zu verschwinden. Ich bin in erster Linie Reserv'-Off'zier und Corpsphilister.

Dr. Weller: Mit Gründen ist bei euch nicht durchzukommen, weil ihr sie stets mit Phrasen totschlagt. Aber sagt einmal, *(zu den Eltern gewendet):* wollt ihr, 30 daß ich, der Mann eurer Tochter, mich mit ihrem Verführer schieße?

**Botho und
Frau von L.** *(unisono):* Aber so eine Frage! Natürlich!

essor von L.: Der germanische Ehrbegriff!

das Abgeordnetenhaus parliament;   **an-halten** urge, encourage

die Verwirrung confusion

salbungsvoll unctuously;   **aus-tragen** settle;   **der Standesunterschied**
social distinction;   **will** "presume";   **auf-heben** abolish;
im Gegenteil on the contrary;   **vermessen** presumptuous

demütig humble, meek;   **der Einklang** harmony;   **(sich) vertragen**
be compatible, be reconciled with;   **Kompromisse schließen**
make compromises

eine geborene née, by birth

jenügt = genügt

das Ärgste the worst

umarmen embrace

Dr. Weller:	Papa, du bist bekannt als eifrigster Anhänger der Kirche; du hast erst neulich im Abgeordnetenhaus eine große Rede gehalten, daß man das Volk zur Religion anhalten müsse.
Botho von L.:	Das Volk!
essor von L.:	Immer diese Begriffsverwirrung! 5
Dr. Weller:	Die Religion verbietet das Duell.
Botho von L. (*salbungsvoll*):	Mein Sohn! Gewiß ist die Religion das Höchste, und gewiß bedürfen wir derselben in allen Dingen. Denn was wäre der Mensch ohne Religion? Gewiß ist das Duell eine Sünde. Aber wer ist ohne Sünde? So lange es eben eine Sünde gibt, wird es Streit unter den Menschen 10 geben. Und so lange es verschiedene Menschen gibt, werden sie den Streit verschieden austragen. Die Religion kann und will aber sicher niemals die Standesunterschiede aufheben. Im Gegenteil. Wir können bedauern, daß es eine Sünde gibt, aber es wäre vermessen, sie abzuschaffen. 15
essor von L.:	Und der spezifisch germanische Ehrbegriff.
Botho von L.:	Gewiß! Auch der hat Rechte. Wir müssen eben versuchen, als demütige Christen unsere Standespflichten mit der Religion so in Einklang zu bringen, daß beide sich vertragen. Wir müssen eben Kompromisse schließen. 20
Dr. Weller:	Und was sagst du, Mama?
Frau von L.:	Ich bin eine geborene von Connewitz.
essor von L.:	Das jenügt!
Dr. Weller:	Gut! Wenn ihr mich treibt, dann soll das Ärgste geschehen. Aber ich will zunächst Elsa hören. Sie soll entscheiden. 25
Botho von L.:	Da kommt sie gerade. (*Elsa tritt auf.*)
Elsa:	Ihr seid hier?
Botho von L.:	Adolar hat uns telegraphiert.
Frau von L. (*umarmt sie*):	Armes Kind, was mußt du gelitten haben!
Elsa:	Es war fürchterlich, Mamachen. 30
Botho von L.:	Wir wissen alles, aber wir verzeihen dir.
Frau von L.:	Wie ist das nur gekommen?
Elsa:	Ach, die Köchin ist schuld. Wenn sie nicht so den Kopf verloren hätte, wäre alles gut gegangen. Adolar hätte nichts gemerkt und wäre glücklich.

der Zoll inch

einverstanden mit in agreement with

allgemein Usus the usual procedure

vor·fallen happen, take place

Folge leisten = folgen

pardong *frequent North German pronunciation of French nasal;*
haben = hat (*older formal address in third person plural*)

wird . . . vereinbaren will take care of further arrangements

lauten read, run

nebenan next door

los let's go;   **darf ich bitten** if you please

die Gruppe tableau

Frau von L.:	Du hast das dumme Tier doch sofort hinausgeworfen?
Elsa:	Natürlich. Noch gestern abend. Aber es ist ja alles wieder gut. Adolar hat mir verziehen.
Frau von L.:	Wir wissen es.
Dr. Weller:	Es ist aber noch nicht alles gut, Elsa. Ich habe dir verziehen. Herr von Platow jedoch verzeiht mir die Überraschung nicht und will, daß ich mich mit ihm schieße.
Elsa:	Er ist doch jeder Zoll ein Kavalier!
Dr. Weller:	Du findest das schön?
Elsa:	Ich finde es selbstverständlich.
Botho und Frau von L.:	Sie ist unsere Tochter.
Dr. Weller:	Du bist damit einverstanden, daß ich mich vor die Pistole stelle?
Elsa:	Es ist doch allgemein Usus.
Dr. Weller:	Nach allem, was zwischen uns vorgefallen ist, sagst du das?
Elsa:	Ich kann doch nicht anders. Sei stark, Adolar!
Dr. Weller *(zum Assessor):*	Herr Schwager, die Nerven Ihrer Familie sind stärker als die meinigen. Ich will dem germanischen Ehrbegriff Folge leisten.
essor von L.:	Höchste Zeit! *(Es klopft.)*
Dr. Weller:	Herein! *(von Sassen tritt auf.)*
Sassen:	Pardong, wenn ich störe! Herr Professor haben sich entschieden?
Dr. Weller:	Ich nehme die Forderung an. Mein Schwager, Herr von Lenin, *(Verbeugung)* wird das weitere vereinbaren.
essor von L.:	Gestatten! Wie lautet die Forderung?
Sassen:	Fünfzehn Schritte. Dreimaliger Kugelwechsel.
essor von L.:	Sehr angenehm! Zeit und Ort?
Sassen:	Kann sofort stattfinden. In der Reitschule nebenan.
essor von L.:	Dann mal los! Schwager, darf ich bitten!
Dr. Weller:	Sofort! *(Alle drei gehen. An der Türe dreht er sich um und sagt):* „Elsa!"
Elsa:	Sei stark, Adolar! *(Assessor von Lenin, von Sassen und Weller ab. Gruppe.)*

Line numbers: 5, 10, 15, 20, 25

tritt . . . vor steps out to the apron of the stage; **uralt** ancient; **der Brauch** custom, usage; **waffenfreudig** "martial"; **die Gesinnung** view, way of thinking; **hervor-gehen** stem, proceed (*supply* **ist**); **dem feingebildeten . . . gilt** in the finely honed concept of honor subscribed to by the finest of our people, represents an indispensable feature of one's upbringing; **die Anfechtung** attack; **schlechtberaten** ill-advised; **übelwollend** spiteful, malevolent; **frech** impudent; **der Hohn** scorn; **giftgetränkt** dipped in poison; **der Pfeil** arrow; **sittlich** moral, ethical; **der Gehalt** import, content; **leugnen** deny; **uneingedenk** unmindful

der Schuß shot

vermögen = können; die Woge wave, billow; **ab-prallen** ricochet; *rocher de bronce* (*fr.*) bastion of bronze; **in geschlossenen Reihen** in closed ranks; **Palladium** fortress; **hüten** guard, protect; **So uns . . . zukommt** likewise to us falls the custody of our military honor; **die Lust am mühevollen Schaffen** *imagine in English:* "the yearning for the fruits of the sweat of their brow"

allein = aber; aus-rotten root out, stamp out; **unsere Überzeugung . . . auzupassen** to reconcile our convictions with the currently most favorable course; **die Brust** breast; **die Rücksicht** regard, respect; **die Verletzung** infringement; **sich auf-bäumen** rebel; **im Gegensatz** in contrast; **hoch angesehen** esteemed, respected; **erfolgen** result; **althergebracht** handed down from days of old

Das Leben . . . nicht Life is not the highest of possessions; **wenngleich** although; **gestalten** "bring it to pass"

der Zylinder top hat; **auf-behalten** keep on; **wallt . . . Trauerflor** flutters a wide band of mourning crepe

o von Lenin *(tritt an die Rampe vor):* Meine Lieben! Er geht, um jenem uralten, edlen
Brauche zu folgen, welcher aus der waffenfreudigen Gesinnung unserer
Väter hervorgegangen, auch heute noch dem feingebildeten Ehrgefühle
der Besten unseres Volkes als unentbehrliches Erziehungsmittel gilt, trotz
aller Anfechtungen, welche schlechtberatene und übelwollende,   5
vaterlandslose Menschen gegen sie richten, dieselben Leute, denen nichts
heilig ist und die mit frechem Hohn gegen Thron und Altar ihre
giftgetränkten Pfeile richten, und wie in allem so auch hier frivol den
hohen, sittlichen Gehalt des Zweikampfes leugnen, uneingedenk jenes
Dichterwortes „Nichtswürdig ist die Nation, die nicht ihr Alles setzt in   10
ihre Ehre."

(Hinter der Szene fallen in rascher Folge zwei scharfe Schüsse.
Bumm! Bautsch!)

Aber die alles nivellierende Richtung unserer Zeit wird hier nichts
vermögen und ihre Wogen werden machtlos abprallen von diesem *rocher*   15
de bronce, hinter welchem wir in geschlossenen Reihen stehen, fest
entschlossen, das von den Vätern überkommene Palladium zu hüten und
eingedenk, daß jeder Stand sein Besonderes hat, und daß wie dem Volke
die Arbeit, so uns die Pflege der Waffenehre zukommt, und daß wir diese
uns nimmermehr entreißen lassen, gerade so wenig, wie wir dem Volke   20
die harte Arbeit und die Lust am mühevollen Schaffen abnehmen wollen.

(Hinter der Szene fallen wieder zwei scharfe Schüsse.
Bumm! Bautsch!)

Gewiß war es ein schöner Gedanke, das Duell abzuschaffen, allein wir
müßten vorher den germanischen Ehrbegriff ausrotten, welcher uns zwar   25
erlaubt, unsere Überzeugung der jeweils vorteilhaften Richtung
anzupassen, aber immerhin in unserer Brust ein Gefühl zurückläßt,
welches ohne Rücksicht auf unsern inneren Wert gegen jede äußere
Verletzung sich aufbäumt und sich erst beruhigt, wenn im Gegensatze zu
unserer sonstigen religiösen Gesinnung eine zwar von den Gesetzen   30
verbotene, aber sonst hoch angesehene Verletzung erfolgt ist, für die wir,
wie für alles, zwar keine genügende, aber doch althergebrachte und schön
klingende Entschuldigung haben.

(Hinter der Szene fallen wieder zwei scharfe Schüsse.
Bumm! Bautsch!)   35

Und haben werden, so lange jene Worte des Dichters gelten: „Das Leben
ist der Güter höchstes nicht", wenngleich wir es durch uns und
insbesondere durch andere möglichst schön gestalten. Amen!

(Assessor von Lenin tritt feierlich ein. Von seinem Zylinder, den er
aufbehält, wallt ein riesiger Trauerflor.)   40

oberhalb = über;   die Herzspitze upper extremity of heart;
die Kugel bullet

Elsa:	Was ist geschehen?
...sessor von L.:	Tot. Schuß in die linke Seite, zwei Zoll oberhalb der Herzspitze. Kugel noch im Körper.
Frau von L.:	Ihm ist wohl.
Botho von L.:	Er fiel für das Höchste, für seine Ehre.

(Gerührte Gruppe.)

Vorhang

Ludwig Thoma, *Gesammelte Werke*, Vol. 5.
(Courtesy R. Piper & Co. Verlag, Munich, 1956.)

FRAGEN

1. Warum sucht von Sassen Dr. Weller auf?
2. Wie beschreibt von Sassen die Sache zwischen Weller and von Platow? Was nennt sie Dr. Weller?
3. Warum ist Weller überrascht, daß von Platow ihn auffordert?
4. Was ist eigentlich zwischen Weller und von Platow geschehen?
5. Warum kommt Elsas Familie gerade in diesem Augenblick an?
6. Was hält die Familie von der Aufforderung?
7. Wie entschuldigt Frau von Lenin ihre Tochter?
8. Was fürchtet diese Familie?
9. Was hat Dr. Weller dem Leutnant von Platow gesagt? Was meint Assessor von Lenin darüber?
10. Was hatte Dr. Weller tun sollen, da ihm Unrecht geschehen war? Warum hat er das nicht tun wollen?
11. Was sei der germanische Ehrbegriff?
12. Verstehen Dr. Weller und die Lenins dasselbe unter dem Wort „Ehre"?
13. Wenn das Duell eine Sünde ist, warum schafft man es nicht ab?
14. Aus welchem Grund ist der Standpunkt der Frau von Connewitz fest und klar?
15. Der Elsa nach, wer ist an der ganzen Sache Schuld?
16. Was sagt Elsa, als sie von der Aufforderung hört?
17. Wozu entschließt sich Dr. Weller?
18. Was machen Elsa und ihre Eltern, während das Duell draußen stattfindet?
19. Was ist das Resultat des Duells?

Thomas Mann (1875–1955)

On the basis of his works as well as his life, Thomas Mann is a literary titan. No other German man of letters of this century attained such prestige in his own country and abroad within his lifetime. His novels, novellas, and essays represent one of the most singular instances of artistic development in literary history. His life was both a corollary and a complement to his work, which, partly through circumstances and partly through his own volition, became a symbol of the conscience of the German nation.

Thomas Mann was born into a patrician mercantile family in the Hanseatic Baltic port of Lübeck. His paternal heritage was that of the solid German *Bürger*; his mother, however, was of South American Portuguese Creole stock, and was endowed with a vivacious, artistic disposition. This tension in Mann's own character between the poles of the earnest Protestant, North German bourgeois and the imaginative, individualistic, free-wheeling temperament of the artist becomes a central theme in his work.

At the death of Mann's father, his mother moved the family to Munich, where Mann achieved early fame with his novel **Buddenbrooks** (1901), which traces the rise and decline of an illustrious merchant family of the North—indeed a fictionalized account of his own family history. Conspicuously under the influence of Schopenhauer, Nietzsche, Wagner, and later Freud, Mann develops this theme of the crisis of the artistic consciousness—its conflict with the ordered world of ordinary people, and the lurking forces of disintegration and disaster—in a series of novellas, notable among which are *Tonio Kröger, Death in Venice,* and *Confessions of Felix Krull, Confidence Man.* Mann's supreme skill as narrator and stylist is brought to bear on the problem of the artist and the theme of decay and death in his vastly erudite novel *The Magic Mountain,* an intellectual critique of the European civilization of his day. With the increasing urgency of the political factor, his major works became parables of the state of Germany and the development of human kind, best represented by *Doctor Faustus* and the novel cycle *Joseph and his Brothers.*

Although Mann's political views, specifically his thoughts on the role of the German nation in history, were largely contained within the framework of his literary production, circumstances obliged him to become a political activist as the spokesman for the German intelligentsia in exile. He had been exiled from Germany shortly after Hitler's rise to power in 1933 and lived in Switzerland until 1939, from where he migrated to the United States. He was first a visiting professor at Princeton University and later went to California. He became an American citizen in 1944. He enjoyed enormous prestige in America, both as a novelist and as a public figure—the living embodiment of Germany's cultural heritage, the custodian of her moral conscience.

His political writings include stories, essays, monographs, and speeches, varying from the most intricately reasoned arguments stating his position among his peers to the more popular expositions for the public at large, Allied and German. The best known in the latter vein is his series of wartime broadcasts over the British Broadcasting Corporation to his fellow countrymen in Germany.

Mann's exile at a late age from Germany and Europe, the wellspring of his entire art, and his attachment to his adoptive country which had given him so much, brought him much distress through the conflict of loyalties. We thus see in portions of his open letter, *Warum ich nicht nach Deutschland zurückgehe*, the stresses within the man who, at the very end of World War II, must say that he is now a committed American citizen but will forever remain a German. It is a moving account of the experience of exile.

Thomas Mann is famous as a literary craftsman who imposed the most extraordinary artistic discipline upon himself. He wrote almost unfailingly every morning of his life, some two pages of prose so polished as to be publishable in the first draft. In addition, he prepared file upon file of extraneous sketches, clippings from newspapers, extracts from any source, which he might at some time incorporate into his works. The *modus operandi* of great writers has become a matter of scholarly interest in itself; in *Zur Physiologie des dichterischen Schaffens* Mann tells us something—but, as a professional, not too much—of how he goes about writing.

Herr von Molo Walter von Molo (1880–1958) (*Austrian novelist who in an open letter in 1945 had attempted to provoke Mann's return to Germany in terming him „ein Deserteur vom deutschen Schicksal." Mann's reply was published in the New York German-language newspaper,* Aufbau); **übergeben** transmit; **auszugsweise** in extracts; **dringlich** pressing, urgent; **das Schreiben** writing, letter, correspondence; **die verpflichtende Forderung** the summons to duty; **zum Ausdruck kommen** be expressed; **möchte = sollte;** **das Organ . . . Deutschlands** Neues Deutschland, *organ of the Sozialistische Einheitspartei Deutschlands (CSED), amalgamation of the Social Democratic Party of East Germany into the Communist Party in April, 1946;* **erheben** raise; **aufgetragen** exaggerated; **die Begründung** line of reasoning, basis of argument

beunruhigen disturb, make uneasy; **bedrückend** oppressive, distressing; **die Appelle** appeal, call; **spricht mich daraus an** "from this I read between the lines"; **heillos** disastrous; **der Muskel** muscle; **abenteuerlich** adventurous; **die Anforderung** strain, demand; **persönlich** personal; **bei-tragen** contribute; **schildern** portray, reveal; **die Gebeugtheit** prostration; **auf-richten** raise up, right; **zweifelhaft** dubious; **nebenbei** by the way, incidental; **die Aufforderung** challenge, invitation; **seelisch** spiritual; **die Rückwanderung** repatriation; **entgegen-stehen** confront

wischen erase; **atembeklemmend** breath-taking; **Anno** in the year; **der Choc** (*fr.*) shock; **das Andenken** remembrance, souvenir; **das Vermögen** fortune, estate; **kläglich** lamentable; **die Aktion** action; **die Ausbootung** "forced disembarkation"; **die Absage** renunciation; **analphabetisch** illiterate, barbaric; **mörderisch** murderous; **die Hetze** baiting, witch hunt; **der Aufsatz** essay; **veranstalten** contrive, stage; **ab-schneiden** cut off, sever; **das Ringen** grappling, wrestling; **René Schickele** *Alsatian writer (1883–1940), opponent of Hitler who died in exile;* **dahin-gehen** die, depart; **diese erstickten Monologe** these asphyxiated monologues; **das Wanderleben** nomadic life; **die Paßsorgen** worries about a passport; **das Dasein**

Warum ich nicht nach Deutschland zurückgehe

Thomas Mann

Lieber Herr von Molo!

Ich habe Ihnen zu danken für einen sehr freundlichen Geburtstagsgruß, dazu für den Offenen Brief an mich, den Sie der deutschen Presse übergaben und der auszugsweise auch in die amerikanische gelangt ist. Darin kommt noch stärker und dringlicher als in dem privaten Schreiben der Wunsch, ja die verpflichtende Forderung zum Ausdruck, ich möchte nach Deutschland zurückkehren und wieder dort leben: „zu Rat und Tat". Sie sind nicht der einzige, der diesen Ruf an mich richtet; das russisch kontrollierte Berliner Radio und das Organ der vereinigten demokratischen Parteien Deutschlands haben ihn auch erhoben, wie man mir berichtet, mit der stark aufgetragenen Begründung, ich hätte „ein historisches Werk zu leisten in Deutschland".

Nun muß es mich ja freuen, daß Deutschland mich wiederhaben will — nicht nur meine Bücher, sondern mich selbst als Mensch und Person. Aber etwas Beunruhigendes, Bedrückendes haben diese Appelle doch auch für mich, und etwas Unlogisches, sogar Ungerechtes, nicht Wohlüberlegtes spricht mich daraus an. Sie wissen nur zu gut, lieber Herr von Molo, wie teuer „Rat und Tat" heute in Deutschland sind, bei der fast heillosen Lage, in die unser unglückliches Volk sich gebracht hat, und ob ein schon alter Mann, an dessen Herzmuskel die abenteuerliche Zeit doch auch ihre Anforderungen gestellt hat, direkt, persönlich, im Fleische noch viel dazu beitragen kann, die Menschen, die Sie so ergreifend schildern, dort aus ihrer tiefen Gebeugtheit aufzurichten, scheint mir recht zweifelhaft. Dies nur nebenbei. Nicht recht überlegt aber scheinen mir bei jenen Aufforderungen auch die technischen, bürgerlichen, seelischen Schwierigkeiten, die meiner ‚Rückwanderung‘ entgegenstehen.

Sind diese zwölf Jahre und ihre Ergebnisse denn von der Tafel zu wischen und kann man tun, als seien sie nicht gewesen? Schwer genug, atembeklemmend genug war, Anno dreiunddreißig, der Choc des Verlustes der gewohnten Lebensbasis, von Haus und Land, Büchern, Andenken und Vermögen, begleitet von kläglichen Aktionen daheim, Ausbootungen, Absagen. Nie vergesse ich die analphabetische und mörderische Radio- und Pressehetze gegen meinen Wagner-Aufsatz, die man in München veranstaltete und die mich erst recht begreifen ließ, daß mir die Rückkehr abgeschnitten sei; das Ringen nach Worten, die Versuche, zu schreiben, zu antworten, mich zu erklären, die „Briefe in die Nacht", wie René Schickele, einer der vielen dahingegangenen Freunde, diese

existence; **verwildern** return to savagery; **wildfremd** utterly strange, unknown; **herüberdrängen** "impinged themselves over here"; **dem charismatischen Führer** *to Hitler was ascribed an hypnotic, demonic aura;* **entsetzlich** horrible, appalling; **die betrunkene Bildung** this phrase of intoxication; **schwören** swear; **unter Goebbels Kultur betrieben** "pursued your 'culture' under Goebbels" (*Joseph Goebbels, Nazi propaganda minister*); **durch-machen** go through with, endure; **schlimm** evil, adverse; **entgehen** escape, get away from, evade; **das Exil** exile; **die Entwurzelung** uprooting; **heimatlos** homeless, without a country

empören infuriate; **die Verleugnung** denial; **die Intelligenz** intellectuals; **der Musiker** musician; **der Streik** strike; **wenn er zufällig kein Jude war** if he didn't happen to be a Jew

Ihr, Euch *notice Mann's transition from* Sie *to* Ihr; **der Schaum** foam, froth; **Herman Hesse** *see p. 12;* **der Trost** comfort, consolation; **die Stärkung** strengthening, tonic; **beizeiten** early; **(sich) ab-lösen** extricate, retreat; **treffend** appropriate, fitting; **das Salz** salt; **ein für allemal** once and for all; **die Sicherheit** security; **Montagnola** *Hesse's home in Switzerland;* **Boccia** Italian game; **dem Verstörten** "with a disconsolate man"

sich ordnen put into order, sort out; **Erste Häuslichkeit** "The first signs of a home"; **Frankreich** France; **die Schweiz** Switzerland; **eine relative . . . der Verlorenheit her** "forsakenness gave way to a relative feeling of content, being settled, and belonging"; **die einem . . . scheinen wollen** "which already had begun to seem lost"; **gastlich** hospitable; **die Nachbarschaft** neighbors, neighborhood; **bis ins Moralische hinein** "to the point of what was moral and what was not"; **die Beklommenheit** anguish; **die Anwesenheit** presence; **die amerikanische Universität** (*here*) Princeton; **unverschüchtert** unintimidated; **deklarieren** declare; **die Freundwilligkeit** willingness to help; **rückhaltlos** unrestrained

erstickten Monologe nannte. Schwer genug war, was dann folgte, das
Wanderleben von Land zu Land, die Paßsorgen, das Hoteldasein, während
die Ohren klangen von den Schandgeschichten, die täglich aus dem
verlorenen, verwildernden, wildfremd gewordenen Lande herüberdrangen.
Das haben Sie alle, die Sie dem „charismatischen Führer" (entsetzlich,   5
entsetzlich, die betrunkene Bildung!) Treue schworen und unter Goebbels
Kultur betrieben, nicht durchgemacht. Ich vergesse nicht, daß Sie später
viel Schlimmeres durchgemacht haben, dem ich entging; aber das haben
Sie nicht gekannt: das Herzasthma des Exils, die Entwurzelung, die
nervösen Schrecken der Heimatlosigkeit.   10

Zuweilen empörte ich mich gegen die Vorteile, deren Ihr genosset. Ich sah
darin eine Verleugnung der Solidarität. Wenn damals die deutsche
Intelligenz, alles, was Namen und Weltnamen hatte, Ärzte, Musiker,
Lehrer, Schriftsteller, Künstler, sich wie ein Mann gegen die Schande
erhoben, den Generalstreik erklärt, manches hätte anders kommen   15
können, als es kam. Der einzelne, wenn er zufällig kein Jude war, fand
sich immer der Frage ausgesetzt: „Warum eigentlich? Die anderen tun
doch mit. Es kann doch so gefährlich nicht sein."

Ich sage: zuweilen empörte ich mich. Aber ich habe Euch, die Ihr dort
drinnen saßet, nie beneidet, auch in Euren größten Tagen nicht. Dazu   20
wußte ich zu gut, daß diese großen Tage nichts als blutiger Schaum waren
und rasch zergehen würden. Beneidet habe ich Hermann Hesse, in
dessen Umgang ich während jener ersten Wochen und Monate Trost und
Stärkung fand — ihn beneidet, weil er längst frei war, sich beizeiten
abgelöst hatte mit der nur zu treffenden Begründung: „Ein großes,   25
bedeutendes Volk, die Deutschen, wer leugnet es? Das Salz der Erde
vielleicht. Aber als politische Nation — unmöglich! Ich will, ein für allemal,
mit ihnen als solcher nichts mehr zu tun haben." Und wohnte in schöner
Sicherheit in seinem Hause zu Montagnola, in dessen Garten er Boccia
spielte mit dem Verstörten.   30

Langsam, langsam setzten und ordneten sich dann die Dinge. Erste
Häuslichkeiten fanden sich, in Frankreich, dann in der Schweiz; eine
relative Beruhigung, Seßhaftigkeit, Zugehörigkeit stellte sich aus der
Verlorenheit her, man nahm die aus den Händen gefallene Arbeit, die
einem schon zerstört hatte scheinen wollen, wieder auf. Die Schweiz,   35
gastlich aus Tradition, aber unter dem Druck bedrohlich mächtiger
Nachbarschaft lebend und zur Neutralität verpflichtet bis ins Moralische
hinein, ließ verständlicherweise doch immer eine leise Verlegenheit,
Beklommenheit merken durch die Anwesenheit des Gastes ohne Papiere,
der so schlecht mit seiner Regierung stand, und verlangte „Takt".   40
Dann kam der Ruf an die amerikanische Universität, und auf einmal, in
dem riesigen freien Land, war nicht mehr die Rede von „Takt", es gab

der Bürger citizen; **die Niederlage** defeat, prostration; **das Heer** army; **ein-wurzeln** take root; **der Enkel** grandson; **mannigfach verankert** anchored in so many ways; **ehrenhalber** for honor's sake; **die Küste** coast; **errichten** construct, erect; **teilhaft** partaking of; **der Überfluß** abundance; **geradeheraus** to put it frankly, bluntly; **das Los** lot; **bis zur Hefe gekostet** tasted to the very dregs; **namentlich** specifically

Daß alles kam . . . meine Veranstaltung "It wasn't my doing that things turned out the way they did"; **das Resultat** result; **an-erkennen** recognize; **vergeben** forgive; **aus-gehen** emerge, end as

ihr Leben fristeten barely managed to survive; **sprachlich** linguistically; **um-stellen** adapt, change over; **das Bewußtsein** consciousness

der Vortrag lecture (*May 29, 1945*); **wiedererstanden** resurrected; **die Neue Rundschau** *German periodical;* **ab-drucken** print, reprint; **psychologisch** psychologically; **die Bereitwilligkeit** readiness, willingness; **knapp** (*here*) soon; **die Erläuterung** comment, explanation; **unstatthaft** inadmissible, unsuitable; **die mir . . . gestanden hätte** "which would likewise have been unbecoming of me"; **gnadenvoll** merciful; **die Gnade** mercy, grace; **auf Erden** *Biblical formulation* "on earth"; **teuflisch** diabolical; **in Kürze** in short; **die deutsche**

nichts als offene, unverschüchterte, deklarierte Freundwilligkeit, freudig, rückhaltlos, unter dem stehenden Motto: „Thank you, Mr. Hitler!" Ich habe einigen Grund, lieber Herr von Molo, diesem Lande dankbar zu sein, und Grund, mich ihm dankbar zu erweisen.

Heute bin ich amerikanischer Bürger, und lange vor Deutschlands schrecklicher Niederlage habe ich öffentlich und privat erklärt, daß ich nicht die Absicht hätte, Amerika je wieder den Rücken zu kehren. Meine Kinder, von denen zwei Söhne noch heute im amerikanischen Heere dienen, sind eingewurzelt in diesem Lande, englisch sprechende Enkel wachsen um mich auf. Ich selbst, mannigfach verankert auch schon in diesem Boden, da und dort ehrenhalber gebunden, in Washington, an den Hauptuniversitäten der Staaten, die mir ihre Honorary Degrees verliehen, habe ich mir an dieser herrlichen, zukunftatmenden Küste mein Haus errichtet, in dessen Schutz ich mein Lebenswerk zu Ende führen möchte — teilhaft einer Atmosphäre von Macht, Vernunft, Überfluß und Frieden. Geradeheraus: ich sehe nicht, warum ich die Vorteile meines seltsamen Loses nicht genießen sollte, nachdem ich seine Nachteile bis zur Hefe gekostet. Ich sehe das namentlich darum nicht, weil ich den Dienst nicht sehe, den ich dem deutschen Volke leiste — und den ich ihm nicht auch vom Lande California aus leisten könnte.

Daß alles kam, wie es gekommen ist, ist nicht meine Veranstaltung. Wie ganz und gar nicht ist es das! Es ist ein Ergebnis des Charakters und Schicksals des deutschen Volkes — eines Volkes, merkwürdig genug, tragisch-interessant genug, daß man manches von ihm hinnimmt, sich manches von ihm gefallen läßt. Aber dann soll man die Resultate auch anerkennen und nicht das Ganze in ein banales ‚Kehre zurück, alles ist vergeben!' ausgehen lassen wollen.

Nie werde ich aufhören, mich als deutschen Schriftsteller zu fühlen, und bin auch in den Jahren, als meine Bücher nur auf englisch ihr Leben fristeten, der deutschen Sprache treu geblieben — nicht nur, weil ich zu alt war, um mich noch sprachlich umzustellen, sondern auch in dem Bewußtsein, daß mein Werk in deutscher Sprachgeschichte seinen bescheidenen Platz hat.

Vor einigen Wochen habe ich in der Library of Congress in Washington einen Vortrag gehalten über das Thema: ‚Germany and the Germans'. Ich habe ihn deutsch geschrieben, und er soll im nächsten Heft der Juni 1945 wiedererstandenen ‚Neuen Rundschau' abgedruckt werden. Es war ein psychologischer Versuch, einem gebildeten amerikanischen Publikum zu erklären, wie doch in Deutschland alles so kommen konnte, und ich hatte die ruhige Bereitwilligkeit zu bewundern, mit der, so knapp nach dem Ende eines fürchterlichen Krieges, dies Publikum meine

,**Innerlichkeit'** the bent for introspection and subjectivity; **ab-lehnen** reject; **fehlgegangen** gone amiss, abortive; **das Unglück** misfortune, disaster; **der Untergang** downfall; **nach schlechter Gepflogenheit** "as is so often unfortunately the case"; **der Zuhörer** listener (*pl.*, audience); **unbeteiligt** impartial

gewagt perilous; **Pakt mit dem Teufel** *the late-medieval legend of Faust who sold his soul to the devil, which is here used as an allegory of the history of the German nation;* **der Roman** novel; **eingegeben sein** be inspired by, prompted by; **graus** horrid, dreadful; **Aber sogar um Faustens Seele . . . schließlich betrogen** "But in our great poem [Goethe's *Faust*] even the forces of evil are tricked out of Faust's only soul at the end"; **als habe Deutschland . . . geholt** "that Germany has finally gone to the devil"; **der Blutsbrief** blood pact; **finster** dark, gloomy, obscure; **geschichtlich** historical; **Bismarck'sche** Bismarckian [*Prince Otto von Bismarck (1815–1898), founder and consolidator of the German Empire (1871–1918)*]; **Preußisch** Prussian; **der Abschnitt** section, epoch, period; **Friedrich der Große** Frederick the Great (1712–1786), *King of Prussia, who raised the kingdom to the rank of a major European power;* **taufen** christen, baptize; **im Begriff sein** to be about to, on the verge of; **die Wandlung** change, transformation; **die Anlage** predisposition; **das Bedürfnis** need, want

Erläuterungen aufnahm. Meinen Weg zu finden zwischen unstatthafter
Apologie – und einer Verleugnung, die mir ebenfalls schlecht zu Gesicht
gestanden hätte, war natürlich nicht leicht. Aber ungefähr ging es.
Ich sprach von der gnadenvollen Tatsache, daß oft auf Erden aus dem
Bösen das Gute kommt – und von der teuflischen, daß oft das Böse   5
kommt aus dem Guten. Ich erzählte in Kürze die Geschichte der
deutschen ‚Innerlichkeit'. Die Theorie von den beiden Deutschland, einem
guten und einem bösen, lehnte ich ab. Das böse Deutschland, erklärte
ich, das ist das fehlgegangene gute, das gute im Unglück, in Schuld und
Untergang. Ich stände hier nicht, um mich, nach schlechter Gepflogenheit,   10
der Welt als das gute, das edle, das gerechte Deutschland im weißen
Kleid zu empfehlen. Nichts von dem, was ich meinen Zuhörern über
Deutschland zu sagen versucht hätte, sei aus fremdem, kühlem,
unbeteiligtem Wissen gekommen; ich hätte es alles auch in mir; ich hätte
es alles am eigenen Leibe erfahren.   15

Das war ja wohl, was man eine Solidaritätserklärung nennt – im
gewagtesten Augenblick. Nicht gerade mit dem Nationalsozialismus, das
nicht. Aber mit Deutschland, das ihm schließlich verfiel und einen Pakt
mit dem Teufel schloß. Der Teufelspakt ist eine tief-altdeutsche
Versuchung, und ein deutscher Roman, der eingegeben wäre von den   20
Leiden der letzten Jahre, vom Leiden an Deutschland, müßte wohl eben
dies grause Versprechen zum Gegenstand haben. Aber sogar um Faustens
Einzelseele ist, in unserem größten Gedicht, der Böse ja schließlich
betrogen, und fern sei uns die Vorstellung, als habe Deutschland nun
endgültig der Teufel geholt. Die Gnade ist höher als jeder Blutsbrief.   25
Ich glaube an sie, und ich glaube an Deutschlands Zukunft, wie verzweifelt
auch immer seine Gegenwart sich ausnehmen, wie hoffnungslos die
Zerstörung erscheinen möge. Man höre doch auf, vom Ende der deutschen
Geschichte zu reden! Deutschland ist nich identisch mit der kurzen
und finsteren geschichtlichen Episode, die Hitlers Namen trägt. Es ist   30
auch nicht identisch mit der selbst nur kurzen Bismarck'schen Ära des
Preußisch-Deutschen Reiches: Es ist nicht einmal identisch mit dem
auch nur zwei Jahrhunderte umfassenden Abschnitt seiner Geschichte,
den man auf den Namen Friedrichs des Großen taufen kann. Es ist im
Begriffe, eine neue Gestalt anzunehmen, in einen neuen Lebenszustand   35
überzugehen, der vielleicht nach den ersten Schmerzen der Wandlung und
des Überganges mehr Glück und echte Würde verspricht, den eigensten
Anlagen und Bedürfnissen der Nation günstiger sein mag als der alte.

Thomas Mann, *Reden und Aufsätze*, Vols. XI and XII. Part of *Gesammelte Werke in zwölf
Bänden*. (*Courtesy Frau Katje Mann and S. Fischer Verlag, Frankfurt am Main, 1960.*)

Der Einfall als Überfall "Being bowled over by inspiration"; **derart** such; **das Vertrauen** confidence, trust; **ein-stellen** stop, cease; **körperlich** bodily, physical; **das Wohlsein** (state of) well-being; **der Vorrat** stock, supply; **lustbetont** keen, ardent; **sich hervor-tun** come to the fore, spring to light; **aus-führen** carry out, complete

fixieren fix, nail down; **das Taschenbuch** notebook; **Dagegen bildet . . . aller Aufmerksamkeit** "On the other hand, what I have to accomplish becomes from then on the focal point of my attention"; **alles Erleben** all (my) experience; **versuchsweise** by way of experiment, tentatively; **in Beziehung setzen** put into relationship, connection with; **gegenwärtig** present, current; **ein-verleiben** integrate, digest; **der Brennpunkt** focus

täglich daily; **der Zwang** compulsion, obligation; **die Gewohnheit** habit, custom; **zustande bringen** accomplish, achieve, bring about; **Baudelaire** *French poet (1821–1867)*; **„L'inspiration . . . journalier"** "Inspiration is without any doubt the sister of day-by-day working"

glatt smooth; **flüssig** flowing, liquid; **leichtgleitend** smoothly gliding; **äußer-** external; **die Hemmung** obstruction, inhibition; **(das) Durcheinander** muddle, confusion; **das Linienblatt** lined paper; **ab-schreiben** copy, recopy; **die Niederschrift** copy; **unverbindlich** without obligation; **entwerfen** sketch, outline

locus minoris resistentiae point of least resistance; **die Weisheit** wisdom; **das Gift** poison

Zur Physiologie des dichterischen Schaffens

Thomas Mann

1. [*Erste Inspiration.*] Der Einfall als Überfall ist mir unbekannt. Meine
Arbeiten sind nicht derart, daß sie auf einem Einfall stünden. Es gehören
sehr viele dazu, und die ‚Inspiration‘ besteht eigentlich nur in dem
Vertrauen darauf, daß sie sich einstellen werden. Der Zustand der
Konzentration ist ein Zustand körperlich-seelischen Wohlseins, des Hörens   5
und Schauens, in welchem aus dem inneren Vorrat irgend etwas sich
lustbetont und hoffnungsvoll hervortut und mich glauben macht, daraus
könne, wenn ich gut damit umgehe, etwas Merkwürdiges werden.
Dabei ist die Konzeption regelmäßig sehr klein und bescheiden. Ich
unternehme die Dinge, weil ich mir einbilde, daß sie rasch und leicht   10
auszuführen sind.

2. [*Wie fixieren Sie den ersten Einfall?*] Da gibt es nichts zu fixieren.
Ich führe kein Taschenbuch. Dagegen bildet das zu Machende fortan den
Mittelpunkt aller Aufmerksamkeit, und alles Erleben wird, wenigstens
versuchsweise, in Beziehung dazu gesetzt: nicht nur das Gegenwärtige,   15
sondern auch das Frühere und Einverleibte; das ‚Werk‘, klein oder groß,
wird zum Brennpunkt des gesamten Ich- und Weltgefühls. Es wird,
praktisch gesprochen, zum Lebenszweck.

3. [*Arbeitszeit.*] Ich arbeite vormittags, etwa von neun bis zwölf oder halb
ein Uhr, täglich, mit seltenen Ausnahmen. Das ist nicht Zwang, sondern   20
Gewohnheit, und eine notwendige; denn will ich etwas zustande bringen,
so darf ich nicht viel Ferien machen. Übrigens halte ich es aus Erfahrung
mit Baudelaire: ,,L'inspiration est sans doute la sœur du travail
journalier.''

4. [*Arbeitsmaterial.*] Ich brauche weißes, volkommen glattes Papier,   25
flüssige Tinte und eine neue, leichtgleitende Feder. Äußere Hemmungen
rufen innere hervor. Damit es kein Durcheinander gibt, lege ich ein
Linienblatt unter. Ich muß auf Klarheit halten, da ich nur Zeitungsaufsätze
abschreiben lasse und gerade die großen Manuskripte im Original, als
erste und einzige Niederschrift, in Druck gebe. — Ich kann überall   30
arbeiten, nur muß ich ein Dach über dem Kopf haben. Der freie Himmel
ist gut zum unverbindlichen Träumen und Entwerfen: die genaue Arbeit
verlangt den Schutz einer Zimmerdecke.

5. [*Arbeitshygiene.*] Da mein physiologischer locus minoris resistentiae,
von dem alles ausgeht, der Magen ist, sollte ich bei intensiver Arbeit   35
nicht so gut essen, tue es aber doch, aus Mangel an hygienischer Disziplin,

Brouillon sketch, notes; **schriftlich** written, in writing; **das Vorarbeiten** advance preparation; **voraus-gehen** (+ *dat*.) precede; **die Pointe** point, object; **das Motiv** motif, theme; **die Aufzeichnung** sketch, note; **gegenständlich** objective; **der Auszug** extract; **durch quer . . . getrennt sind** "are separated by lines drawn clear across the page"; **(sich) vermehren** increase, multiply; **das Konvolut** lot, bundle of papers; **Buddenbrooks, Zauberberg** *see notes, p. 260;* **über Jahre hinweg** for years to come; **konservieren** preserve, conserve

die Herstellung production; **auf-halten** stop, slow down; **das Abgezogene** abstract; **das Normalpensum** daily, regular task; **anderthalb** one and a half; **hinaus-laufen auf** (*here*) reach to, amount to; **anerkennenswert** worthy of praise, laudable; **(sich) ab-finden mit** come to term with, be resigned to; **unter dem Gesichtspunkt . . . hergestellt** "with a view to having it ready for printing"; **die Präzision** precision; **vor-nehmen** undertake

Korrekturfahnen galley proofs; **der Druckfehler** misprint; **die Verbesserung** correction, improvement

fertig-stellen finish; **der Umbruch** page proof; **wie sollte . . . zu Gemüte führen** "why be reminded of it again"; **abgetan** over and done with; **die Mischung** mixture; **„Possible . . . tant d'esprit?"** "Might I have overdone it?"; **das Abgelebte** past history

richtiger: aus mangelnder Liebe zur Weisheit. Kaffee nach dem Essen ist Gift (ich will nun wirklich keinen mehr nehmen). Beim Schreiben rauche ich.

6. [*Machen Sie Brouillons?*]   Dem Beginn eines größeren Manuskripts geht in der Regel eine Periode schriftlicher Vorarbeiten voraus. Das sind kurze Entwürfe und Studien, psychologische Pointen und Motive, Aufzeichnungen gegenständlicher Art, Auszüge aus Büchern und Briefen und so fort, die durch quer über das ganze Blatt laufende Striche voneinander getrennt sind. Sie vermehren sich im Laufe der Arbeit und liegen als systematisch geordnetes Konvolut beim Schreiben neben mir. Im Falle der ‚Buddenbrooks‘ und des ‚Zauberberg‘ war dies handschriftliche Material sehr umfangreich und ist es wieder bei meiner gegenwärtigen Arbeit. Es dient unter anderem dazu, einen Plan, in dessen Ausführung ich mich unterbrechen muß, selbst über Jahre hinweg zu konservieren.

7. [*Herstellung des Manuskripts.*]   Das Tempo ist verschieden. Im Kopf Vorbereitetes schreibt sich oft leicht herunter, oft geht es gerade dabei sehr mühsam zu, etwa, wenn es falsch vorbereitet war. Dialog ist ein Vergnügen; Beschreibung hält auf; das schriftstellerisch Schwerste ist das Abgezogene, Moralische. Aber so oder so, es läuft schließlich auf ein Normalpensum von ein bis anderthalb Manuskriptseiten hinaus. Ich weiß heute noch nicht, ob das ärmlich ist oder anerkennenswert, habe mich aber damit abgefunden. — Das Manuskript, wie gesagt, wird unter dem Gesichtspunkt der Druckfertigkeit hergestellt. Korrekturen sind also mit aller Präzision und Deutlichkeit vorzunehmen. Überkorrigierte Blätter werden gleich neu geschrieben. Ich korrigiere das Geschriebene meist am nächsten Tage vorm Weiterschreiben.

8. [*Korrekturfahnen.*]   Korrekturfahnen sind eine Gelegenheit, zu streichen. Sonst dienen sie nur der Druckfehlerverbesserung.

9. [*Lesen Sie das fertiggestellte Buch noch einmal?*]   Ich bin eines Werkes schon sterbensmüde, wenn ich noch daran schreibe, und dann muß ich es als Fahne und Umbruch noch zwei-, dreimal lesen. Es geht mir bis zum Halse — wie sollte ich's mir als fertiges Buch noch einmal zu Gemüte führen? Das ist abgetan, nun mögen die anderen zusehen. Blicke ich viel später wieder hinein, so ergibt sich eine Mischung aus. Verlegenheit und „Possible que j'ai eu tant d'esprit?" Aber Wunsch und Hoffnung des Bessermachens können sich nur auf Neues und Zukünftiges, nicht auf das Abgelebte beziehen.

Thomas Mann, *Reden und Aufsätze*, Vols. XI and XII. Part of *Gesammelte Werke in zwölf Bänden.* (Courtesy S. Fischer Verlag, Frankfurt am Main, 1960.)

Georg von Ihering (1901–   )

Georg von Ihering, a man with as many talents as vocations, has been in his day writer, scientist, musician, sailor, journalist, interpreter, soldier, mayor, and now a teacher. A member of an old German family distinguished in the fields of law and letters, he has had an immensely varied and colorful life, leading late in his career to America and a professorship at Georgetown University in Washington, D.C., where he continues to write.

His academic training was in the sciences, but sitting at the feet of men such as Alfred Einstein, Nils Bohr, and Max Planck in the Berlin of the early 1920s was no more interesting than the world of writers, artists, publishers, and producers available to him through his cousin Herbert Ihering, the prominent critic in that brilliant epoch of Berlin's history. He worked during this period as a journalist for a variety of periodicals, including the Baltimore *Sun*, and became a close friend and associate of Erich Kästner (Part 1, p. 59).

During most of the 1930s von Ihering lived in the Austrian Tyrol as a free-lance writer of short stories and novels. After the war he continued as a free-lance writer, literary translator, and film editor. He has lived in the United States since 1957.

Trimbo is one of the chancier games of chance. It developed by a process of spontaneous emotional combustion to combat one of man's deadliest enemies—the common bore.

die Weltabgeschiedenheit "splendid isolation"; **der Gasthof** inn;
Tiroler Hochgebirgsdorf *village in the Tyrolean Alps;*
ausfindig machen find out about, discover

gemächlich comfortable, easy; **Schi** ski; **Skat** *card game;*
der Kachelofen tile stove; **die Kost = das Essen;** **der Südtiroler** (*here*)
wine from the South Tyrol; **süffig** nice to drink;
nicht gepanscht unadulterated

auf-tauchen show up, turn up; **die Keilhose** ski pants;
die Filzpantoffeln felt slippers; **plakettengeschmückte Pullover**
sweater adorned with insignia (of ski resorts); **linsen** peek, gape, ogle;
räuspernd clearing his throat

Sie hätten . . . nicht schonen dürfen "You shouldn't have kept
your ten of spades"; **tadeln** reproach

friedfertig peace-loving; **Magdalener** *a wine;* **verfügen über** have at
one's disposal, "happen to have"; **unerschöpflich** inexhaustable;
ergänzen supplement, replenish

die Laune mood; **die Anweisung** instruction, directions; **aus-strahlen**
radiate; **den Schilehrer zu spielen** to act as ski instructor; **geruhsam**
leisurely; **der Übungshang** beginners' slope; **geistesgegenwärtig** with
presence of mind; **der Fernkogel** name of a mountain

Trimbo

G. A. von Ihering

Es war ein idealer Urlaub. Pulverschnee, Sonne, Weltabgeschiedenheit –
genau das, was sich drei Freunde für ihr jährliches Wiedersehn gewünscht
hatten. Peter, der den kleinen Bauerngasthof in dem Tiroler
Hochgebirgsdorf ausfindig gemacht hatte, konnte mit seiner Entdeckung
zufrieden sein.   5

Die Tage vergingen mit gemächlichen Schitouren, die Abende mit
traulichen Gesprächen und harmlosen Skat- oder Pokerpartien am
gemütlichen Kachelofen. Die Kost war derb, aber schmackhaft, der
Südtiroler süffig und nicht gepanscht.

Es war wirklich ein idealer Urlaub – bis der neue Gast auftauchte. Eines   10
Abends saß er in hellblauer Keilhose, Filzpantoffeln und
plakettengeschmücktem Pullover am Nebentisch und linste mit
gefrorenem Lächeln eine Weile in Leschis Karten, ehe er sich räuspernd
erhob.

,,Gestatten, Klapmüller. Die Herren erlauben wohl?'' Ohne die Antwort   15
abzuwarten, setzte er sich zwischen Leschi und Spatz auf die Ofenbank.
,,Sie hätten die Pik-Zehn nicht schonen dürfen'', wandte er sich milde
tadelnd an Leschi. ,,Das Spiel war per se unverlierbar.''

War es die friedfertige Ferienstimmung oder der erschlaffende Einfluß
von Ofenwärme und dem ersten Liter Magdalener, jedenfalls wurde von   20
den drei Freunden kein nennenswerter Widerspruch laut, und so saßen
sie apathisch bis gegen Mitternacht mit Herrn Klappmüller zusammen
und ließen sich von ihm zeigen, wie man richtig Skat spielt. Da Schüler
bekanntlich Lehrgeld zahlen müssen, wurde es kein billiger Abend.
Nebenbei erfuhren die Freunde, ohne fragen zu müssen, viele interessante   25
Einzelheiten aus dem Leben des weitgereisten Herrn. Außerdem verfügte
er über einen ebenso unerschöpflichen, wie uralten Schatz von Anekdoten
und Witzen, den er von Zeit zu Zeit durch einen Blick in sein Notizbuch
ergänzte.

Am nächsten Morgen stand Herr Klappmüller mit der penetranten guten   30
Laune des gewohnheitsmäßigen Frühaufstehers schon da, um
Anweisungen zum Schiwachsen zu geben. Er strahlte aus allen Poren die
Bereitschaft aus, auch noch den Schilehrer zu spielen. Eigentlich hatten
die Freunde einen geruhsamen Vormittag auf dem Übungshang geplant.
Aber die Aussicht, Klappmüllers pädagogischen Eifer mehrere Stunden   35
lang ertragen zu müssen, war zu erschreckend. Peter sprach
geistesgegenwärtig von einer Tagestour auf dem Fernkogel. Mit sichtlichem
Bedauern lehnte Herr Klappmüller die nicht ausgesprochene Einladung

die Hochtour (*here*) ski excursion to the top of a mountain; **das Gelände** terrain, territory; **das Wirtshaus** inn, tavern; **wird gepokert** "we're going to play some poker"; **der Blutegel** leech, moocher

routiniert experienced, knowledgeable; **machte allen . . . Ehre** "in spite of every effort to shake him off, was an honor to his name **(das ist, Blutegel)**"; **erheblich** considerable; **zur Ader ließ** bled; **vertraut** familiar, acquainted; **vom Klabrias zum Kanaster** from Klabrias (*card game*) to Canasta

düster gloomy, melancholy; **verfangen** avail

der Knochen bone; **voll-laufen lassen** "get covered up"

stapfen plod; **Zu allem Überfluß** "What was the very limit"; **rieseln** trickle; **die Beständigkeit** steadiness

die Kriegsführung warfare; **das Ekel . . . packen** "take a tiger by the tail"; **Es gibt nichts . . . kann** "There's nothing he's not an expert at"; **geizig** niggardly, stingy, mean

das Schneetreiben heavy snowfall; **pflichtbewußt** conscious of duty; **die Galgenfrist** reprieve (from the gallows), respite; **Doppelliter Roten** two liters of red wine; **das Ekel** disgust, nausea (*here,* "that dreadful fellow"); **der Faulenzer** lazy bones, slugabed; **Midl** name of the waitress

mitzukommen ab. „Geben Sie mir erst ein paar Tage Training auf dem Übungshang. Aber dann sollen Sie mal sehen", drohte er.

Die Hochtour fand im Gelände des Nachbarortes und dem dazu gehörigen Wirtshaus statt. „Heut abend wird gepokert", erklärte Leschi auf dem Heimweg. „Noch einen Skat mit diesem Blutegel ertrage ich nicht." 5

Es war ein Irrtum. Der Blutegel erwies sich als routinierter Pokerspieler und machte allen Abschüttelungsversuchen zum Trotz seinem Namen Ehre; auch in der Beziehung, daß er die Drei erheblich zur Ader ließ. Und um alle Hoffnungen zu zerstören, erwähnte er, daß er mit sämtlichen Kartenspielen der Welt vertraut sei, vom Klabrias zum Kanaster. 10

„Es gibt nur zwei Möglichkeiten", sagte Peter düster, als die Freunde vor dem Schlafengehen noch einen kurzen Spaziergang über die Dorfstraße machten. „Entweder abreisen oder den Kerl umbringen. Normale Mittel verfangen nicht. So werden wir ihn nie los."

„Und morgen schneit es", seufzte Spatz. „Ich fühl's in den Knochen. 15
Wir können nur in den Betten bleiben und uns langsam vollaufen lassen."

Schweigend stapften die Drei zum Gasthaus zurück. Zu allem Überfluß bewahrheitete sich Spatzens Prophezeihung jetzt schon. Leise rieselten die ersten Flocken nieder mit jener Beständigkeit, die einen längeren Schneefall versprach. Kurz vor dem Haus blieb Leschi stehen. 20

„Kinder, ich hab's! Psychologische Kriegsführung. Wir müssen das Ekel bei seinen Schwächen packen. Es gibt nichts, was der Bursche nicht aus dem FF kann. Außerdem ist er geizig. Ihr habt ja gemerkt, wie er hoch geht, wenn er mal verliert. Also paßt auf . . . " Leschis Kriegsplan wurde etwas skeptisch aufgenommen, aber man konnte ihn ja mal ausprobieren. 25

Der nächste Tag brachte erst einmal eine Überraschung. Klappmüller war trotz heftigen Schneetreibens pflichtbewußt schon zeitig auf den Übungshang gegangen. Die Galgenfrist wurde mit einem Doppelliter Roten gefeiert. Um halb elf erschien jedoch das Ekel und steuerte händereibend auf den Ofentisch zu. „Schönen guten Morgen, ihr Faulenzer. Ach, was 30
sehe ich — Kanaster! Eigentlich ein Idiotenspiel, aber was tut man nicht alles, um die Zeit zu vertreiben. Ist's gestattet? Midl, noch ein Glas!"

Natürlich gewann er wieder. Nach einigen Runden warf Leschi seine Karten hin und sagte: „Sie haben ganz recht, Herr Klappmüller, es ist ein Idiotenspiel. Spielen wir was anderes. Wie wär's mit Trimbo? Kennen Sie 35
doch sicher auch, nicht wahr?"

„Aber klar", antwortete der Blutegel und bediente sich mit Rotwein. „Allerdings lange nicht mehr gespielt. Ich glaube, zuletzt in Mexiko.

mischen shuffle; **Schilling** *Austrian shilling, about four cents*

drei Jungens mit Pfiff "three smart-aleck kids"; **reizen** bid, declare

die Wirtin landlady

der Blinddarm appendix

wiegen shake, move to and fro; **Lastenausgleich** "Equalization of Burdens" fund (*a law passed in 1952 placing a 50% tax on all property in West Germany over 5,000 DM to be paid by 1979. Persons who had lost homes or property because of the war received payments from this sum*); **der Einsatz** stake, ante; **vertauschen** exchange

Quer durch "see you," "call"; **strich die Kasse ein** took the kitty

staunte Bauklötze "was enormously astonished"

ermutigen encourage

großzügig generous; **das Setzen** wager, bet; **das Waisenkind** orphan; **offerieren** bid; **die Frühgeburt** premature baby; **verstärken** raise (a bid); **Keiner verzog eine Miene** "No one blinked an eye"

Sie geben "your deal"

zusehends visibly, noticeably

ein-streichen (*here*) claim the pot

(Er sprach es natürlich ‚Mechiko' aus.) Spielen Sie mal erst ein paar Runden allein, dann bin ich wieder im Bilde."

Leschi mischte, gab Spatz sieben Karten, Peter zwölf und sich selbst neun. Stumm setzte jeder zwanzig Schilling in den Pott.

„Drei Jungens mit Pfiff", begann Peter zu reizen.   5

„Eine Wirtin auf dem Dach", sekundierte Spatz.

„Zwei Blinddärme grün", überbot Leschi.

Peter überlegte kurz und wiegte das Haupt. „Lastenausgleich!" erklärte er, worauf jeder nochmal seinen Einsatz verdoppelte, und er mit Leschi die Karten vertauschte.   10

„Quer durch!" rief Spatz und strich die Kasse ein.

„Junge, du hast auch immer Glück", seufzte Peter und gab das nächste Spiel. Es wurde gesetzt, und wieder begann ein ähnlich verrücktes Reizen. Herr Klappmüller staunte Bauklötze und machte sich heimlich Notizen.   15

„Doch, doch", antwortete er nach einigen Runden auf Peters Frage. „Ich komm schon wieder rein. Allerdings kenne ich's ein bißchen anders." Offenbar ermutigte ihn die Tatsache, daß niemand seine Karten zu zeigen brauchte. „Wenn Sie ein bißchen Geduld mit mir haben."

„Haben wir, haben wir", versicherte Leschi. „Wenn Sie das noch nicht   20
gemerkt haben!" Er gab ihm großzügig fünfzehn Karten. Klappmüller eröffnete nach dem Setzen etwas zaghaft mit den fünf Waisenkindern, die Spatz im vorletzten Spiel den Gewinn gebracht hatten. Peter meldete einen nackten Pudel, Leschi schien phantasielos bei seinen Blinddärmen bleiben zu wollen, von denen er allerdings diesmal vier in blau offerierte,   25
und Spatz überraschte mit einer Frühgeburt. Um ganz sicher zu gehen, verstärkte Klappmüller sein Gebot mit einem „Quer durch" und nahm etwas zaghaft die Einsätze an sich. Es schien alles in Ordnung zu sein. Keiner verzog eine Miene.

„Anfängerglück", meinte Peter. „Sie geben."   30

Klappmüller gewann drei Spiele nacheinander. Er wurde zusehends sicherer und erzählte bereits Trimbo-Anekdoten. Eine weitere Runde lang schwankte das Glück etwas hin und her. Aber beim siebten Spiel wurde es ernst.

Klappmüller wollte nach einem erfolgreichen Lastenausgleich gerade   35

der Daumen thumb

Genfer Komment Geneva Convention

Menschenskind *exclamation of surprise, shock, etc.;* **aus-nutzen** make use of, play; **das Erdbeben** earthquake; **das Blatt** trick, winning card

verdutzt bewildert, nonplussed; **erbarmungslos** without pity, remorseless; **widerlegen** refute; **hielt sich am Wein schadlos** "made up his losses in wine"; **ein-bringen** retrieve; **murmeln** mutter

die Revanche return game

schröpfen cup, bleed (*fig.* to fleece)

Kitzbühl *large Tyrolean ski resort;* **Mehr Betrieb** more action; **für seine Verhältnisse kurz angebunden** very curt by his standards

übertrieben exaggerated

kaltblütig hundertsechzig Schilling einstreichen, als Leschi ihn unterbrach: „Verzeihen Sie, sehen Sie nicht, daß mein Bart brennt?"

Klappmüller starrte ihn verständnislos an.

„Na hören Sie mal! Wie können Sie nur?" sagte Peter vorwurfsvoll. „Er hält doch schon die ganze Zeit den linken Daumen hoch. Ja, mein Lieber, bei Trimbo muß man höllisch aufpassen." 5

„Vielleicht spielt er nicht nach dem Genfer Komment", meinte Spatz begütigend. „Er hat's ja schließlich in Mexiko – Verzeihung, Mechiko gelernt."

„Egal", sagte Peter. „Es ist doch klar, daß Leschi gewonnen hat, wenn 10 ihm schon der Bart brennt. Übrigens, erlauben Sie mal?" Er deckte Klappmüllers Karten auf. „Ja, Menschenskind, wenn Sie Ihre Hand so wenig ausnutzen! Sie hätten da ein prima Erdbeben gehabt. Schade um das schöne Blatt!"

Von nun an nutzte dem verdutzten Klappmüller gar nichts mehr. Während 15 der nächsten vier Runden verlor er erbarmungslos jedes Spiel. Seine Proteste, daß dieselben Meldungen vorher gewinnbringend gewesen waren, wurden höflich, aber bestimmt widerlegt. Er wurde zusehends schweigsamer und hielt sich am Wein schadlos. Immerhin hatten die Freunde ihre bisherigen Skat- und Pokerverluste reichlich eingebracht, als 20 sich Herr Klappmüller kurz vor dem Mittagessen erhob und etwas von Briefeschreiben murmelte.

„Heute nachmittag gibt es Revanche", sagte Spatz tröstend.

Herr Klappmüller lächelte süßsauer und zog sich zurück. Es kam nicht zu der versprochenen Revanche, denn schon am frühen Nachmittag stand 25 der geschröpfte Blutegel mit seinem Gepäck vor dem Haus und wartete auf den Autobus, als Leschi von einem Spaziergang im Schneetreiben zurückkam.

„Nanu, Herr Klappmüller, Sie wollen uns doch nicht schon verlassen?" fragte er freudig überrascht. 30

„Doch ich fahre nach Kitzbühl. Da ist die Sonne und auch mehr Betrieb als hier. Auf Wiedersehn." Er war für seine Verhältnisse auffallend kurz angebunden.

„Auf Wiedersehn", antwortete Leschi herzlich. Aber das war übertrieben.

(Courtesy George von Ihering.)

Carl Zuckmayer (1896–   )

One of the brightest talents of the German stage in modern times,
Carl Zuckmayer is best known for his plays *Der Hauptmann von Köpenick*
and *Des Teufels General.* The former, based upon an actual incident,
tells the story of Willi Voigt, the jailbird cobbler who, frustrated by the
Prussian beaurocracy in his attempt to go straight, dresses in a captain's
uniform, commandeers a detail of soldiers, and captures the town hall of a
Berlin suburb in order to get the documents he needs to become a free man.
It is the ultimate charade at the expense of a society which was obsequious
to the symbols of authority (compare Bergengruen's *Das
Freiheitsbändchen*, Part 2, p. 187). In the play, as in real life, even
Kaiser Wilhelm II—whose disposition to magnanimity was perhaps at the
same level of development as his sense of humor—saw the point and
granted Voigt a pardon and his papers.

Zuckmayer was a voluntary exile from National Socialism and spent the
war years as a farmer in Vermont. An American citizen, he returned
to Germany after the war at the request of the American authorities to
help reestablish the theater and to continue his work. He now lives in
Switzerland.

The poem *Elegie von Abschied und Wiederkehr* describes how inevitably
one will return to the scenes of one's past in the clear awareness that the
past revisited is irretrievably dead.

der Abschied parting, going away; **die Wiederkehr** return; **verwandelt** changed; **erlosch(e)ne** obliterated

die Weide meadow; **unberührt** unaffected, undisturbed; **die Gezeit** tide; **die Totenwacht** deathwatch; **das Ufer** shore; **die Schläfe** temple; **wehn = wehen; erschauernd** shuddering

entseelt lifeless, moribund; **entleibt** dead; **verzehren** consume; **der Flug** swarm; **die Asche** ashes; **die Erinnrung = Erinnerung**

Elegie von Abschied und Wiederkehr

Ich weiß, ich werde alles wiedersehn,
Und es wird alles ganz verwandelt sein.
Ich werde durch erloschne Städte gehn,
Darin kein Stein mehr auf dem andern Stein —
Und selbst wo noch die alten Steine stehen,   5
Sind es nicht mehr die altvertrauten Gassen —
Ich weiß, ich werde alles wiedersehen
Und nichts mehr finden, was ich einst verlassen.

Der breite Strom wird noch zum Abend gleiten.
Auch wird der Wind noch durch die Weiden gehn,   10
Die unberührt in sinkenden Gezeiten
Die stumme Totenwacht am Ufer stehn.
Ein Schatten wird an unsrer Seite schreiten
Und tiefste Nacht um unsre Schläfen wehn —
Dann mag erschauernd in den Morgen reiten,   15
Wer lebend schon sein eignes Grab gesehn.

Ich weiß, ich werde zögernd wiederkehren,
Wenn kein Verlangen mehr die Schritte treibt.
Entseelt ist unsres Herzens Heimbegehren,
Und was wir brennend suchten, liegt entleibt.   20
Leid wird zu Flammen, die sich selbst verzehren,
Und nur ein kühler Flug von Asche bleibt —
Bis die Erinnrung über dunklen Meeren
Ihr ewig Zeichen in den Himmel schreibt.

Carl Zuckmayer, *Gesammelte Werke*, Vol. I (*Gedichte, Erzählungen*).
(*Courtesy Carl Zuckmayer, 1960.*)

Friedrich Dürrenmatt (1921–   )

The Swiss Friedrich Dürrenmatt, among the most widely renowned of
living German-language authors, is also one of the most acute moralists
and satirists of our time. Chiefly through the drama, but also in his novels
and short stories, Dürrenmatt execrates both the blind tyranny of
authority in modern society and the weaknesses of human flesh upon
which it feeds. Literary influences on Dürrenmatt are many and
cosmopolitan. From the German element he draws from the long artistic
tradition of the grotesque, from the techniques of Expressionism, from
the demonology of Kafka, and from the theater of Brecht. Conspicuous
among his foreign prototypes are the classical satirists, Pirandello, and
particularly Thornton Wilder. His protagonists are consciously nonheroes
in the implicit awareness that heroism is now futile if not ridiculous.
The tragic and the comic become complements of one another. His dramas
emerge as tragedies performed as comedies.

Dürrenmatt's fame abroad, particularly in the English-speaking world, was
established by the brilliant production of his play, *The Visit* (*Der Besuch
der alten Dame*), in New York in 1958 by Alfred Lunt and Lynn Fontanne.
The scene is Güllen, a German *Our Town*, impoverished and moribund.
It is the birthplace of the billionairess Claire Zachanassian, who returns for
a purposeful sentimental visit in her declining years: she will donate
500 million to the town and another 500 million divided among the town's
citizens in return for the body of the man who seduced her as a girl.
The town at first is shocked and adamant against executing this man,
Alfred Ill, who is their most beloved and respected citizen. Gradually, the
prospect of money, the blandishments of loosening credit, and assured
prosperity have their effect. The townspeople—from the indifferent
to the most high-minded, and finally Ill's own family—begin to acquiesce
and find reason why the man deserves death. In the final scene, Ill,
surrounded by his peers on the town council, is executed by strangulation.

Dürrenmatt's wit emerges in his burlesques of conventional people and
situations, his sense of the humorous in the grotesque and macabre; his
talent transforms a straight-faced representation of desperate circumstances
into farce. Some critics have construed his manner as callousness or
misplaced frivolity, but this ignores Dürrenmatt's serious moral purpose,
always implicit and often expressly stated by his characters.

Dürrenmatt was born near Berne, son of a clergyman, and after completion
of his studies became a commercial artist, journalist, and writer for the
cabaret. He now lives as a free-lance writer in Neuchâtel. His early
productions include *Es steht geschrieben, Die Ehe des Herrn Mississippi*,
and *Romulus der Große*. A favored genre is that of the detective story,
such as *Der Richter und sein Henker*. Operating strictly within the

conventions of the whodunit, he emerges with a superb and meaningful parody. Two of his more recent plays are *Die Physiker* and *Der Meteor*.

The motif of execution, of perishing for reasons of social expediency, runs through much of Dürrenmatt's work. His nonheroes are often men of stature and accomplishment who accept their fate as a natural and logical consequence of the absurdity of the world. Hence, as we shall see in the *Hörspiel, Nächtliches Gespräch,* the direst situation imaginable will be depicted in a posture of detachment, rectitude, and almost exaggerated civility, simply because both parties recognize the inevitability of the outcome.

Nächtliches Gespräch affords a good example of Dürrenmatt's technique. *Der Mann* is an author who has been declared an enemy of the State; *der andere* is the state's clandestine executioner, the symbol of death, "mit dem zu reden es keinen Sinn hat." *Der andere* climbs into the flat of the author to dispatch him on orders of the State. *Der Mann* is fully aware that his execution is inevitable, and *der andere,* with the clinical confidence of a veteran surgeon, knows he will not fail. In the realization of this, the common decencies and civilities are most deferentially observed. The innermost feelings of each man (a travesty of the cataloguelike lamentations of the older drama) have no impact whatever upon the other, because there is simply no common basis of understanding. *Der Mann* girds himself for death as though for a tooth extraction.

nächtlich nocturnal; **klirren** clatter

das Sims sill, ledge; **klettern** climb; **die Finsternis** darkness

die Taschenlampe flashlight, torch
Verflixt blast!

der Schalter switch

sympathisch congenial, likeable

dergleichen "something on that order"

Nächtliches Gespräch

Mit einem verachteten Menschen
[Ein Kurs für Zeitgenossen]

Friedrich Dürrenmatt

Die Stimmen

Der Mann

Der andere

(Eine Fensterscheibe klirrt.)

Der Mann *(ruhig und laut):*   Kommen Sie bitte herein.

(Stille.)

Der Mann: Kommen Sie herein. Es hat keinen Sinn, auf dem Fenstersims sitzenzubleiben in dieser unangenehmen Höhe, wenn Sie schon heraufgeklettert sind. Ich kann Sie ja sehen. Der Himmel da draußen hinter Ihrem Rücken ist immer noch heller in seiner Dunkelheit als die Finsternis dieses Zimmers.   5

(Ein Gegenstand fällt auf den Boden.)

Der Mann: Sie haben die Taschenlampe fallen lassen.   10

Der andere: Verflixt.

Der Mann: Es hat keinen Sinn, nach ihr auf dem Boden zu suchen. Ich mache Licht.

(Ein Schalter knackt.)

Der andere: Vielen Dank, Herr.

Der Mann: So. Da sind Sie. Die Situation ist gleich sympathischer, wenn man sich sieht. Sie sind ja ein älterer Mann!   15

Der andere: Haben Sie einen jungen erwartet?

Der Mann: Allerdings. Ich habe dergleichen erwartet. Nehmen Sie auch die Taschenlampe wieder zu sich. Sie liegt rechts vom Stuhl.

Der andere: Verzeihung.   20

(Eine Vase zersplittert.)

Der andere: Verflixt nochmal. Jetzt habe ich eine chinesische Vase umgeworfen.

Der Mann: Den griechischen Weinkrug.

das Metier *(fr.)* trade, line;   **die Ungeschicklichkeit** awkwardness

irgendein some sort of

der Schriftsteller writer

beschäftigen use, employ

das Einkommen income;   **das Gerücht** rumor

demnach "I gather"

Der andere:	Kaputt. Es tut mir leid.
Der Mann:	Macht nichts. Ich werde kaum noch Gelegenheit haben, ihn zu vermissen.
Der andere:	Es ist schließlich nicht mein Metier, Fassaden zu klettern und einzubrechen. Was jetzt von einem verlangt wird, soll doch der Teufel — meine Ungeschicklichkeit tut mir wirklich leid, Herr!
Der Mann:	Das kann vorkommen.
Der andere:	Ich glaubte —
Der Mann:	Sie waren der Meinung, ich schliefe im andern Zimmer. Ich verstehe. Sie konnten wirklich nicht wissen, daß ich um diese Zeit noch im Finstern an meinem Schreibtisch sitze.
Der andere:	Normale Menschen liegen um diese Zeit im Bett.
Der Mann:	Wenn normale Zeiten sind.
Der andere:	Ihre Frau?
Der Mann:	Machen Sie sich keine Sorgen. Meine Frau ist gestorben.
Der andere:	Haben Sie Kinder?
Der Mann:	Mein Sohn ist in irgendeinem Konzentrationslager.
Der andere:	Die Tochter?
Der Mann:	Ich habe keine Tochter.
Der andere:	Sie schreiben Bücher? Ihr Zimmer ist voll davon.
Der Mann:	Ich bin Schriftsteller.
Der andere:	Liest jemand die Bücher, die Sie schreiben?
Der Mann:	Man liest sie überall, wo sie verboten sind.
Der andere:	Und wo sie nicht verboten sind?
Der Mann:	Haßt man sie.
Der andere:	Beschäftigen Sie einen Sekretär oder eine Sekretärin?
Der Mann:	In Ihren Kreisen müssen über das Einkommen der Schriftsteller die wildesten Gerüchte zirkulieren.
Der andere:	So befindet sich demnach zur Zeit außer Ihnen niemand in der Wohnung?
Der Mann:	Ich bin allein.
Der andere:	Das is gut. Wir brauchen absolute Ruhe. Das müssen Sie begreifen.

der **Auftrag** commission, order

morden murder; **der Mörder** murderer; **auf Bestellung** on commission

der **Beruf** profession, trade

der **Henker** executioner

mit **Fassung** with composure

Du drückst . . . gewählt aus "You do express yourself with an extremely elegant choice of words"

heute vor allem "chiefly these days"

gefährlich dangerous

der **Schnaps** brandy, spirits

extra especially, expressly

verurteilen to condemn

unermeßlich boundless; **starren** stare

Der Mann:	Sicher.
Der andere:	Es ist klug von Ihnen, mir keine Schwierigkeiten zu machen.
Der Mann:	Sie sind gekommen, mich zu töten?
Der andere:	Ich habe diesen Auftrag.
Der Mann:	Sie morden auf Bestellung?
Der andere:	Mein Beruf.
Der Mann:	Ich habe es immer dunkel geahnt, daß es heute in diesem Staat auch Berufsmörder geben muß.
Der andere:	Das war immer so, Herr. Ich bin der Henker dieses Staats. Seit fünfzig Jahren.
	(Stille.)
Der Mann:	Ach so. Du bist der Henker.
Der andere:	Haben Sie jemand anders erwartet?
Der Mann:	Nein. Eigentlich nicht.
Der andere:	Sie tragen Ihr Schicksal mit Fassung.
Der Mann:	Du drückst dich reichlich gewählt aus.
Der andere:	Ich habe es heute vor allem mit gebildeten Leuten zu tun.
Der Mann:	Es tut nur gut, wenn die Bildung wieder etwas Gefährliches wird. Willst du dich nicht setzen?
Der andere:	Ich setze mich ein wenig auf die Schreibtischkante, wenn es Sie nicht geniert.
Der Mann:	Tu nur wie zu Hause. Darf ich dir einen Schnaps offerieren?
Der andere:	Danke, aber erst für nachher. Vorher trinke ich nicht. Damit die Hand sicher bleibt.
Der Mann:	Das sehe ich ein. Nur mußt du dich dann selbst servieren. Ich habe ihn extra für dich gekauft.
Der andere:	Sie wußten, daß Sie zum Tode verurteilt worden sind?
Der Mann:	In diesem Staate ist alles zum Tode verurteilt, und es bleibt einem nichts anderes mehr übrig, als durchs Fenster in den unermeßlichen Himmel zu starren und zu warten.
Der andere:	Auf den Tod?

Line numbers in margin: 5, 10, 15, 20, 25, 30

berechnen calculate, figure on, reckon; **primitiv** crude, coarse; **übersichtlich** clear, visible, distinct; **Die Dinge nehmen . . . Hackmaschine geraten** Things take such a logical course that it's as though you were going through a meat grinder; **an-greifen** attack; **pflegen unästhetische Folgen zu haben** tend to have unsavory consequences; **ein-schließen** include; **in das Gefängnis seiner Ächtung** into the prison of its ostracism; **achten** respect, esteem; **verachten** despise; **ächten** ostracize; **auf-brechen** break open

keinen Sinn haben be futile

der Beamte civil servant; **die Spinne** spider; **willkommen** welcome

verlegen embarrassed; **verständlich** understandable; **die Bekanntschaft** acquaintance

gewissermaßen chirurgisch "surgically, as it were"

Der Mann:	Auf den Mörder. Auf wen sonst? Man kann in diesem verfluchten Staat alles berechnen, denn nur das Primitive ist wirklich übersichtlich. Die Dinge nehmen einen so logischen Verlauf, als wäre man in eine Hackmaschine geraten. Der Ministerpräsident hat mich angegriffen, man weiß, was dies bedeutet, die Reden Seiner Exzellenz pflegen unästhetische 5 Folgen zu haben. Meine Freunde beschlossen zu leben und zogen sich zurück, da sich jeder zum Tode verurteilt, der mich besucht. Der Staat schloß mich in das Gefängnis seiner Ächtung ein. Aber einmal mußte er die Mauern meiner Einsamkeit aufbrechen. Einmal mußte er einen Menschen zu mir schicken, wenn auch nur, um mir den Tod zu geben. 10 Auf diesen Menschen habe ich gewartet. Auf einen, der so denkt, wie meine wahren Mörder denken. Diesem Menschen wollte ich noch einmal — zum letztenmal — sagen, wofür ich ein ganzes Leben lang gekämpft habe. Ich wollte ihm zeigen, was die Freiheit ist, ich wollte ihm beweisen, daß ein freier Mann nicht zittert. Und nun bist du gekommen. 15
Der andere:	Der Henker.
Der Mann:	Mit dem zu reden es keinen Sinn hat.
Der andere:	Sie verachten mich?
Der Mann:	Wer hätte dich je achten können, verächtlichster unter den Menschen.
Der andere:	Einen Mörder hätten Sie geachtet? 20
Der Mann:	Ich hätte ihn wie einen Bruder geliebt, und ich hätte mit ihm wie mit einem Bruder gekämpft. Mein Geist hätte ihn besiegt in der Triumphstunde meines Todes. Aber nun ist ein Beamter zu mir durch das Fenster gestiegen, der tötet und einmal fürs Töten eine Pension beziehen wird, um satt wie eine Spinne auf seinem Sofa einzuschlafen. Willkommen, 25 Henker!
Der andere:	Bitte schön.
Der Mann:	Du wirst verlegen. Das ist verständlich, ein Henker kann nicht gut antworten. Es freut mich, Ihre Bekanntschaft zu machen.
Der andere:	Sie fürchten sich nicht? 30
Der Mann:	Nein. Wie denkst du, die Exekution auszuführen?
Der andere:	Lautlos.
Der Mann:	Ich verstehe. Es muß Rücksicht auf die Familien genommen werden, die noch in diesem Hause wohnen.
Der andere:	Ich habe ein Messer bei mir. 35
Der Mann:	Also gewissermaßen chirurgisch. Werde ich zu leiden haben?

der Fachmann expert; **der Anfänger** beginner, greenhorn; **etwas Bestimmtes** anything in particular

die Ehrensache matter of principle; **bewilligen** give permission for, grant

zum (*here*) along with

gütig generous, kind

Da haben Sie Feuer "Here's a light"

bedauerlich regrettable

von Glück "to your good fortune"

ungemein bevorzugt "afforded uncommonly preferential treatment"

Sie sind eben You are, after all

Der andere:	Es geht schnell. In Sekunden ist es vorbei.
Der Mann:	Du hast schon viele auf diese Weise getötet?
Der andere:	Ja. Schon viele.
Der Mann:	Es freut mich, daß der Staat wenigstens einen Fachmann schickt und keinen Anfänger. Habe ich noch etwas Bestimmtes zu tun?
Der andere:	Wenn Sie sich entschließen könnten, den Kragen zu öffnen.
Der Mann:	Darf ich mir vorher noch eine Zigarette anzünden?
Der andere:	Klar. Das ist Ehrensache. Das bewilligte ich jedem. Es eilt auch gar nicht so mit dem andern.
Der Mann:	Eine Camel. Rauchst du auch eine?
Der andere:	Erst nachher.
Der Mann:	Natürlich. Du machst alles erst nachher. Wegen der Hand. Dann lege ich sie zum Schnaps.
Der andere:	Sie sind gütig.
Der Mann:	Zu einem Hund ist man immer gütig.
Der andere:	Da haben Sie Feuer.
Der Mann:	Ich danke dir. So. Und nun ist auch der Kragen offen.
Der andere:	Sie tun mir wirklich leid, Herr.
Der Mann:	Ich finde es auch etwas bedauerlich.
Der andere:	Dabei dürfen Sie von Glück sagen, daß dies alles so ganz privat in dieser Nacht zu geschehen hat.
Der Mann:	Ich fühle mich auch ungemein bevorzugt.
Der andere:	Sie sind eben ein Schriftsteller.
Der Mann:	Nun?
Der andere:	Da werden Sie für die Freiheit sein.
Der Mann:	Nur.
Der andere:	Dafür sind sie jetzt alle, die ich töten muß.
Der Mann:	Was versteht ein Henker schon von der Freiheit!
Der andere:	Nichts, Herr.
Der Mann:	Eben.

Line numbers in right margin: 5, 10, 15, 20, 25, 30

zertreten stamp out

missen miss, pass up

die Gerechtigkeit justice

das Gegenteil opposite, contrary

eine andere (*here*) **Gerechtigkeit; hin und wieder** every now and then;
an-drehen turn on; **vernehmen von** hear something of; **vom rasenden
Ablauf der Schicksale** "of how fates career to an end"; **unaufhörlich**
incessant, continuous; **versinken** sink, founder; **vom donnernden
Vorbeigang ihrer Trosse** of the thunderous collapse of their followers;
rinselnd oozing; **schimmelnd** mouldy; **fahl** sallow, pale; **das
Morgengrauen** dawn; **bleich** pale, wan; **entgegen-führen** lead
towards; **das Zögern** hesitation, dallying; **das Zuschlagen** chopping,
striking; **das Beil** ax

Der andere:	Sie haben Ihre Zigarette zertreten.
Der Mann:	Ich bin etwas nervös.
Der andere:	Wollen Sie jetzt sterben?
Der Mann:	Noch eine Zigarette, wenn ich darf.
Der andere:	Rauchen Sie nur. Die meisten rauchen vorher noch eine Zigarette und dann noch eine. Jetzt sind's amerikanische und englische. Früher französische und russische.
Der Mann:	Das kann ich mir denken. Zwei Zigaretten vor dem Tod und ein Gespräch mit dir, das möchte ich auch nicht missen.
Der andere:	Obgleich Sie mich verachten.
Der Mann:	Man gewöhnt sich auch ans Verächtliche. Aber dann ist es höchste Zeit zum Sterben.
Der andere:	Hier haben Sie noch einmal Feuer, Herr.
Der Mann:	Danke.
Der andere:	Jeder hat eben doch ein wenig Furcht.
Der Mann:	Ja. Ein wenig.
Der andere:	Und man trennt sich ungern vom Leben.
Der Mann:	Wenn es keine Gerechtigkeit mehr gibt, trennt man sich leicht davon. Aber von der Gerechtigkeit wirst du auch nichts verstehen.
Der andere:	Auch nicht, Herr.
Der Mann:	Siehst du, ich habe nie im geringsten das Gegenteil angenommen.
Der andere:	Die Gerechtigkeit ist eine Sache von euch da draußen, denke ich. Wer soll auch klug werden daraus. Ihr habt ja immer wieder eine andere. Da lebe ich nun fünfzig Jahre im Gefängnis. Ich werde ja erst in der letzten Zeit auch nach außen geschickt, und dies nur bei Nacht. Hin und wieder lese ich eine Zeitung. Hin und wieder drehe ich das Radio an. Dann vernehme ich vom rasenden Ablauf der Schicksale, vom unaufhörlichen Versinken und Aufsteigen der Mächtigen und Glänzenden, vom donnernden Vorbeigang ihrer Trosse, vom stummen Untergang der Schwachen, doch bei mir bleibt sich alles gleich. Immer die gleichen, grauen Mauern, die gleiche rinselnde Feuchtigkeit, die gleiche schimmelnde Stelle oben an der Decke, die fast wie Europa aussieht im Atlas, den gleichen Gang durch den dunklen, langen Korridor in den Hof hinaus im fahlen Morgengrauen, die immer gleichen bleichen Gestalten in Hemd und Hose, die mir entgegengeführt werden, das immer gleiche Zögern, wenn sie mich

krepieren *(coll.)* die, croak

der Stümper bungler; **was sie denn . . . ungeheure Zeit über** "what on
earth they've been up to the whole blasted time"; **die Maschine**
machine; **hand-haben** operate, handle; **der Pflug** plow; **die Idee**
idea; **das Vaterland** fatherland, native country; **(sich) auf-opfern**
sacrifice; **kostspielig** expensive, costly; **wie es die Umstände ergeben**
as circumstances dictate

sich vor-stellen imagine, fancy; **dumpf = dumm;** **aufgewachsen wie
ein rohes Stück Vieh** "having grown up like some stupid beast";
die Gegenleistung favor in return; **der Bäcker** baker

erblicken, das immer gleiche Zuschlagen, bei Schuldigen und bei
Unschuldigen: zuschlagen, zuschlagen wie ein Hammer, zuschlagen wie
ein Beil, das man nicht fragt.

Der Mann: Du bist eben ein Henker.

Der andere: Ich bin eben ein Henker. 5

Der Mann: Was ist einem Henker schon wichtig!

Der andere: Die Art, wie einer stirbt, Herr.

Der Mann: Die Art, wie einer krepiert, willst du sagen.

Der andere: Da sind gewaltige Unterschiede.

Der Mann: Nenne mir diese Unterschiede. 10

Der andere: Es ist gewissermaßen die Kunst des Sterbens, nach der Sie fragen.

Der Mann: Dies scheint die einzige Kunst zu sein, die wir heute lernen müssen.

Der andere: Ich weiß weder, ob man diese Kunst lehren kann, noch wie man sie lernt.
Ich sehe nur, daß sie einige besitzen und viele nicht, daß Stümper in
dieser Kunst zu mir kommen und große Meister. Sehen Sie, Herr, 15
vielleicht wäre für mich alles leichter zu verstehen, wenn ich mehr von
den Menschen wüßte, wie sie in ihrem Leben sind, was sie denn eigentlich
unternehmen die ganze ungeheure Zeit über, bis sie zu mir kommen;
was das heißt, heiraten, Kinder haben, Geschäfte machen, eine Ehre
besitzen, eine Maschine handhaben, spielen und trinken, einen Pflug 20
führen, Politik betreiben, sich für Ideen oder ein Vaterland aufopfern,
nach Macht streben, und was man nur immer tut. Das werden gute Leute
sein oder schlechte, gewöhnliche und kostspielige, so wie man eben
versteht zu leben, wie es die Umstände ergeben, die Herkunft, die
Religion, oder das Geld, das man gerade dazu hat, oder zu was einen der 25
Hunger treibt. Daher weiß ich denn auch nicht die ganze Wahrheit vom
Menschen, sondern nur meine Wahrheit.

Der Mann: Zeig sie her, deine Henkerswahrheit.

Der andere: Zuerst habe ich mir das alles ganz einfach vorgestellt. Ich war ja auch
nicht viel mehr denn ein dumpfes Tier, eine brutale Kraft mit der 30
Aufgabe, zu henken. Da habe ich mir gedacht: Alles, was man verlieren
kann, ist das Leben, etwas anderes als das Leben gibt es nicht, der ist
ein armer Teufel, der dieses Leben verliert. Aus diesem Grunde war ich ja
auch ein Henker geworden, damals vor fünfzig Jahren, um mein Leben
wiederzugewinnen, das ich, aufgewachsen wie ein rohes Stück Vieh, vor 35
dem Gericht verloren hatte, und als Gegenleistung verlangte man eben,
daß ich ein tüchtiger Henker werde. Das Leben wollte doch auch verdient

der Kerl fellow, guy, chap; **(sich) wehren** defend oneself; **entspinnen** ensue; **der Richtblock** (executioner's) block; **der Jähzorn** fit of temper; **der Raubmord** murder and robbery; **in ihrem Handeln** "in the way they did things"

manchmal often, many a time; **prächtig** splendid, magnificent; **spotten** mock, deride; **der Tyrann** tyrant; **daß es . . . den Rücken lief** "so that chills ran up your spine"; **imposant** imposing, impressive

Brav umgekommen! "They died with style!"

Schurke "You scoundrel"

Es steht jedem frei "Everyone has his choice"

vorig– previous, former; **die Hinrichtung** execution; **der Anlaß** occasion, reason; **der Richter** judge; **der Staatsanwalt** public prosecutor, attorney general; **der Verteidiger** defence attorney, advocate; **per Priester** priest; **der Gehrock** frock coat; **der Trommelwirbel** roll of drums; **eine zündende Schmährede** a blistering diatribe; **spricht man . . . zu kurz kommt** "they don't even talk to me any more, and then something is wrong with the act of dying, because the accounts

sein. Ich wurde Henker, wie einer da draußen bei euch Bäcker wird oder General: um zu leben. Und das Leben war das gleiche wie Henken. War das nicht ehrlich gedacht?

Der Mann: Gewiß.

Der andere: Nichts schien mir natürlicher, als daß ein Kerl sich wehrte, wenn er 5
sterben mußte, wenn sich zwischen ihm und mir ein wilder Kampf entspann, bis ich seinen Kopf auf dem Richtblock hatte. So starben die wilden Burschen aus den Wäldern, die im Jähzorn töteten oder einen Raubmord unternahmen, um ihrem Mädchen einen roten Rock zu kaufen. Ich verstand sie und ihre Leidenschaften, und ich liebte sie, war ich doch 10 einer von ihnen. Da war Verbrechen in ihrem Handeln und Gerechtigkeit in meinem Henken, die Rechnung war klar und ging auf. Sie starben einen gesunden Tod.

Der Mann: Ich verstehe dich.

Der andere: Und dann waren andere, die starben anders, obgleich es mir manchmal 15
scheint, daß es doch ein gleiches Sterben war. Die behandelten mich mit Verachtung und starben stolz, Herr, hielten vorher prächtige Reden über die Freiheit und über die Gerechtigkeit, spotteten über die Regierung, griffen die Reichen an oder die Tyrannen, daß es einem kalt über den Rücken lief. Die, denke ich, starben so, weil sie sich im Recht glaubten 20 und vielleicht auch recht hatten, und nun wollten sie zeigen, wie gleichgültig ihnen der Tod war. Auch hier war die Rechnung klar und einfach: es war Krieg zwischen ihnen und mir. Sie starben im Zorn und in der Verachtung, und ich schlug im Zorn zu, die Gerechtigkeit lag bei beiden, meine ich. Die starben einen imposanten Tod. 25

Der Mann: Brav umgekommen! Mögen heute viele so sterben!

Der andere: Ja, Herr, das ist eben das Merkwürdige: heute stirbt man nicht mehr so.

Der Mann: Wie das, Schurke! Gerade heute ist jeder ein Rebell, der durch deine Hand stirbt.

Der andere: Ich glaube auch, daß viele so sterben möchten. 30

Der Mann: Es steht jedem frei, zu sterben, wie er will.

Der andere: Nicht mehr bei diesem Tod, Herr. Da gehört durchaus Publikum dazu. Das war vorher noch so unter den vorigen Regierungen, da war die Hinrichtung ein Anlaß, zu dem man feierlich erschien: Der Richter war da, der Staatsanwalt, der Verteidiger, ein Priester, einige Journalisten, 35 Ärzte und andere Neugierige, alle in schwarzem Gehrock, wie zu einem Staatsakt, und manchmal war sogar noch ein Trommelwirbel dabei, um die Angelegenheit recht imposant zu machen. Da lohnte es sich für den

don't balance, and the condemned man comes up short";
bisweilen = hin und wieder

wahr-nehmen notice, perceive

denn = als

demütig humbly

Bube "You ass!"; **die Tugend** virtue

die Anklage accusation, charge; **die Verteidigung** defense;
der Verbrecher criminal, felon; **Du Narr** "You, you fool, . . .";
die Schmach shame, disgrace; **der Staatsmann** statesman;
gerecht just, law-abiding

Verurteilten noch, eine zündende Schmährede zu halten, der Staatsanwalt
hat sich oft genug geärgert und auf die Lippen gebissen. Aber heute hat
sich das geändert. Man stirbt allein mit mir. Nicht einmal ein Priester
ist dabei, und es war ja auch vorher kein Gericht. Da man mich verachtet,
spricht man auch nicht mehr, und das Sterben stimmt dann auch nicht, 5
weil die Rechnung nicht aufgeht und der Verurteilte zu kurz kommt.
So sterben sie denn, wie Tiere sterben, gleichgültig, und das ist doch
auch nicht die rechte Kunst. Wenn es aber doch ein Gericht gegeben hat,
weil dies der Staat bisweilen braucht, und wenn einmal doch der
Staatsanwalt und der Richter erscheinen, da ist der Verurteilte ein 10
gebrochener Mann, der alles mit sich machen läßt. Das ist dann ein
trauriger Tod. Es sind eben andere Zeiten gekommen, Herr.

Der Mann: Andere Zeiten! Sogar der Henker nimmt dies wahr!

Der andere: Es wundert mich nur, was in der Welt heute denn eigentlich los ist.

Der Mann: Der Henker ist los, mein Freund! Auch ich wollte sterben wie ein Held. 15
Und nun bin ich mit dir allein.

Der andere: Allein mit mir in der Stille dieser Nacht.

Der Mann: Auch mir bleibt nichts anderes übrig, als umzukommen, wie die Tiere
umkommen.

Der andere: Es gibt ein anderes Sterben, Herr. 20

Der Mann: So erzähle mir, wie man in unserer Zeit anders stirbt denn ein Tier.

Der andere: Indem man demütig stirbt, Herr.

Der Mann: Deine Weisheit ist eines Henkers würdig! Man soll in dieser Zeit nicht
demütig sein, Bube! Man soll auch nicht demütig sterben. Diese Tugend
ist heute unanständig geworden. Man soll bis zum letzten Atemzug 25
gegen die Verbrechen protestieren, die an der Menschheit begangen
werden.

Der andere: Das ist die Sache der Lebenden, aber die Sache der Sterbenden ist eine
andere.

Der Mann: Die Sache der Sterbenden ist die gleiche. Da soll ich zu nächtlicher 30
Stunde in diesem Zimmer, umgeben von meinen Büchern, von den Dingen
meines Geistes, von dir, einem verächtlichen Menschen, noch vor dem
ersten Morgengrauen getötet werden, ohne Anklage, ohne Gericht, ohne
Verteidigung, ohne Urteil, ja, ohne Priester, was doch sonst jedem
Verbrecher zukommt, geheim, wie der Befehl heißt, ohne daß die 35
Menschen es wissen dürfen, nicht einmal die, welche in diesem Hause
schlafen. Und du verlangst Demut von mir! Du Narr, die Schmach der

unterjocht subjugated, oppressed

hindern hinder, stop, prevent

weiter further, "keep on . . . ," "continue to . . ."

umfangen clutch

	Zeit, die aus Mördern Staatsmänner und aus Henkern Richter macht, zwingt die Gerechten, wie Verbrecher zu sterben. Verbrecher kämpfen, hast du gesagt. Gut gesprochen, Henker! Ich werde mit dir kämpfen.	
Der andere:	Es ist sinnlos, mit mir zu kämpfen.	
Der Mann:	Daß nur noch der Kampf mit dem Henker einen Sinn hat, macht diese Zeit so barbarisch.	5
Der andere:	Sie treten zum Fenster.	
Der Mann:	Mein Tod soll in dieser Nacht nicht versinken wie ein Stein versinkt, lautlos, ohne Schrei. Mein Kampf soll gehört werden. Ich will durch dieses offene Fenster in die Straße hineinschreien, hinein in diese unterjochte Stadt!	10
	(Er schreit): Hört, ihr Leute, hier kämpft einer mit seinem Henker! Hier wird einer wie ein Tier abgeschlachtet! Leute, springt aus euren Betten! Kommt und seht, in welchem Staat wir heute leben!	
	(Stille.)	15
Der Mann:	Du hinderst mich nicht?	
Der andere:	Nein.	
Der Mann:	Ich schreie weiter.	
Der andere:	Bitte.	
Der Mann *(unsicher):*	Du willst nicht mit mir kämpfen?	20
Der andere:	Der Kampf wird beginnen, wenn meine Arme dich umfangen.	
Der Mann:	Ich sehe! Die Katze spielt mit einer Maus. Hilfe!	
	(Stille.)	
Der andere:	Es bleibt still auf der Straße.	
Der Mann:	Als ob ich nicht geschrien hätte.	25
Der andere:	Es kommt niemand.	
Der Mann:	Niemand.	
Der andere:	Nicht einmal im Haus hört man etwas.	
Der Mann:	Keinen Schritt.	
	(Stille.)	30
Der andere:	Schreien Sie ruhig noch einmal.	
Der Mann:	Es hat keinen Sinn.	

gut-tun do one good;   **der Lumpenhund** *literally* "base dog" (*German, for all its vigor, is, compared to English, conservative in its perjoratives*)

speien spit

verzweifelt desperate

Es bringt . . . der Fassung "Nothing is going to cause you to lose your composure"

Don Quichotte = Don Quixote, *Spanish hero of novel by Cervantes (1547–1616), defender of lost causes;*   **die Prosa** prose;   **die Bestie** beast;   **erledigt** done for, finished;   **von ihren Pranken zerfetzt** ripped to pieces by its claws;   **ein ebenso zukunftreiches Unternehmen** "a project which bodes just about as well for the future";   **die Komödie** comedy, farce;   **über den Haufen zu schießen** "shoot down"

Der andere:	Jede Nacht schreit einer so wie Sie in die Straßen dieser Stadt hinein, und niemand hilft ihm.	
Der Mann:	Man stirbt heute allein. Die Furcht ist zu groß.	
	(Stille.)	
Der andere:	Wollen Sie sich nicht wieder setzen?	5
Der Mann:	Es bleibt mir wohl nichts anderes übrig.	
Der andere:	Sie trinken Schnaps.	
Der Mann:	Das tut gut, wenn man sich auf einen Kampf vorbereitet. Da, Lumpenhund.	
	(Er speit.)	
Der andere:	Sie sind verzweifelt.	10
Der Mann:	Ich speie dir Schnaps ins Gesicht, und du bleibst ruhig. Es bringt dich nichts aus der Fassung.	
Der andere:	Ich muß diese Nacht auch nicht sterben, Herr.	
Der Mann:	Der Henker bleibt ewig leben. Ich habe bis jetzt mit jenen Waffen gekämpft, die eines Mannes würdig sind, mit den Waffen des Geistes: Ich war ein Don Quichotte, der mit einer guten Prosa gegen eine schlechte Bestie vorging. Lächerlich! Nun muß ich, schon erledigt und schon von ihren Pranken zerfetzt, mit meinen Zähnen zubeißen, ein ebenso zukunftsreiches Unternehmen. Welche Komödie! Ich kämpfe für die Freiheit und besitze nicht einmal eine Waffe, um den Henker in meiner Wohnung über den Haufen zu schießen. Darf ich noch eine Zigarette rauchen?	15 20
Der andere:	Sie brauchen nicht zu fragen, Herr, wenn Sie doch mit mir kämpfen wollen.	
	(Stille.)	25
Der Mann *(leise):*	Ich kann nicht mehr kämpfen.	
Der andere:	Das müssen Sie auch nicht.	
Der Mann:	Ich bin müde.	
Der andere:	Das wird jeder einmal, Herr.	
Der Mann:	Verzeih, daß ich dir den Schnaps ins Gesicht spie.	30
Der andere:	Ich verstehe das.	

das Streichholz match;   **entzwei** in two

genauso precisely

(sich) ergeben apply oneself to, yield oneself up

Schon bis man . . . geht es lange "Its hard going just to get to recognize them"

verwirren confuse;   **die Zeitlang** time, while;   **unbegreiflich** incomprehensible

der Narr fool;   **die Partie** match, game

heutzutage these days;   **der Sieger** conqueror, winner

Der Mann:	Du mußt Geduld mit mir haben. Das Sterben ist eine gar zu schwere Kunst.
Der andere:	Sie zittern, und das Streichholz bricht in Ihrer Hand immer wieder entzwei. Ich werde Ihnen Feuer geben.
Der Mann:	Wie die zwei vorigen Male.
Der andere:	Genauso.
Der Mann:	Danke. Noch diese. Dann werde ich dir keine Schwierigkeiten mehr machen. Ich habe mich dir ergeben.
Der andere:	Wie die Demütigen, Herr.
Der Mann:	Wie meinst du das?
Der andere:	Nichts ist so schwer zu verstehen wie die Demütigen, Herr. Schon bis man sie nur erkennt, geht es lange. Zuerst habe ich sie immer verachtet, bis ich erkannte, daß sie die großen Meister des Sterbens sind. Wenn man wie ein gleichgültiges Tier stirbt, so ergibt man sich mir und läßt mich zuschlagen, ohne sich zu wehren. Das tun auch die Demütigen, und doch ist es anders. Es ist nicht ein Sich-Ergeben aus Müdigkeit. Zuerst dachte ich: Das kommt von der Angst. Aber gerade die Demütigen haben keine Angst. Endlich glaubte ich herausgefunden zu haben: Die Demütigen waren die Verbrecher, die ihren Tod als eine Strafe hinnahmen. Merkwürdig war nur, daß auch Unschuldige so starben, Menschen, von denen ich genau wußte, daß mein Zuschlagen ungerecht befohlen war.
Der Mann:	Das verstehe ich nicht.
Der andere:	Auch mich hat das verwirrt, Herr. Bei der Demut der Verbrecher was es mir klar, aber daß auch ein Unschuldiger so sterben konnte, begriff ich nicht, und doch starben sie ebenso, als geschähe kein Verbrechen an ihnen und als bestände ihr Tod zu Recht; ich fürchtete mich eine Zeitlang, wenn ich zuschlagen mußte, und ich haßte mich geradezu, wenn ich es tat, so irrsinnig und unbegreiflich war dieser Tod. Mein Zuschlagen war sinnlos.
Der Mann *(müde und traurig):*	Narren! Es waren Narren! Was nützt so ein Tod? Wenn man einmal vor dem Henker steht, ist es gleichgültig, welche Pose man annimmt. Die Partie ist verloren.
Der andere:	Das glaube ich nicht.
Der Mann:	Du bist bescheiden, Henker. Doch heutzutage bist du der große Sieger.
Der andere:	Ich kann Ihnen nur sagen, was ich von denen gelernt habe, die unschuldig starben und demütig, Herr.

praktisch practical

das Gedächtnis memory

aus-üben exercise, practice, exert;   **der Halbkreis** crescent;
nieder-fallen fall down, plunge;   **zu-stoßen** stab, thrust;   **die Schlinge**
sling, noose;   **derer, die** "of those who";   **vergewaltigen** violate;
die Gewalttat act of violence;   **der Vorwand** pretext, excuse;   **geistig**
intellectual, spiritual, high-minded;   **erhaben** noble, elevated;   **ruhend**
resting, stationary;   **die Achse** axle;   **fürchterlich** fearsome, terrible;
das Antlitz countenance, face;   **endgültig** final, ultimate;   **der Eiter**
pus;   **die Beule** boil;   **das Opfer** victim;   **umklammern** clasp, clench;
senken (cause to) sink;   **damit ich . . . trage** that I may bare all their
shame;   **beneiden** envy;   **verführen** mislead, lead astray;   **sich an . . .**
schließen   join up with . . . , attach oneself to . . . ;   **schnappen** grab,
snap up;   **der Brocken** crumb, morsel;   **sich ihrer zu bedienen** to help
themselves to them;   **entlehnen** borrow;   **umgekehrt** vice versa;
das Gefüge structure, texture;   **die Gier** greed;   **umspannen**
encompass, embrace;   **gebären** bring forth, give birth to;
Schinderhütten (worker's) shanties;   **vernichten** destroy, wipe out;
bewirken cause, bring about;   **die Spirale** spiral, vortex

Der Mann:	Ei! Du lernst auch noch von den Unschuldigen, die du tötest? Das nenne ich praktisch!
Der andere:	Ich habe keinen ihrer Tode vergessen.
Der Mann:	Da mußt du ein riesiges Gedächtnis haben.
Der andere:	Ich denke an nichts anderes.
Der Mann:	Was lehrten dich die Unschuldigen und Demütigen?
Der andere:	Was ich besiegen kann und was unbesiegbar ist.
Der Mann:	Deine Macht findet ein Ende?

(Stille.)

Der Mann: Nun? Du zögerst? Wenn wir so auf den Hund gekommen sind, daß nur noch die Henker philosophieren, laß hören.

Der andere: Die Macht, Herr, die mir gegeben worden ist, und die ich mit meinen Händen ausübe, der silberne Halbkreis des niederfallenden Beils, der Blitz des zustoßenden Messers in der Tiefe der Nacht, oder die sanfte Schlinge, die ich um einen Hals lege, ist nur ein kleiner Teil der Macht derer, die auf dieser Erde den Menschen vergewaltigen. Alle Gewalttat ist sich gleich, und so ist meine Macht auch die der Mächtigen: wenn ich töte, töten sie durch mich, sie sind oben, und ich bin unten. Ihre Vorwände sind verschieden, vom Geistigsten, Erhabensten bis zum Gemeinsten reichend; ich bin ohne Vorwand. Sie bewegen die Welt, ich bin die ruhende Achse, um die sich ihr fürchterliches Rad dreht. Sie herrschen, und auf dem Grunde ihrer Schrecken liegt mein schweigendes Antlitz; in meinen geröteten Händen erhielt ihre Gewalt ihre letzte endgültige Form, wie der Eiter sich in einer Beule sammelt. Ich bin da, weil alle Gewalttat böse ist und so, wie ich hier im Schein der nächtlichen Lampe auf diesem Schreibtisch vor meinem Opfer sitze und unter dem Mantel aus altem Tuch ein Messer umklammere, verachtet man mich, denn die Schande ist von den Gewaltigen der Erde genommen und hinunter auf meine Schultern gesenkt, damit ich ihrer aller Schande trage. Mich fürchtet man, aber die Mächtigen werden nicht nur gefürchtet, sondern auch bewundert; beneidet genießen sie ihre Schätze, denn die Macht verführt, so daß man liebt, wo man hassen sollte. So schließen sich Helfer und Helfershelfer an die Gewaltigen, wie Hunde schnappen sie nach den Brocken der Macht, die der Gewaltige fallen läßt, sich ihrer zu bedienen. Der Obere lebt von der entlehnten Macht des Untern und umgekehrt, ein dunkles Gefüge von Gewalt und Furcht, von Gier und Schmach, das alle umspannt und endlich einen Henker gebiert, den man mehr fürchtet als mich: die Tyrannei, die immer neue Massen in die endlosen Reihen ihrer Schinderhütten treibt, sinnlos, weil sie nichts

entgehen escape, elude

verfallen forfeit, fall to; **zerfallen** disintegrate; **unterworfen**
subjected, subjugated; **fällen** fell; **ab-legen** give up, put aside,
remove (outer garments); **hin-sinken** sink, founder; **um-schließen**
envelop, encompass; **das Gebet** prayer; **die Ungeheuerlichkeit**
monstrousness; **die Vernunft** reason; **widersprechen** contradict,
contravene; **das Gelächter** laughingstock; **das Achselzucken** shrug
of the shoulders; **offenbaren** reveal; **die Ohnmacht** powerlessness,
impotence; **das Wesenlose** "nothingness"; **über die ich nichts vermag**
"over which I have no power"; **die kein Scherge . . . umschließt** "that
no executioner can lay hands on, no prison can contain"; **das Verließ**
dungeon; **erbauen** build; **Quader an Quader gefügt** stone piled upon
stone; **riesenhaft** gigantic; **der Palast** palace; **übermächtig**
overwhelming; **kühn** bold, audacious; **die Ränke** intrigues, cabals;
der Geschändeten of the plundered; **das Wissen** knowledge;
ein-senken sink, implant; **der Glaube** belief, faith; **die Sprengkraft**
explosive force; **um-prägen** recoin, reshape; **der Sauerteig** leavening;
träg(e) sluggish, indolent; **die Zwingburg** fortress, stronghold;
auseinander-zwängen force apart; **zermahlen** grind, mill;
zerrinnen vanish, run out

Binsenwahrheiten "Hogwash!"

ändert, sondern nur vernichtet, denn eine Gewalttat bewirkt eine andere, eine Tyrannei eine andere, immer wieder, immer aufs neue, wie die sinkenden Spiralen der Hölle!

Der Mann: Schweig!

Der andere: Sie wollten, daß ich rede, Herr.   5

Der Mann *(verzweifelt):*   Wer könnte dir entgehen!

Der andere: Ihren Leib kann ich nehmen, Herr, der ist der Gewalt verfallen, denn alles, was in Staub zerfällt, ist ihr unterworfen, aber wofür Sie gekämpft haben, darüber habe ich keine Macht, denn es gehört nicht dem Staub. Dies ist, was ich, ein Henker, ein verachteter Mensch, von den Unschuldigen   10
lernte, die mein Beil fällte, und die sich nicht wehrten: daß einer in der Stunde seines ungerechten Todes den Stolz und die Angst, ja, auch sein Recht ablegt, um zu sterben, wie Kinder sterben, ohne die Welt zu verfluchen, ist ein Sieg, der größer ist als je ein Sieg eines Mächtigen war. Am leisen Hinsinken der Demütigen, an ihrem Frieden, der auch mich   15
umschloß wie ein Gebet, an der Ungeheuerlichkeit ihres Sterbens, das jeder Vernunft widersprach, an *diesen* Dingen, die nichts sind vor der Welt als ein Gelächter, weniger noch, ein Achselzucken, offenbarte sich die Ohnmacht der Ungerechten, das Wesenlose des Todes und die Wirklichkeit des Wahren, über die ich nichts vermag, die kein Scherge   20
ergreift und kein Gefängnis umschließt, von der ich nichts weiß, als daß sie *ist*, denn jeder Gewalttätige ist eingeschlossen in das dunkle, fensterlose Verlies seiner selbst. Wäre der Mensch nur Leib, Herr, es wäre einfach für die Mächtigen; sie könnten ihre Reiche erbauen, wie man Mauern baut, Quader an Quader gefügt zu einer Welt aus Stein. Doch   25
wie sie auch bauen, wie riesenhaft nun auch ihre Paläste sind, wie übermächtig auch ihre Mittel, wie kühn ihre Pläne, wie schlau ihre Ränke, in die Leiber der Geschändeten, mit denen sie bauen, in dieses schwache Material ist das Wissen eingesenkt, wie die Welt sein soll, und die Erkenntnis, wie sie ist, die Erinnerung, wozu Gott den Menschen schuf,   30
und der Glaube, daß diese Welt zerbrechen muß, damit sein Reich komme, als eine Sprengkraft, mächtiger denn jene der Atome, die den Menschen immer wieder umprägt, ein Sauerteig in seiner trägen Masse, der immer wieder die Zwingburgen der Gewalt sprengt, wie das sanfte Wasser die Felsen auseinanderzwängt und ihre Macht zu Sand zermahlt, der in einer   35
Kinderhand zerrinnt.

Der Mann: Binsenwahrheiten! Nichts als Binsenwahrheiten!

Der andere: Es geht heute *nur* um Binsenwahrheiten, Herr.

        (Stille.)

Der Mann: Die Zigarette ist zu Ende.   40

aus-beuten exploit; **spannen** harness; **die Schlange** snake, serpent; **die Taube** dove; **lehmig** loamy; **durch-machen** live through, suffer; **das Handwerk** handiwork; **die Selbstverständlichkeit** obvious truth; **selbstverständlich** obvious, matter of course; **die Vergebung** forgiveness; **unterliegen** succumb, stand in defeat; **löschen** put out, extinguish; **der Strahl** gleam

Der andere: Noch eine?

Der Mann: Nein, nicht mehr.

Der andere: Schnaps?

Der Mann: Auch nicht.

Der andere: Nun?   5

Der Mann: Schließ das Fenster. Draußen fährt die erste Straßenbahn.

Der andere: Das Fenster ist zu, Herr.

Der Mann: Ich wollte zu meinem Mörder erhabene Dinge sprechen, nun hat der
Henker zu mir einfache Dinge gesprochen. Ich habe für ein besseres
Leben auf dieser Erde gekämpft, dafür, daß man nicht ausgebeutet wird   10
wie ein Tier, welches man vor den Pflug spannt: da, geh, schaff Brot für
die Reichen! Im weitern, daß die Freiheit sei, damit wir nicht nur klug
wie die Schlangen, sondern auch sanft wie die Tauben sein können, und
endlich, daß man nicht krepiere in irgendeiner Schinderhütte, auf
irgendeinem lehmigen Feld oder gar in deinen roten Händen; daß man   15
diese Angst, diese unwürdige Angst nicht durchmachen muß, die man
vor deinem Handwerk hat. Es war ein Kampf um Selbstverständlichkeiten,
und es ist eine traurige Zeit, wenn man um das Selbstverständliche
kämpfen muß. Aber wenn es einmal so weit ist, daß dein riesiger Leib aus
einem leeren Himmel in das Innere unseres Zimmers steigt, dann darf   20
man wieder demütig sein, dann geht es um etwas, das nicht
selbstverständlich ist, um die Vergebung unserer Sünden und um den
Frieden unserer Seele. Das weitere ist nicht unsere Sache, es ist aus
unseren Händen genommen. Unser Kampf war ein guter Kampf, aber
unser Unterliegen war ein noch besseres Unterliegen. Nichts ist verloren   25
von dem, was wir taten. Immer aufs neue wird der Kampf aufgenommen,
immer wieder, irgendwo, von irgendwem und zu jeder Stunde. Geh,
Henker, lösch die Lampe, der erste Strahl des Morgens wird deine Hände
führen.

Der andere: Wie Sie es wünschen, Herr.   30

Der Mann: Es ist gut.

Der andere: Sie stehen auf.

Der Mann: Ich habe nichts mehr zu sagen. Es ist so weit. Nimm jetzt das Messer.

Der andere: Sind Sie wohl in meinem Arm, Herr?

Der Mann: Sehr wohl. Stoß zu.   35

Friedrich Dürrenmatt, *Nächtliches Gespräch mit einem verachteten Menschen* (*Ein Kurs
für Zeitgenossen*), Arche-Bücherei Nr. 237.
(*Courtesy Verlag der Arche, Peter Schifferli, Zürich, 1957.*)

GRAMMATICAL APPENDIX

The following is intended to serve only as a means of review and reference
with respect to some specific questions that might arise in the course of
your reading. We have tried to include in each case enough information to
be genuinely helpful without attempting a complete grammar review.
For the most part we have simply listed labeled forms; where a further
explanation of any point is required, the reader should consult a more
complete grammar.

I Der *and* ein *words*

	Masculine	*Feminine*	*Neuter*
Nom.	der (ein) Wagen	die (eine) Schule	das (ein) Lied
Gen.	des (eines) Wagens	der (einer) Schule	des (eines) Liedes
Dat.	dem (einem) Wagen	der (einer) Schule	dem (einem) Lied(e)
Acc.	den (einen) Wagen	die (eine) Schule	das (ein) Lied

	Plural
Nom.	die Wagen (Schulen, Lieder)
Gen.	der Wagen (Schulen, Lieder)
Dat.	den Wagen (Schulen, Liedern)
Acc.	die Wagen (Schulen, Lieder)

Declined like **der** are the following common words: **dies–** this; **jed–**
each, every; **jen–** that; **manch–** many a (*pl.* many); **solch–** such;
welch– which? what?

Like **ein** are declined: **kein–** not any, no, and all the possessive adjectives;
mein my; **dein** your; **sein** his, its; **ihr** her; **unser** our; **euer**
your (*fam. pl.*); **ihr** their; **Ihr** your.

II *Verbs*

The principal parts of a verb are these important key forms from which
all other forms can be derived:

Infinitive	*Third person singular, present*	*Third person singular, simple past*	*Past participle*
lernen	lernt	lernte	(hat) gelernt
warten	wartet	wartete	(hat) gewartet
liegen	liegt	lag	(hat) gelegen
brechen	bricht	brach	(hat) gebrochen
gehen	geht	ging	(ist) gegangen
können	kann	konnte	(hat) gekonnt, können

	Present tense endings	Past tense of weak verbs	Past tense of strong verbs
ich	–e	–te	–
du	–(e)st	–test	–st
er, sie, es	–(e)t	–te	–
wir	–en	–ten	–en
ihr	–(e)t	–tet	–t
sie, Sie	–en	–ten	–en

The following are common separable prefixes and their meanings:

ab   departure, separation from, movement downward, disinclination to, negation, imitation, appropriation

an   at, to, on

auf   up, upon; on; open; un–; afresh, anew

aus   out; thoroughly, sufficiently, to the end; stop, cease, finish

ein   in, into

entgegen   implying opposition or meeting

fort   away, off, gone; forward, onward, on

her   hither, here, this way

heraus   indicates movement from inside a place as seen by the person outside: out, from within, from among

herein   indicates movement into a place as seen by the person inside: in, in here; inward

hin   has opposite meaning of **her**, referring to motion away from the speaker: hence, thither, that way, over there

hinaus   movement outward as seen from inside: out, outside, forth

hinein   penetration into something, sometimes as seen from the outside, but often figurative: into, inside, from out here

mit   in company with, in common with, simultaneously

nach   after, behind; afterwards

nieder   down; low

um   round, round about; over again, repeatedly; in another way; to the ground, down, over

unter   below, beneath, under; among; amid

vor   before, ahead of, formerly, front

weg   away, gone, lost, far off, off

wieder   re–, back (again), in return (for)

zu   to, toward; closed, shut

zusammen   together; jointly, (all) in all, all together, all told, in a body

III   Prepositions

With accusative:

durch	through
entlang	along (*follows its object*)
für	for
gegen	against, in opposition to, toward
ohne	without
um	about, around
wider	in opposition to, against

With dative:

aus	from, out of
außer	except, besides
bei	near, at, by, at the home of
gegenüber	across from (*follows its object*)
mit	with
nach	toward, after, according to
seit	since
von	of, from, about, by (*author*)
zu	at, to

With genitive:

außerhalb	outside (of)
innerhalb	inside (of)
diesseits	on this side of
jenseits	on the other side of
(an)statt	instead of
trotz	in spite of
während	during
wegen	because of

With dative (location) or accusative (direction):

an	at, to, up against, near
auf	on, upon, to
hinter	behind
in	in, into
neben	beside
über	above, over, across
unter	under, among
vor	before, in front of
zwischen	between

IV Conjunctions

The *coordinating conjunctions* do not affect word order:

aber	but
allein	but
denn	for, because
oder	or
sondern	but, on the contrary
und	and
entweder . . . oder	either . . . or
weder . . . noch	neither . . . nor
sowohl . . . als (auch)	both . . . and

In sentences introduced by *subordinating conjunctions,* the finite verb stands at the end of the clause:

als	when, as
als ob	as if
bevor	before
bis	until
da	as, since (causal)
damit	in order that
daß	that, so that
ehe	before
indem	while
nachdem	after
ob	whether
obgleich	although
seitdem	since (temporal)
sobald	as soon as
während	while
wann	when (*in indirect questions*)
weil	because
wenn	if, when, whenever
wie	how, as
wo	where (*in indirect questions*)

VOCABULARY

The following list contains all items from the Basic Word Lists, the facing-page glosses, and all words in the texts and questions that fall into neither of these groups. Words from the Basic Lists of Part I are indicated by one asterisk; those from the Basic Lists of Part II are marked with two. Verbs conjugated with **sein** are indicated by (**ist**), and those with either **sein** or **haben** by (**ist, hat**). The changes of irregular verbs, the plurals of nouns, and the weak genitive singular **−n(s)** are given. For any information not given here, the reader is referred to the Grammatical Appendix (pp. 321).

ab exit
ab-bitten (bat, gebeten) beg
ab-brechen (brach, gebrochen, bricht) (ist, hat) stop short, cease
ab-drucken print, reprint
*__der Abend −e__ evening
das Abendbrot, −e supper
*__abends__ evenings, in the evening
das Abenteuer, − adventure
abenteuerlich adventurous
aber but, however
der Aberglaube, −ns, −n superstition
abergläubisch superstitious
abermals once more, yet again
das Abgelebte past history
das Abgeordnetenhaus, ⸚er Parliament
die Abhandlung, −en treatise, discussion
(sich) ab-härten harden oneself, become inured to
ab-hauen (hieb, gehauen) *coll.* clear out, scram
ab-holen come for, pick up
ab-kürzen cut short
ab-laden (lud, geladen) unload
der Ablauf, ⸚e expiration, lapse
ab-legen give up, put aside; remove (outer garments)
ab-lehnen reject
ab-lenken turn away, avert
(sich) ab-lösen extricate, withdraw, retreat

ab-machen settle
ab-prallen ricochet
ab-rücken recoil
die Absage, −n renunciation
ab-schaffen wipe out
der Abscheu, − aversion, dislike
abscheulich abominable
ab-schlecken lick all over
der Abschnitt, −e section, epoch, period
abschüssig steep
die Absicht, −en intention
absichtlich on purpose
die Absolvierung −en completion
ab-sondern secrete
die Abteilung, −en compartment
ab-warten wait until something is over
die Abwesenheit, −en absence
ab-winken wave away
ab-ziehen (zog, gezogen) deduct
die Achsel, −n shoulder
das Achselzucken, − shrug of shoulders
*__achten__ respect, regard
acht-geben (gab, gegeben, gibt) take care, mind
*__die Achtung, −en__ respect, regard
die Ächtung, −en contempt, ostracism
der Adel nobility
Die Advokaturkanzlei, −en law office
der Affe, −n, −n monkey, ape
die Afferei imitation, aping

ahnen suspect
**ähnlich similar
**die Ähnlichkeit —en similarity
die Ahnung, —en suspicion, notion
ahnungslos unsuspectingly
die Aktie, —n share of stock
albern silly, foolish
das All outer space, the universe
die Allee, —n avenue, boulevard
*allein alone
allemal always, every time
allenfalls in any case, at most
**allerdings to be sure, it is true
allmählich gradually, little by
  little
*als when, as; than
*also therefore, thus, then
*alt old
das Alter age, old age
die Altersstufe, —n age level,
  generation
althergebracht handed down from
  the days of old
altvertraut old familiar
*an at, by, on; to, etc.
der Anblick, —e sight
an-blicken look at
an-blinzeln blink at
**an-brechen (brach, gebrochen,
  bricht)** break open, put into
  service
an-brüllen roar at
*ander— other
**ändern change, alter
*anders else, otherwise
anderthalb one and a half
**die Änderung, —en change
an-deuten hint at
an-drehen turn on
an-erkennen recognize, perceive
die Anerkennung, —en
  appreciation, cognizance
anerkennungswert worthy of
  praise, laudable

an-fachen stimulate
*der Anfang, ⁔e beginning
*an-fangen (fing, gefangen, fängt)
  begin
der Anfänger — beginner,
  greenhorn
die Anfechtung, —en attack
an-flehen implore, beg
an-fordern request
angeboren innate
angelangt arrived
die Angelegenheit, —en matter,
  affair
angelehnt ajar
das Angelgerät, —e fishing tackle
angemessen prescribed
*angenehm pleasant, agreeable
angespannt straining, stretched
*die Angst, ⁔e fear, anguish,
  anxiety
an-halten (hielt, gehalten, hält)
  urge, encourage
der Anhänger, — adherent,
  supporter
der Ankauf, ⁔e purchase
(sich) an-kleiden dress, get
  dressed
**an-kommen (kam, ist gekommen)
  arrive
die Ankunft, ⁔e arrival
der Anlaß, ⁔(ss)e cause, reason
an-legen put on
die Anmut grace, flair
****an-nehmen (nahm, genommen,
  nimmt)** accept, assume
an-ordnen arrange
an-rufen, (rief, gerufen) call up
an-rühren touch
die Anschaffung, —en purchase
an-schauen look at
anscheinend apparent
(sich) an-schicken set about
an-schimmeln make mouldy
(sich) an-schließen (schloß,

geschlossen) join up with, attach oneself to, follow

der Anschluß ⁓(ss)e connection, social contacts

*an-sehen (sah, gesehen, sieht)** look at; tell by looking at

an-setzen begin, set in

die Ansicht, —en view, picture; notion, idea

ansichtlich on purpose

an-siedeln settle, colonize

die Anstalt, —en institution

der Anstand, ⁓e decorum, dignity

anständig respectable, decent

an-stellen institute, carry on; arrange

*die Antwort, —en** answer

*antworten** answer

die Anweisung, —en instruction, direction

an-wenden (reg. or wandte an, angewandt) apply, make use of

die Anwesenheit, —en presence

an-ziehen (zog an, angezogen) put on

(sich) an-ziehen (zog an, angezogen) get dressed

der Anzug, ⁓e suit

an-zünden light, set fire to

*der Apfel, ⁓** apple

der Appell, —e appeal, call

*die Arbeit, —en** work

*arbeiten** work

arg malicious, bad, severe

der Ärger annoyance

ärgerlich annoyed, angry

ärgern annoy

(sich) ärgern get annoyed, angry

*arm** poor

der Ärmel, — sleeve

arretieren arrest

*die Art, —en** way, manner, kind

die Arznei, —en medicine, doctoring

der Arzt, ⁓e doctor, physician

die Asche, —n ash

der Aschenbecher, — ash tray

der Assessor, —en assistant judge

der Ast, ⁓e branch, limb, bough

*der Atem** breath

die Atemzüge (pl.) breathing

*atmen** breathe

*auch** also, too; even

*auf** on, upon, up, in, to, at, etc.

auf-atmen breathe a sigh of relief

(sich) auf-bäumen rebel

auf-behalten (behielt, behalten, behält) keep on (one's hat)

auf-brechen (brach, gebrochen, bricht) break open

auf-bügeln iron

auf-fallen, (fiel, ist gefallen, fällt) be noticeable

auffällig odd, surprising

die Aufführung, —en performance

*die Aufgabe, —n** task, lesson

aufgedeckt set

auf-gehen (ging, ist gegangen) increase, rise; open, come open

auf-glimmen (reg. or glomm auf, aufgeglommen) blaze up

auf-halten (hielt, gehalten, hält) stop, slow down

(sich) auf-halten stay

auf-heben (hob auf, aufgehoben) abolish; store away, save

auf-hören stop, end, cease

auf-leben (ist) be invigorated, cheer up

aufleuchtend brightening, shining

auf-lösen resolve; dissolve

auf-machen open

aufmerksam attentive

die Aufmerksamkeit, —en attention

die Aufnahme —en (photographic) picture or shot

auf-nehmen (nahm, genommen, nimmt) accept, take in
**auf-passen watch (for); pay attention
**auf-regen excite
**die Aufregung, —en excitement
auf-richten straighten up
der Aufruhr, —e uproar
der Aufsatz, ⸚e essay, article
(sich) auf-schieben (schob, geschoben) open
auf-schlagen (schlug, geschlagen, schlägt) open up; warm
die Aufschrift, —en inscription; caption
das Aufsehen, — sensation, ado
der Aufseher overseer, foreman
auf-setzen put on
(auf)-seufzen sigh
auf-sparen save
auf-sperren unlock
auf-springen (sprang, ist gesprungen) jump up
auf-stecken (steckte, gesteckt) give up; ignore, forget about
auf-tauchen (ist) come up, appear, show up
das Auftreten, — appearance
auf-wachen (ist) wake up
auf-wachsen (wuchs, gewachsen, wächst) grow up
der Aufwand, ⸚e expenditure
auf-wenden (*reg.*) or **wandte, gewandt** employ, apply
auf-werfen (warf, geworfen, wirft) pile up
auf-wirbeln whirl up
*das Auge, —n eye
*der Augenblick, —e moment
das Augenlicht eyesight
das Augenmerk attention
*aus out of, from
**der Ausdruck, ⸚e expression

**aus-drücken express
die Auseinandersetzung, —en dispute, altercation
aus-fragen question
aus-führen carry out, complete
aus-gehen (ging, gegangen) emerge, come to an end
ausgelassen wildly
ausgerechnet just, precisely
aus-halten (hielt, gehalten, hält) endure, bear
aus-klingen die away
die Auskunft, ⸚e information
aus-lösen release, cause
die Ausnahme, —n exception
aus-nutzen make use of, play
die Ausrede, —n excuse, alibi
aus-reißen (riß, ist gerissen) run away, abscond, flee the coop
aus-rotten root out, stamp out
aus-rüsten equip, outfit
aus-schauen look
der Ausschnitt, —e clipping, excerpt
*aus-sehen (sah, gesehen, sieht) look, appear
**außen outside
*außer except, besides; outside of
äußer- outward, outer, utter, external
sich äußern express oneself
**außerordentlich extraordinary
äußerst utterly, extremely
außerstande unable
aus-setzen stop functioning; put forth
aus-spannen relax
aus-spotten make fun of, mock
die Aussprache, —n discussion
aus-spucken spit
aus-stellen issue, write out
aus-strahlen radiate

aus·suchen select, pick out
aus·tragen (trug, getragen, trägt)
  settle
aus·trinken (trank, getrunken)
  drain
****auswendig** by memory
(sich) aus·zeichnen distinguish
  oneself

die Backe, —n cheek
****das Bad, ⁀er** bath
****baden** bathe
***die Bahn, —en** way, road, railroad
der Bahnhof, ⁀e railway station
die Bahnvorschrift, —en railway
  rules
der Bahnwärter, — flagman
  (railway)
***bald** soon
das Bändchen, — small ribbon
  (decoration)
****die Bank, ⁀e** bench
die Base, —n female cousin
der Bassist, —en, en base (voice)
der Bauch, ⁀e belly, paunch
****bauen** build
***der Bauer, —s** or **—n, —n** peasant
***der Baum, ⁀e** tree
der Bayer, —n, —n Bavarian
der Beamte, —n, —n official
**beantragen (beantrug, beantragt,
  beanträgt)** propose, make
  application
der Bedarf, —(e)s need, requisite
bedauern regret
bedauernswert pitiable, wretched
bedenken (bedachte, bedacht)
  consider
bedenklich critical, doubtful,
  reluctant
***bedeuten** mean, signify
***die Bedeutung, —en** meaning
(sich) bedienen serve (oneself)

die Bedingung, —en condition,
  stipulation
bedrohen threaten
bedrohlich threatening,
  foreboding
bedrückend oppressive, distressing
****bedürfen (bedurfte, bedurft)** need
das Bedürfnis, —se need, want,
  necessity
die Beerdigung, —en funeral
(sich) befassen occupy oneself
****der Befehl, —e** command, order
****befehlen (befahl, befohlen,
  befiehlt)** command, order
(sich) befinden be (located)
befreien free
befriedigt satisfied, happy,
  content; smugly
die Befriedigung, —en gratification
befühlen handle, touch
begabt talented
**(sich) begeben (begab, begeben,
  begibt)** go, proceed (to), set
  out (for)
****begegnen (ist)** meet
begehen (beging, begangen)
  commit (a wrong, an offense)
begeistert enthusiastic
****begleiten, (beglitt, beglitten)**
  accompany
(sich) begnügen be content
****begreifen (begriff, begriffen)**
  comprehend, grasp, understand
die Begründung, —en line of
  reasoning, base of argument
das Behagen, — ease, comfort
****behalten (behielt, behalten, behält)**
  keep
****behaupten** assert
****die Behauptung, —en** assertion
beherrschen dominate, control,
  rule, govern
***bei** at, with, near, at the house of

bei·bringen (brachte, gebracht)
  teach, train to do
*beide both, two
beiläufig casually, apropos of
  nothing
bei·legen make up (a quarrel)
*das Bein, —e leg
beinahe almost, nearly
beisammen together, collected
beiseite·treten (trat, ist getreten,
  tritt) step aside
*das Beispiel, —e example
beißen (biß, gebissen) bite
bei·treten (trat, ist getreten, tritt)
  join
bekannt familiar, known
der Bekannte (*as adj.*)
  acquaintance
die Bekanntschaft, —en
  acquaintance
*bekommen (bekam, bekommen)
  get
bekümmert concerned
belegen prove
die Belehrung, —en instruction
beleidigen offend, insult
bellen bark
(sich) bemühen trouble oneself
benommen confused
benötigen need, require
beobachten observe
bepflanzen sow, seed
bequem comfortable;
  self-satisfied, smug
berauschen enchant, intoxicate
(sich) berauschen get carried
  away
die Berechnung, —en calculation
berechtigt justifiable
*bereit ready
bereitwillig willingly
*der Berg, —e mountain, hill
der Bergmann miner
der Bericht, —e report

berichten report
der Beruf, —e profession,
  occupation
beruhigen calm down, soothe
beruhigt composed, satisfied
die Beruhigung, —en calming
  down, contentment
berühmt famous
die Beschaffenheit, —en aptitude,
  turn of mind
beschäftigen engage, occupy
bescheiden modest, diffident,
  humble
beschließen (beschloß,
  beschlossen) decide, choose
beschreiben (beschrieb,
  beschrieben) describe
die Beschreibung, —en description
(sich) beschweren complain
beschwichtigen soothe, calm
  down
beschwören (beschwor,
  beschworen) swear
besichtigen inspect, look at
besiegen conquer, vanquish,
  defeat, subdue
der Besitz possession
besitzen (besaß, besessen)
  possess
besonder(s) special(ly), especially
besorgt apprehensive, anxious
die Bespannung, —en covering
*besser better
die Besserung, —en improvement,
  reformation
die Beständigkeit, —en steadiness
bestechen (bestach, bestochen,
  besticht) bribe
bestechend infectious
bestehen (bestand, bestanden)
  consist (with **aus**); insist
  (with **auf**); exist
bestellen order

bestimmen intend; appoint, name

*bestimmt certain, definite

bestreben endeavor

die Bestrebung, —en endeavor, effort

bestreiten (bestritt, bestritten) dispute, contest

bestürzt aghast, appalled, dismayed

**der Besuch, —e visit

**besuchen visit, make a call

betasten touch, feel

betäubt benumbed, stunned

betonen emphasize, stress

**betrachten regard, observe, contemplate

**die Betrachtung, —en observation

das Betragen conduct, deportment, behavior

betrauern mourn

betreiben (betrieb, betrieben) pursue, carry on

betreten disconcerted, startled

der Betrieb, —e business, works

(sich) betrinken (betrank, betrunken) drink, get drunk

betrügen (betrog, betrogen) betray, deceive, defraud; with **um** trick out of

*das Bett, —en bed

betteln beg

**(sich) beugen bend; decline (*grammatically*)

beunruhigen disturb

**(sich) bewegen move

**die Bewegung, —en movement

**der Beweis, —e proof

**beweisen (bewies, bewiesen) prove, demonstrate

bewerkstelligen manage, accomplish

bewirken bring to pass, arrange for

der Bewohner inhabitant, resident

bewundern admire, marvel at

bezahlen pay for

bezaubert enchanted

bezeichnen designate, mark, call

bezeugen bear witness to

beziehen (bezog, bezogen) take up (position); draw

die Beziehung, —en connection, relation

die Biederkeit, —en honesty

**biegen (bog, gebogen) (ist, hat) bend, turn

**bieten (bot, geboten) offer

*das Bild, —er picture

**bilden constitute; educate, form, shape

die Bildung, —en education

*billig cheap

billigen approve of

*binden (band, gebunden) tie; bind

das Binngebiet, — environs

*bis until, to

**bisher previously, up to now

bißchen a little, bit

*die Bitte, —n request

*bitte please

*bitten (bat, gebeten) ask, request

blank bare, naked

blankgefegt clean-swept

blasen (blies, geblasen, bläst) blow

**blaß pale

*das Blatt, ⸚er leaf, sheet, page; newspaper; (*in card playing*) hand

der Blechofen, ⸚ metal stove

die Blechschachtel, —n tin box

*bleiben (blieb, ist geblieben) remain, stay

bleich pale, wan

*der Bleistift, —e pencil

**der Blick, —e glance, view

**blicken glance, view, look, gaze

der Blinddarm, ⸚e appendix
blinzeln blink
der Blitz, —e flash
blitzblank spanking clean
blitzen sparkle, flash
die Blockflöte, —n recorder, wooden flute
**bloß only, bare(ly), mere(ly)
bloß-stellen expose
**blühen bloom, sprout
*die Blume, —n flower
**das Blut blood
der Blutegel, — leech, moocher (*coll.*)
blutig bloody
*der Boden, — or **⸚** ground, floor
der Born, —e spring, fountain
die Börse, —n stock exchange
*böse angry, bad, evil
boshaft mischievous
brat— baked
der Brauch, ⸚e custom, usage
*brauchen use, need, require
**brav good, upright
*brechen (brach, gebrochen) break
*breit broad, wide
*brennen (brannte, gebrannt) burn
das Brett, —er board, plank
*der Brief, —e letter
die Brille, —n eyeglasses
*das Brot, —e bread
**die Brücke, —n bridge
*der Bruder, ⸚ brother
brüllen roar
brummen mutter, murmer, grumble
die Brust, ⸚e breast
der Bub(e), —en, —en boy, rascal
*das Buch, ⸚er book
der Buchstabe, —n letter of alphabet
buchstabieren spell
sich bücken bend down

die Bühne, —e stage
bühnenreif ready for performance
**bunt gay, of many colors
der Bürger, — citizen
das Bürgerhaus, ⸚er middle-class household
das Büro, —s office
die Bürste, —n brush

die Charge, —n rank, officer
chirurgisch surgical
der Clou play, gimmick
controllieren check up on
das Coupé, —s (railway) compartment

*da then, there; since; when
dabei thereby, therewith; at that place, near; at the same time; besides
**das Dach, ⸚er roof
daheim back home, at home
*daher' (*emph.* da'her) consequently
daher-kommen (kam, gekommen) show up here
daher-machen make a big to-do about
*dahin' (*emph.* da'hin) there, gone
dahin-gehen (ging, gegangen) die, depart
dahingestellt uncertain, up in the air
**damals then
**die Dame, —n lady
*damit so that
der Dampf, ⸚e vapor, fume
das Dampferchen, — launch
dankbar thankful
*danken thank
*dann then
daran-setzen risk, stake
darauf on it, afterwards, so that
darnieder-liegen to be laid up
darob for this very reason

**dar-stellen represent
**die Darstellung, −en
representation
*darum (*emph.* **da'rum**) therefore
darunter among them
das Dasein existence
*daß that, so that
*dauern last, continue
die Dauerwurst, ⸚e smoked
sausage
der Daumen, − thumb
davon-jagen kick out
**davon-laufen, (lief, ist gelaufen,
läuft)** run away
dazu for that (reason)
**die Decke, −n cover; ceiling
**decken cover
defilieren march past, file by
demnach accordingly
die Demut humility, meekness
demütig humble, meek,
submissive
*denken (dachte, gedacht) think,
imagine; intend
*denn (*conj.*) for; (*adv.*) anyway
(or untranslated)
dennoch nevertheless, all the same
derart such
derartig such
derer of those
dergleichen such things
**deshalb for that reason
deswegen for that reason
**deuten interpret; point (out)
**deutlich clear, distinct
*deutsch German
der Diamant, −en, −en diamond
**dicht close; thick
**dichten write (*poetry*)
**der Dichter, − poet
*dick fat, thick
der Dieb −e thief
*dienen serve
*der Diener, − servant

**der Dienstag Tuesday
die Dienstauffassung, −en sense
of duty
der Dienstwagen, − patrol car
*dieser this; the latter
*das Ding, −e thing
*doch yet, but, still, after all,
oh yes (often untranslatable)
donnern thunder
**der Donnerstag Thursday
Donnerwetter! "good Lord!"
*das Dorf, ⸚er village
das Dorfwirtshaus, ⸚er village
tavern, pub
der Dorn, −en thorn
*dort there
die Dose, −n box, case, ettui
dösen doze, be drowsy
das Drahtgeflecht, −e wire netting
(sich) drängen crowd
drängen insist, press
*draußen outside, on the outside
der Dreck mud, muck, filth
(sich) drehen turn, roll; roll
cigarettes
drin inside, in there
**dringen (drang, ist gedrungen)
penetrate, press, push
**dringen (drang, hat gedrungen)
urge
dringend urgent
**drinnen inside
der Dritte a third party
drohen threaten
**der Druck, ⸚e pressure; print,
imprint
**drucken print
drücken press, squeeze
der Druckfehler, − misprint,
typographical error
druckfertig ready for printing
der Duft, ⸚e fragrance
dulden tolerate
*dunkel dark

*dünn thin
*durch through, by
**durchaus quite, by all means, at all costs, absolutely
durch-bohren penetrate
durcheinander at the same time; in confusion
durch-kommen (kam, ist gekommen) succeed, get through
durch-machen go through with, endure
der Durchschnitt, —e average
*dürfen (durfte, gedurft, darf) may, be permitted, etc.
düster gloomy, melancholy
**das Dutzend, —e dozen
duzen address as "du"

*eben just, precisely
ebenfalls likewise, just as well
ebenso just the same, just as
**echt genuine
*die Ecke, —n corner
*edel noble
egal' unimportant, all the same
**ehe before
**die Ehe, —n marriage
ehemalig previous, erstwhile
das Ehepaar, —e married couple
**die Ehre, —n honor
**ehren honor
ehrerbietig respectfully
der Ehrgeiz ambition
ehrlich honorable
**das Ei, —er egg
**der Eifer zeal, eagerness, fervor
eifersüchtig jealous
**eifrig eager, zealous
*eigen own; (one's) own; proper; particular
**eigentlich actual(ly), anyway
**die Eile hurry
**(sich) eilen (ist, hat) hurry

*einander each other
(sich) ein-bilden imagine, fancy, believe
die Einbildung, —en fancy, something imagined
ein-bringen (brachte, gebracht) retrieve
der Eindruck, ÷e impression
einem, einen (dat., acc. of man) one of them, a person, one
*einfach simple
ein-fädeln contrive
der Einfall, ÷e inspiration, idea
ein-fallen (fiel ein, ist eingefallen, fällt ein) occur to
der Eingang, ÷e entrance
ein-geben (gab ein, eingegeben, gibt ein) give, submit; inspire with, prompt, inspire
eingeführt syndicated
eingehend close, thorough
eingehüllt enveloped
ein-gestehen (gestand, gestanden) confess
ein-greifen (griff, gegriffen) intervene
*einige some
(sich) einigen agree
der Einklang, ÷e harmony, agreement, conformance
das Einkommen income
**ein-laden (lud ein, eingeladen) invite
**die Einladung, —en invitation
der Einlaß, ÷(ss)e entrance
(sich) ein-lassen (ließ, gelassen, läßt) engage in
*einmal once (sometimes untranslated)
*nicht einmal not even
*noch einmal once more
ein-nicken nod, fall asleep
ein-packen pack, wrap
ein-reden convince

ein-reichen pocket, claim the pot

**einsam lonely

**die Einsamkeit, —en loneliness

der Einsatz, ∸ stake, ante

ein-schenken pour

**ein-schlafen (schlief, ist eingeschlafen, schläft) fall asleep

ein-schließen (schloß ein, eingeschlossen) enclose, lock up, include

ein-sehen (sah ein, eingesehen, sieht ein) see, understand, comprehend; agree

ein-senken sink, implant

einsilbig monosyllabic

**einst once (in the past)

(sich) ein-stellen stop, cease; put away

ein-stellen install

ein-teilen divide, separate

einträglich profitable

der Eintritt, —e entry, admission

einverstanden agreed

ein-wenden (wandte, gewandt) object to, take exception to

die Einwendung, —en objection

ein-willigen agree to

die Einzahl singular

*einzeln single

ein-ziehen (zog, gezogen) remove

*einzig only, sole, one, single

die Eisbahn, —en ice rink

die Eisdiele, —n ice-cream parlor

**das Eisen, — iron

**die Eisenbahn, —en railway

elfenbeinern made of ivory

*die Eltern (*pl.*) parents

**der Empfang, ∸e reception

**empfangen (empfing, empfangen, empfängt) receive

**empfehlen (empfahl, empfohlen, empfielt) recommend; command

**die Empfehlung, —en recommendation

**empfinden (empfand, empfunden) feel, sense

**die Empfindung, —en feeling

empörend revolting, outrageous

endgültig final, once and for all

**endlich finally

*eng narrow

der Engel, — angel

der Enkel, — grandson

entartet degenerate

entdecken discover

entfalten unfold, unfurl

**entfernen remove

**entfernt remote

**die Entfernung, —en distance

entfliehen (entfloh, ist entflohen) flee, escape

entgegen-führen lead toward

entgegen-sehen (sah, gesehen, sieht) look toward

entgegen-stehen (stand, gestanden) confront

entgegnen (say in) reply, rejoin

entgehen (entging, ist entgangen) be lost; evade

die Entgleisung, —en derailment

**enthalten (enthielt enthalten, enthält) contain

entheben (enthob, enthoben) relieve

**entlang along

entleibt lifeless

entnehmen (entnahm, entnommen, entnimmt) gather, learn

die Entrüstung, —en anger, indignation

**entscheiden (entschied, entschieden) decide

**die Entscheidung, —en decision

**(sich) entschließen (entschloß, entschlossen) decide, make up one's mind

(sich) entschuldigen excuse
(oneself)
*die Entschuldigung, –en** excuse
entseelt moribund
entsetzen shock, horrify
entsetzlich horrible, appalling
*entstehen (entstand, ist**
entstanden) arise
enttäuschen disappoint
*entweder . . . oder** either . . . or
entweichen (entwich, ist
entwichen) vanish, slip away
entwerfen (entwarf, entworfen,
entwirft) sketch, plan
*entwickeln** develop
*die Entwicklung, –en** development
der Entwurf, ⸚e sketch, plan,
design
entziffern decipher
entzücken charm, bewitch
entzückend charming
entzwei in two
erbarmungslos without pity,
remorseless
erbauen build
der Erbe, –n, –n heir
erblicken catch sight of
das Erbstück, –e inheritance
das Erdbeben earthquake
*die Erde, –n** earth
*erfahren (erfuhr, erfahren, erfährt)**
learn, experience
erfinden (erfand, erfunden)
invent, make up, contrive
*der Erfolg, –e** success
erfolgen result
erfragen look into, find out by
asking
erfreulich gratifyingly
erfrieren (erfror, ist erfroren)
freeze
ergänzen supplement, replenish
ergeben humbly
ergebenst *formal letter closing*

das Ergebnis, –se result
die Ergebung, –en resignation
ergreifen (ergriff, ergriffen) seize,
take hold of, move, touch
ergriffen deeply stirred
*erhalten (erhielt, erhalten, erhält)**
receive; maintain
erhältlich obtainable
(sich) erheben (erhob, erhoben)
stand up, rise; raise, set up,
bring up
erheblich considerable
erhöhen raise
(sich) erholen get well
*(sich) erinnern** remember;
remind
*die Erinnerung, –en** memory
*erkennen (erkannte, erkannt)**
recognize
*erklären** explain, declare
*die Erklärung, –en** explanation,
declaration
(sich) erkundigen inquire about
*erlauben** allow, permit
die Erlaubnis, –se permission
erleben experience, live to see
erledigen take care of, finish,
settle
erledigt done for, finished;
"had it"
erlernen learn, master
erleuchten light up
erlogen fabricated, made up
erloschen be obliterated
erlöschen (erlosch, erloschen,
erlischt) go out, be
extinguished
die Erlösung, –en deliverance,
salvation
ermäßigt reduced
ermüden exhaust, wear out
die Ermunterung, –en cheering up
ermutigen encourage
*ernst** serious

erregt upset
die Erregung, –en agitation
**erreichen reach
errichten construct, erect
erschauernd shuddering
**erscheinen (erschien, ist
erschienen) appear, seem
**die Erscheinung, –en appearance;
phenomenon
erschlagen (erschlug, erschlagen,
erschlägt) smite
die Erschöpfung, –en exhaustion
**erschrecken frighten
erschreckend shocking
erschrocken shocked, alarmed
*erst first, for the first time;
not until; just
erstarren stiffen
**erstaunen astonish
erstaunt astonished
**ertragen (ertrug, ertragen, erträgt)
bear
**erwachen (ist) awake
**erwähnen mention
**die Erwähnung, –en mention
**erwarten expect, await
**die Erwartung, –en expectation
erwecken arouse, awaken
(sich) erweisen (erwies, erwiesen)
prove, show; prove oneself
erweitert expanded
**erwidern reply
erwischen catch
*erzählen tell
*die Erzählung, –en story
**erziehen, erzog, erzogen educate
**die Erziehung, –en upbringing,
education
erzielen produce
erzürnen irritate, provoke
**der Esel, – donkey, jackass
essbar edible
*essen (aß, gegessen, ißt) eat
die Etikette, –n label

**etwa about; perhaps; say
*etwas something, somewhat, some
**ewig eternal
**die Ewigkeit, –en eternity
das Exemplar, –e specimen, copy
der Expeditor, –en dispatcher
extra especially

die Fabrik, –en factory, works
das Fach, ∺er specialty,
department
der Fachmann, ∺er expert
**fähig able, capable
**die Fähigkeit, –en ability
die Fahne, –n banner, flag;
galley proof
*fahren (fuhr, gefahren, fährt)
(ist, hat) ride, drive, go
*die Fahrt, –en trip
**der Fall, ∺e case, case
(*grammatical*)
falsch false, wrong, improper
**falten fold
*fangen (fing, gefangen, fängt)
catch
*die Farbe, –en color, paint
*fassen take hold of, grasp, reach
die Fassung, –en composure
*fast almost
fatal calamitous, deadly
**faul lazy, dull
der Faulenzer, – lazy bones,
sluggard
faulig rotten, putrid
die Faust, ∺e fist, clenched hand
**die Feder, –n feather; pen
fegen sweep, dust
*fehlen lack, be missing; ail
*der Fehler, – mistake
fehl-gehen (ging, ist
gegangen) go amiss, abort
feierlich solemn; festive
**feiern celebrate
feig(e) cowardly, weak-willed

feil-halten (hielt, gehalten, hält)
offer for sale
*fein elegant, fine
*der Feind, –e enemy
das Feld, –er field
der Feldwebel sergeant
**der Fels, –en, –en rock
*das Fenster, – window
**die Ferien (pl.) holiday(s),
vacation
*fern distant, far
das Fernrohr, –e telescope
*fertig finished; ready
fertig-stellen finish
der Fesselballon, –e or –s captive
balloon
fesseln bind, tie up; capture
*fest firm, fast
**das Fest, –e celebration, festival,
banquet
festgemauert cemented in place
fest-stehen (stand, gestanden)
be certain
die Feststellung, –en confirmation
**feucht moist
**die Feuchtigkeit, –en moisture
*das Feuer, – fire; light
die Filzpantoffeln felt sandals
finden (fand, gefunden) find;
think (so)
finster dark, gloomy, obscure
die Finsternis, –se darkness
**flach shallow, flat
flachdachig flat-roofed
die Fläche, –n surface
**die Flasche, –n bottle
**der Fleck, –e spot
*das Fleisch meat, flesh
**fleißig hard-working
flicken patch, fix
**die Fliege, –n fly
*fliegen (flog, ist, hat geflogen) fly
**fliehen (floh, ist geflohen) flee
*fließen (floß, ist geflossen) flow

flink nimbly, quickly
die Flocke, –n flake
der Floh, ⸚e flea
das Florett, –e foil, rapier
die Flosse, –n fin
flott buoyant
die Flotte, –n fleet
flüchtig fleeting
das Flug, ⸚e swarm
der Flügel, – grand piano
**das Flugzeug, –e airplane
der Flur, –e corridor
die Flur, –en field, meadow
**der Fluß, ⸚(ss)e river
flüssig flowing, liquid
**flüstern whisper
**die Folge, –n consequence, result
*folgen (ist) follow
**fordern demand
fördern encourage
die Forderung, –en challenge,
summons
förmlich literally
die Forschung, –en research
*fort gone, away
die Fortpflanzung, –en
propagation, reproduction
der Fortschritt, –e progress
*die Frage, –n question
*fragen ask
der Franke, –n, –n Franconian
*die Frau, –en woman; wife;
Mrs.
*das Fräulein, – young lady; Miss
frech impudent
freigebig generous
die Freiheit, –en freedom
**freilich to be sure, of course
**der Freitag Friday
*fremd strange, foreign
**fressen (fraß, gefressen, frißt) eat
*die Freude, –en joy, pleasure
*freudig joyous
*(sich) freuen please, be happy

*der Freund, –e friend
die Freundwilligkeit, –en
willingness to help
*der Friede(n), des Friedens peace
friedfertig peace-loving
der Friedhof, ⁻e cemetery
**frieren (fror, ist, hat gefroren)
freeze
frisch fresh
fristen prolong, spare
die Frisur, –en hair arrangement
*froh happy
die Fröhlichkeit, –en gaiety
fromm pious, devout
*die Frucht, ⁻e fruit
*früh early
früher previously, formerly
die Frühgeburt, –en premature
baby
das Frühjahr, –e spring
**der Frühling, –e spring
**das Frühstück, –e breakfast
fuchteln brandish, gesture
fügen add
(sich) fühlen feel
*führen lead
der Fuhrherr, –n, –en proprietor
of transport company
der Führmann carrier, wagoner
*füllen fill
funkeln sparkle, twinkle
*für for, etc.
*die Furcht fear
furchtbar frightful, awful, deadful
*fürchten fear
fürchterlich fearsome, awful,
terrible
der Fürst, –en, –en prince
*der Fuß, ⁻e foot
der Fußboden floor
die Fußspitzen (pl.) tiptoes
**das Futter feed (animals)
**füttern feed (animals)

**die Gabel, –n fork
die Gage, –n fee, retainer
gähnen yawn
die Galeere, –n galley
die Galgenfrist, –en reprieve
(from the gallows), stay of
execution, respite
die Galle, –n gall
**der Gang, ⁻e passageway, walk,
corridor; gait
*ganz complete; very
*gar quite, even; (with neg.) at
all; particularly; entirely
die Gardehussaren cavalry,
hussars, elite regiment
die Garderobe, –n clothes closet;
cloak room
die Garderobehaken, – clothes
hook
die Gasse, –n street
*der Gast, ⁻e guest
der Gasthof, ⁻e inn
gastlich hospitable
der Gatte, –n, –n husband
die Gattin, –nen spouse, wife
die Gattung, –en species, breed
**das Gebäude, – building
die Gebärde, –n gesture, bearing
gebären (gebar, geboren) bear,
bring forth, give birth to
*geben (gab, gegeben, gibt) give
sich geben arrange
das Gebet, –e prayer
**gebieten (gebot, geboten)
command, rule
das Gebirge, – mountain range
das Geblinzel quick glance
**geboren born, née
**der Gebrauch, ⁻e use
**gebrauchen use
gebührend proper
der Geburtstag, –e birthday
das Gebüsch, e– bush
geckenhaft foolish, clownish

gedämpft muffled

**der Gedanke, –ens, –en thought

gedeihen (gedieh, ist gediehen)
develop, succeed

gedenken (gedachte, gedacht)
intend, think over, reflect,
ponder

das Gedicht, –e poem

das Gedränge, – crowd, throng

**die Geduld patience

**geduldig patient

geehrt honored (*usual greeting in
formal letters*)

*die Gefahr, –en danger

gefährlich dangerous

*gefallen (gefiel, gefallen, gefällt)
please, like

**(sich) gefallen lassen (ließ sich
gefallen, hat sich gefallen
lassen, läßt sich gefallen)** put
up with

gefälligst be so kind, kindly

das Gefängnis, –se prison,
imprisonment

das Gefolge, –n wake,
consequence

**das Gefühl, –e feeling, emotion,
sense, sensibility, sentiment

*gegen against, toward, about

**die Gegend, –en region

gegenseitig mutual

**der Gegenstand, –̈e object, subject

das Gegenteil, –e opposite

*gegenüber opposite, in relation to

**die Gegenwart presence; present

gegenwärtig present, current

der Gehalt, –e import, content

gehässig malicious, spiteful

**geheim secret

**das Geheimnis, –se secret

geheimtuerisch secretive

*gehen (ging, ist gegangen) go;
walk

das Gehirn, –e brain

das Gehör hearing

gehorchen obey

*gehören belong

gehorsamst most obediently

der Gehsteig, –e sidewalk

der Geisel, – hostage

*der Geist, –er spirit, mind;
ghost

geistesgegenwärtig with presence
of mind

geistig intellectual, spiritual,
high-minded

geizig niggardly, stingy, mean

das Gelächter laughter, laughingstock

das Gelände terrain, territory

*gelb yellow

*das Geld, –er money

**die Gelegenheit, –en opportunity

der Gelehrte, –n, –n learned man,
scholar

**gelingen (gelang, ist gelungen)
succeed

**gelten (galt, gegolten, gilt) pass
for, be a matter of; be (well)
thought of

das Gelüst, –e desire

gemächlich comfortable, easy

der Gemahl, –e (*formal*) husband

gemäß in accordance with

*gemein common, vulgar, base

die Gemeinheit, –en commonness;
baseness, mean trick

gemeinschaftlich together, in
common

das Gemisch, –e mishmash

die Gemse, –n chamois

**das Gemüse, – vegetable

das Gemüt, –er mood, disposition,
feeling

*genau exact

genau so just that, precisely,
even so

der Gendarm, –en policeman

die **Generalität, –en** rank of
general

die **Generalprobe, –n** dress
rehearsal

genieren embarrass

genießen (genoß, genossen) enjoy

der **Genosse, –n –n** colleague,
fellow

***genug** enough, sufficient

***genügen** suffice

die **Genugtuung, –en**
compensation, satisfaction

der **Genuß, –(ss)e** enjoyment,
pleasure

die **Gepflogenheit, –en** habit,
custom

das **Gepolter** rumble, din

***gerade** just (then); straight;
right

geradeheraus for this very reason

das **Gerät, –e** tool, implement

geraten (geriet, ist geraten, gerät)
get, come into

geraten prudent

geräuchert smoked

das **Geräucherte, –** smoked meat

geräumig spacious

das **Geräusch, –e noise

gerecht just, law-abiding, fair,
equitable

das **Gericht, –e court

die **Gerichtspflege, –n**
administration of justice

***gering** slight, insignificant

geringschätzig deprecating

***gern** gladly, like to

***gern haben** like

gerührt sentimental

geruhsam leisurely

*das **Geschäft, –e** business (affair)

***geschehen (geschah, ist
geschehen, geschieht)** happen

gescheit sensible, clever

das **Geschenk, –e present

*die **Geschichte, –n** story;
history; matter

geschichtlich historical

die **Geschicklichkeit, –en** skill,
deftness

geschickt skillful

der **Geschmack, –̈e** taste

geschmeidig supple, pliant

das **Geschmeiß** vermin

das **Geschöpf, –e** creature

geschwind quickly

der **Geselle, –n, –n** fellow, chap

*die **Gesellschaft, –en** company,
society; party

das **Gesetz, –e law

*das **Gesicht, –er** face

der **Gesichtspunkt, –e** point of
view; intention

die **Gesinnung, –en** view, way of
thinking

gespannt tense

das **Gespräch, –e** conversation

*die **Gestalt, –en** figure, form

gestalten bring to pass

der **Gestank, –̈e** odor, stench

gestehen (gestand, gestanden)
admit

***gestern** yesterday

das **Gestöber, –** drift

***gesund** healthy

gewagt perilous, hazardous

gewählt selected, choice

gewähren grant

die **Gewährung, –en** granting,
warranting

die **Gewalt, –en power, force

gewaltig powerful, mighty

die **Gewalttat, –en** act of violence

das **Gewand, –̈er** suit

die **Gewandtheit, –en** skill,
deftness

gewärtigen await, face up to

das **Gewehr, –e** gun

das **Gewicht, –e** weight

gewillt willing, disposed
der Gewinn, —e profit
****gewinnen (gewann, gewonnen)** win
das Gewirr confused noise, jumble
***gewiß** certain
gewissenhaft conscientious
gewissermaßen more or less
****(sich) gewöhnen** (get) accustom(ed)
die Gewohnheit, —en habit, custom
***gewöhnlich** usual
****gewöhnt** customary, habitual
****gewohnt** accustomed, used to
gewunden winding
die Gezeiten (*pl.*) tides
****gießen (goß, gegossen)** pour
giftig poisonous, venomous
****der Gipfel, —** summit
das Gitter, — trellis, guard, fence
****der Glanz** gleam, brightness, radiance, luster, splendor
****glänzen** shine
glatt smooth
der Glaube, —ns, —n belief, faith
***glauben** believe
***gleich** (*adv.*) immediately; (*adj.*) equal, same; (*prep.*) like; next
gleichfalls likewise, also, similarly
gleichgültig indifferent, unconcerned; of no consequence
gleichmäßig regular, even
der Gleichmut equanimity
gleich-tun (tat, getan) imitate
gleiten (glitt, ist geglitten) glide
****das Glied, —er** limb
glitzern glitter, glisten
die Glocke, —n bell
***das Glück** happiness; good fortune
***glücklich** happy; fortunate
glühen glow
die Gnade, —en mercy, grace

gnadenvoll merciful
gnädig graciously
gönnen permit, not begrudge
***der Gott, —er** god, God
das Grab, —er grave
****graben (grub, gegraben, gräbt)** dig
der Grabhügel grave mound
g(e)radezu flatly, simply
(sich) grämen grieve
****grau** gray
grausam cruel
***greifen (griff, gegriffen)** reach, seize
der Greis, —e old man
die Grenze, —n boundary, limit
grinsen grin
grob crude, rude, coarse
der Groschen Austrian penny
***groß** big, great; tall
großartig wonderful, marvelous, splendid, tremendous
die Größe, —n size
der Grössenunterschied —e difference in height
****die Großmutter** grandmother
****der Großvater** grandfather
großzügig generous
die Großzügigkeit, —en generosity
der Grubenherr, —en mineowner
***der Grund, —e** ground; bottom; valley; reason, basis
gründlich thorough
die Gruppe, —n tableau
***der Gruß, —e** greeting
***grüßen** greet, say hello
gucken look, peer
der Gulden Austrian florin
der Guß, —(ss)e icing
***gut** good
****das Gut, —er** estate, property; (*pl.*) goods
gutmütig good-natured
gut-tun (tat, getan) do one good

haarsträubend hair-raising
*haben (hatte, gehabt, hat) have
hadern wrangle, quarrel
die Hafenflocken rolled oats
haften-bleiben (blieb, ist geblieben) stick, cling
der Häher, – jay
der Haifisch, –e shark
der Haken, – hook
*halb half
der Halbkreis, –e crescent
*der Hals, –e neck, throat
*halten (hielt, gehalten, hält) hold; stop; consider; keep (one's word)
die Haltung, –en mien, carriage; support
**der Handel, ·· trade, business (transaction)
**handeln trade, bargain, deal
(sich) handeln be a question of
hand-haben (hatte, gehabt) separate, handle
die Handschellen handcuffs
handschriftlich handwritten
der Handschuh, ·· glove
das Handwerk, –e handiwork
der Handwerksbursche, –n young worker, apprentice
hängen (hing, gehangen) to hang up, suspend
die Hantierung, –en maneuvering
*hart hard, harsh
harzartig resinous
**der Haß hate
**hassen hate
häßlich ugly, distressing
der Hauch, –e breath
**hauen (hieb, gehauen) hit, hew, beat
**der Haufe(n), –(n)s, (n) crowd; pile
häufen heap up, pile up, amass
**häufig frequent

*das Haupt, ··er head
hauptsächlich primarily, mainly
der Haupttreffer winning ticket
der Hausbesorger house manager
das Haustor, –e front gate
**die Haut, ··e skin
*heben (hob, gehoben) lift
**heftig violent
**heilig holy; saintly
der Heiligenschein, –e halo
die Heilung, –en recovery
heim homeward
**die Heimat, –en homeland, native district
heimatlos homeless, without a country
**die Heirat, –en marriage
**heiraten marry
**heiß hot; ardent
*heißen (hieß, geheißen) be called; mean
die Heiterkeit, –en gaiety, cheer
**der Held, –en, –en hero
der Heldentenor, –e and **··e** heroic tenor
der Heldenvater, ·· father of the hero
*helfen (half, geholfen, hilft) help
*hell bright
hellgrau light gray
*das Hemd, –en shirt, blouse; nightshirt
heran-flitzen dash along toward
heran-winken call over, motion someone over
heraus-finden (fand, gefunden) find out, search out
heraus-laufen (lief, gelaufen, läuft) reach to, amount to
her-bitten (bat, gebeten) ask to come here
**der Herbst, –e autumn
herein-leuchten shine a light in
die Herkunft, ··e origin, ancestry

*der Herr, –n, –en man, gentleman; Mr.; Lord

Herrgottsakrament *oath*

**herrlich splendid, glorious, wonderful

herrschen reign

her-stellen produce, bring forth, manufacture

die Herstellung, –en production

das Herstellungsrecht, –e right to produce

herum-balgen fight, scuffle

hervor-gehen (ging, ist gegangen) stem, proceed

hervor-rufen (rief, gerufen) evoke, cause, provoke

her-wachsen (wuchs, ist gewachsen, wächst) grow up

*das Herz, –ens, –en heart

herzlichst most cordially

der Herzog, –e or –e duke

die Herzspitze, –n upper extremity of heart

heucheln feign

*heute today

heutzutage these days

der Hexenstaat, –en witches' habitat

hierher here, hither

*die Hilfe, –n help

*der Himmel, – sky, heaven

hinauf-springen (sprang, ist gesprungen) jump on top of

hinaus-langen hold out, push out

hinaus-schieben (schob, geschoben) put off

hindern hinder, stop, prevent

das Hindernis, –se obstacle

hin-drängen push onward

hin-drehen turn toward

hingegen on the other hand

hin-gehören belong (in a place)

hingerissen carried away

hin-nehmen (nahm, genommen, nimmt) take, accept; suffer

das Hinsinken sinking, foundering

hin-stellen dispose of

*hinter behind, beyond, etc.

hinunter-bemühen bother with going downstairs

hinunter-neigen bend down

hinweg away, off; in advance

hinweg-raffen snatch away

hinzu-setzen add

der Hirsch, –e stag

die Hitze heat, excitement

*hoch high, tall

die Hochachtung, –en esteem, respect

hochmütig supercilious, arrogant

die Hochschätzung, –en high esteem

der Hochstapler, – swindler

die Hochtour, –en "the big tour"

die Hochzeit, –en wedding

hocken crouch, squat

*der Hof, –e (court)yard, court; farm

*hoffen hope

*die Hoffnung, –en hope

hoffnungsvoll hopeful, optimistic

höflich courteous

die Hoheit, –en majesty

hohl gaping, hollow

die Höhle, –n cave

der Hohn scorn

höhnisch scornful, sarcastic

*holen get

die Hölle Hell

höllisch "like the very devil"

*das Holz, –er wood

honett honest, clean-cut

*hören hear

**die Hose, –n trousers

der Hosenboden, – or –– seat of trousers

**hübsch pretty, nice

*der Hund, –e dog

der **Hungerleider, —** miser
hüpfen hop, skip
die **Hürde, —n** pen
die **Hure, —n** prostitute
husten cough
*der **Hut, ⸚e** hat
(sich) **hüten** guard, protect;
  shun, beware, take care
die **Hütte, —n** cottage

die **Idee, —n** idea
*immer always; more and more
****immerzu** always, continuously,
  constantly, repeatedly
imponieren impress
****indem** while, as, by
indes(sen) meanwhile
der **Inhaftierte** (*as adj.*) person
  in custody
der **Inhalt, —e content(s)
****innen** inside
inner inner, internal, intrinsic
das **Innere** (*as adj.*) inside
innewohnen dwell within
innig heartfelt, fervent
die **Insel, —n** island
insgeheim secretly, deep down
inzwischen meanwhile
*irgend any, some
irgendein some, some sort of
*irgendwie somehow
*irgendwo somewhere
**irren lose one's way, wander
(sich) **irren be mistaken
das **Irrenhaus, ⸚er** asylum, mental
  hospital
der **Irrsinnige** madman
der **Irrtum, ⸚er** error, false idea
irrtümlich mistaken

*ja yes; to be sure
die **Jagd, —en hunt, chase, race
**jagen hunt, chase, race;
  send, force

jäh sudden, rash
*das **Jahr, —e** year
*je ever
jedenfalls in any case
*jeder each, every
****jedoch** however
jeglich each, every
*jemand somebody; anybody
*jener that (one); the former
*jetzt now
der **Jubel** festivity, jubilation
der **Jude, —n, —n** Jew
die **Jugend, — youth, young
  people
der **Junge, —n, —n boy

der **Kachelofen, ⸚** tile stove
der **Käfig, —e** cage
der **Kai, —e** wharf, pier
*kalt cold
das **Kaltstellen, —** putting on ice
der **Kamillentee, —s** camomile tea
*der **Kampf, ⸚e** fight, struggle,
  battle
*kämpfen fight, struggle
der **Kanal, ⸚e** sewer
das **Kanapee, —s** sofa
das **Kaninchen, —** rabbit
die **Kante, —n** edge
kantig edged
die **Kapelle, —n** chapel
der **Kapellmeister, —** conductor
die **Karte, —n card; map;
  ticket
der **Kartelträger, —** second, bearer
  of a challenge
der **Käse, —** cheese
der **Kasten, —** box
*die **Katze, —n** cat
*kaufen buy
der **Kaufmann** merchant, sales
  clerk
**kaum hardly
die **Kehle, —n** throat

*kehren (re)turn (*gen.* **ist** with compounds)

die Keilhose, –n ski pants

*kein no, not a

keineswegs certainly not

der Kelch, –e goblet

der Keller, – basement, cellar

der Kellner, – waiter

*kennen (kannte, gekannt) be familiar with, know

kennen an tell from, know by means of

der Kenner, – expert, connoisseur

der Kerl, –e fellow, guy, chap

der Kessel, – boiler

die Kette, –n chain

keuchen pant, gasp

*das Kind, –er child

die Kinderstube, –n nursery; training, upbringing

kindisch childish

**das Kinn, –e chin

das Kino, –s movies

*die Kirche, –n church

das Kissen, – pillow, cushion

die Kiste, –n box, crate; matter, affair

*die Klage, –n complaint, lament

*klagen complain, lament

der Klang, ⸚e sound, ring

klappern rattle, clatter

*klar clear, certain

die Klarheit, –en clarity

das Klavier, –e piano

der Klavierstimmer, – piano tuner

kleben glue, stick

der Klee clover

**das Kleid, –er dress, (*pl.*) clothes

**kleiden dress

*klein small

**klettern (ist) climb; scramble

**die Klingel, –n bell

**klingeln ring

**klingen (klang, geklungen) sound

klirren (hat, ist) clatter, rattle

**klopfen knock, beat

der Klubsessel, – easy chair

**klug smart, clever

*der Knabe, –n, –n boy

knapp close, narrow; short, terse

der Kneifer, – pince-nez

die Kneipe, –n bar, tavern

der Knochen, – bone

knochig bony

der Knopf, ⸚e button

knüpfen tie

**kochen cook

die Köchin, –nen cook

der Köder, – lure, bait

der Koffer, – trunk

die Kohle, –n coal

der Kollegenkreis, –e circle of colleagues

komisch funny, comical; odd

*kommen (kam, ist gekommen) come, get

die Komödie, –n comedy, farce

**der König, –e king

*können (konnte, gekonnt, kann) be able

kontrollieren check, check up on; control

*der Kopf, ⸚e head

das Kopfweh headache

der Korb, –e basket

*der Körper, – body

körperlich bodily, physical

kosten taste, try

krachen (hat, ist) burst, crack

*die Kraft, ⸚e strength, vigor

kräftig robust, energetic

der Kraftwagen, – automobile

der Kragen, – collar

der Kram odds and ends

der Kran, ⸚e crane

*krank sick

kratzen scratch

die Krawatte, –n necktie**

der Krebs, –e cancer
**der Kreis, –e circle
kreuzen cross
**kriechen (kroch, ist gekrochen)
   crawl, creep
*der Krieg, –e war
**kriegen get
die Kriegsführung, –en warfare
**die Krone, –n crown
krumm crooked, bent
**die Küche, –n kitchen
**der Kuchen, – cake, cookies
kucken (*sl.*) look, see
die Kugel, –n ball, sphere, bullet
**die Kuh, ⁓e cow
*kühl cool
die Kuhle, –n pit, hole
kühn bold, audacious
die Kulisse, –n wing of a stage
die Kultur culture; the arts;
   civilization
der Kummer, – sorrow, trouble
(sich) kümmern concern (oneself)
der Kumpel, – workmate
die Kunde, –n knowledge
**die Kunst, ⁓e art
**der Künstler, – artist
künstlich artificial
*kurz short, in short
die Kürze shortness
kurzgefaßt concise
**der Kuß, ⁓(ss)e kiss
**küssen kiss
die Küste, –n coast
der Kutscher coachman

**lächeln smile
*lachen laugh
lächerlich absurd, ridiculous
der Lackstiefel, – patent leather
   boot
**der Laden, ⁓ *and* – store
**die Lage, –n location, situation

das Lager, – bed; camp;
   supply
lagern (hat, ist) store
das Lampenfieber, – stage fright
*lang long
**lange long since, for a long time
*langsam slow
**längst long since, for a long time
langweilen bore
*(sich) lassen (ließ, gelassen, läßt)
   let, leave, allow, have, cause;
   forgo, stop; can be (done)
die Last, –en load
das Laster, – vice
das Latein, – Latin
die Laterne, –n lamp, lantern
die Latte, –n lattice work
der Lattenzaun, ⁓e board fence
*laufen (lief, ist gelaufen, läuft)
   run; walk
die Laune, –n mood
der Lausbub(e), –n bad boy, brat
*laut (a)loud
**der Laut, –e sound
lauten read, run
läuten ring
**lauter pure(ly), sheer, nothing but
*leben live
*das Leben, – life
lebendig live, alive
der Lebenslauf, ⁓e *curriculum
   vitae—formal account of one's
   career*
die Leber, –n liver
der Leberknödel, – liver dumpling
lebhaft vivid
die Lebhaftigkeit, –en vivacity
lediglich only, merely
*leer empty, bare
*legen lay, place
die Lehne, –n arm or back of
   chair
**lehnen (ist, hat) lean
*lehren teach

*der Lehrer, – teacher
**der Leib, –er body
der Leichenschmaus, ⸚e funeral
   banquet
*leicht easy, light, slight
*leiden (litt, gelitten) suffer, bear,
   stand (for)
**die Leidenschaft, –en passion
**leidenschaftlich passionate
**leider unfortunately
**leid-tun (tat, getan) be sorry;
   hurt
*leise soft, gentle, quiet
**(sich) leisten accomplish, offer;
   (afford)
leiten direct
lenken direct
*lernen learn, study
*lesen (las, gelesen, liest) read;
   gather
*letzt last
**leuchten glow, gleam, shine
leugnen deny
*die Leute (pl.) people
der Leutnant, –s lieutenant
*das Licht, –er light
*lieb dear, good, beloved, charming
*die Liebe love
*lieben love
liebenswürdig kind
**lieber prefer(ably) (comp. of gern)
*lieb-haben (hatte, gehabt, hat)
   love
**am liebsten like best (superl. of
   gern)
*das Lied, –er song
der Lieferant, –en, –en supplier,
   purveyor
*liegen (lag, gelegen) lie
der Liegestuhl, ⸚e deck chair
**die Linie, –n line
*link left
*links to the left
linsen peer, gape, ogle

die Lippe, –n lip
**loben praise
**das Loch, ⸚er hole
locken entice, lure
**der Löffel, – spoon
**der Lohn, ⸚e pay, reward
**(sich) lohnen (re)pay (be
   worthwhile)
**los rid of; off; wrong
das Löschblatt, ⸚er blotter
der Löwe, –n, –n lion
die Lücke, –n hole
*die Luft, ⸚e air, breeze
lüften air out
die Lüge, –n lie
lügen (log, gelogen) tell a lie
der Lügner, – liar
die Luke, –n hatch
die Lungenentzündung, –en
   pneumonia
**die Lust, ⸚e desire, pleasure
Lust haben (hatte, gehabt)
   want to, desire to
**lustig cheerful, jolly
die Lyrik lyric poetry

*machen do, make
*die Macht, ⸚e power, force, might
mächtig mighty, strong
*das Mädchen, – girl
die Magd, ⸚e maid, servant girl
**der Magen, – stomach
die Magermilch skim milk
*das Mal, –e time; mark
*–mal times
*mit einem Mal suddenly, all at
   once
**malen paint
*man one, a person
*manch many a; some
manchmal often, many a time
**der Mangel, ⸚ lack, want of, need
**mangeln lack
*der Mann, ⸚er man, husband

*der Mantel, ⸚ coat, cloak, cape
markieren make note of
**der Markt, ⸚e market(place)
die Masche, —n (sl.) a cinch
**das Maß, —e measure
die Masse, —n mass, multitude
die Maßnahme, —n measure,
  precaution
maßvoll moderate
**die Mauer, —n wall
**das Maul, ⸚er mouth
die Maus, ⸚er mouse
*das Meer, —e sea, ocean
*mehr more
**mehrere several
die Mehrzahl plural
*meinen mean, think; say
meinetwegen as far as I'm
  concerned
*die Meinung, —en opinion, belief
*meist most, mostly
**der Meister, — master
melden announce
die Meldung, —en announcement
**die Menge, —n crowd, multitude
*der Mensch, —en, —en person,
  human being, man
*merken notice
merkwürdig remarkable,
  noteworthy
**messen (maß, gemessen, mißt)
  measure
*das Messer, — knife
der Meuchelmörder, — assassin
die Miete, —n rent
mieten hire
die Milz, —en spleen
**minder less
minderjährig young, of minor
  years
**mindest- least
mischen shuffle (cards)
die Mischung, —en mixture
mißbilligen disapprove

missen miss, pass up
mißglücken fail, miscarry
mißmutig ill-tempered
*mit with; along
das Mitglied, —er member
das Mitleid pity, sympathy
*der Mittag, —e noon
*die Mitte, —n center, middle
**mit-teilen tell, communicate,
  report
**die Mitteilung, —en
  communication, report
**das Mittel, — means; remedy
der Mittelpunkt, —e central point,
  focal point
**der Mittwoch Wednesday
das Möbel, — piece of furniture
möbliert furnished
die Mode, —n fashion
*mögen (mochte, gemocht, mag)
  like, may, let, etc.
*möglich possible
der Mohr, —en, —en Moor
*der Monat, —e month
*der Mond, —e moon
**der Montag Monday
die Moral (concept of) morality
**der Mord, —e murder
morden murder
**der Mörder, — murderer
mörderisch murderous
*der Morgen, — morning
*morgen tomorrow
das Morgengrauen dawn
morsch rotten
*müde tired, exhausted
*die Müdigkeit, —en fatigue,
  exhaustion
**die Mühe, —n trouble, effort
die Mühle, —n mill
mühsam laborious
*der Mund, —e or ⸚er mouth
die Münze, —n coin
mürbe mellow, the odor of dry rot

murmeln mutter
mürrisch sullen
der Musiker, — musician
der Muskel, — muscle
*müssen (mußte, gemußt, muß)
   must, have to, etc.
müßig idle
das Muster, — sample
der Musterknabe, —n, —n model
   boy
mustern measure
*der Mut courage, spirit
*die Mutter, ⸚ mother
die Mütze, —n cap

na well
*nach to, toward; after;
   according to
nach-ahmen imitate
**der Nachbar, —s *and* —n, —n
   neighbor
die Nachbarschaft neighbor,
   neighborhood
*nachdem after
**nach-denken (dachte, gedacht)
   ponder
**nachdenklich thoughtful
nach-forschen check up on
die Nachforschung, —en
   investigation
nach-gehen (ging, ist gegangen)
   follow
**nachher afterward, later on
**die Nachricht, —en report, news
das Nachspiel, —e epilogue
nach-tragen (trug, getragen, trägt)
   bear a grudge
*die Nacht, ⸚e night
*nachts nights, at night
**nackt naked
der Nagel, ⸚ nail; peg, hook
*nah(e) near
**(sich) nähern approach
namens named

der Namenstag, —e saint's day
namentlich specific
**nämlich you see; namely; same
der Narr, —en, —en fool
*die Nase, —n nose
**naß wet
**der Nebel, fog, mist
*neben beside, near; along with
nebenan next door
nebenbei by the way, incidental
**der Neffe, —n, —n nephew
*nehmen (nahm, genommen,
   nimmt) take
**der Neid envy
**neidisch envious
**(sich) neigen incline, bend
*nein no
*nennen (nannte, genannt) name,
   call
**nett nice
*neu new, recent
die Neugierde curiosity
neugierig curious
*nicht not
*nicht wahr? isn't it, etc.
**die Nichte, —n niece
*nichts nothing
**nicken nod
*nie never
nieder-fallen (fiel, ist gefallen,
   fällt) fall down, plunge
die Niederlage, —n defeat,
   prostration
*niemand nobody
nippen sip
nirgends nowhere
nivellierend leveling, egalitarian
*noch still, yet, else, even;
   any more, in addition, etc.
*immer noch still
*noch ein one more
*noch etwas something else
*noch nicht not yet
*der Nord(en) north

die Not, ⸚e distress; emergency;
  need
nötig necessary
  nötigen force, push
  notwendig necessary
*nun** now; well
*nur** only
der Nutzen, — use
nützen be of use; use
nützlich useful

*ob** whether; (I wonder) if
*oben** above, up, upstairs
  ober- senior, superior
  der Oberamtsrichter, — district
    court judge
  oberst highest
obgleich although
das Obst, —arten fruit
  obwohl although
  der Ochs(e), —n ox, blockhead
*oder** or
der Ofen, ⸚ stove
*offen** open, frank
  offenbar apparently
  (sich) offenbaren be revealed
  offensichtlich apparent, obvious
öffentlich public
  offerieren bid
*öffnen** open
*oft** often
  öfters frequently
*ohne** without
  ohnehin besides, moreover
*das Ohr, —en** ear
  die Ohrfeige, —n box on the ears
das Öl, —e oil
das Opfer, — sacrifice; victim
opfern sacrifice
  der Orden, — medal, citation
  (sich) ordnen put into order,
    sort out
die Ordnung, —en order
*der Ort, —e** place, spot

*der Ost(en)** east
die Ostern, Easter

*(ein) paar** (a) few, a couple
das Paar —e couple, pair
  packen grab
das Packet', —e package
  paffen puff
  der Pappkarton, —s cardboard box
  die Papptafel, —n cardboard sign
  das Parkett, —e orchestra seats,
    stalls
  die Parkettreihe, —n row of seats
    (orchestra stalls)
  die Partei, —en (political) party
  die Partie, —n game, match
passen fit, suit
  passieren pass through;
    (*with* **ist**) happen
  patentiert patented
  pathetisch solemn, lofty
  der Pelz, —e fur, fur coat
  die Personalien particulars, vital
    statistics
  persönlich personal
  die Pest, —en plague
  das Pfand, ⸚er deposit, pledge
  die Pfeife, —n pipe
  pfeifen (pfiff, gepfiffen) whistle
  der Pfeil, —e arrow
*das Pferd, —e** horse
die Pflanze, —n plant
  das Pflaster, — pavement
  die Pflaume, —n plum
pflegen be accustomed to;
  take care of
die Pflicht, —en duty
  pflichtbewußt conscious of duty
  die Pfote, —n paw
  die Pfütze, —n puddle
  der Pilz, —e mushroom
  platschen splash
*der Platz, ⸚e** place, seat
  platzen (ist) burst

plaudern chat
*plötzlich sudden
der Pöbel rabble
die Pose, –n pose, posture
**die Post, –en mail
der Posten guard
die Pracht splendor
prächtig splendid
prachtvoll splendid, fine
die Pranke, –n claw
preisen (pries, gepriesen) prize,
   esteem
preis-geben (gab, gegeben, gibt)
   reveal; compromise
der Preuße, –n, –n Prussian
der Priester, – priest
die Probe, –n rehearsal
probieren try
der Prozeß, –(ss)e suit, trial
**prüfen test
prüfend searching
**die Prüfung, –en test
prusten snort
das Publikum, – audience
*der Punkt, –e point; period
die Pupille, –n pupil (of the
   eye)
pusten puff, pant
putzen brush

der Quader, – (building) stone
das Quartier, –e lodging
**die Quelle, –n source; spring
quer across, transversely

das Rabatt, –e discount
(sich) rächen take revenge
**das Rad, –er wheel; bicycle
der Rand, –er edge, border
der Rangierbahnhof, –e switching
   station
**rasch quick
rasen speed, scorch; rave, rage
die Rasse, –n race; breed
rasseln (hat, ist) rattle

*der Rat, –e or – schläge advice,
   council
*raten (riet, geraten, ratet) advise,
   consult; guess
die Ratte, –n rat
rattern rattle
**der Rauch smoke
**rauchen smoke
*der Raum, –e room, space
der Rausch, –e drunkenness
**rauschen rustle, murmur
räuspernd clearing the throat
**rechnen reckon, figure
*recht right, real; very, rather
**das Recht, –e right; justice;
   law
*rechts to the right
*recht haben be right
der Rechtsfall, –e suit, case
*die Rede, –n talk, speech;
   conversation
*reden talk, speak
das Regal, –e case
**die Regel, –n rule
regelmäßig regular
*der Regen rain
**regieren govern
**die Regierung, –en government
regierungssüchtig greedy for
   power
*regnen rain
das Reh, –e roe, deer
*reich rich
**das Reich, –e empire; realm
*reichen reach, extend; pass;
   suffice, last
reichlich abundant, plentiful,
   copious
**reif mature, ripe
reiflich careful, painstaking
**die Reihe, –n row, series
*rein pure, clean; neat
reinigen clean, wash
*die Reise, –n trip

*reisen (ist) travel
*reißen (riß, gerissen) tear, jerk, pull
*reiten (ritt, ist, hat geritten) ride
**reizen charm; irritate
das Reizen bidding, declaring
**reizend charming
die Reklame, –n advertising, promotion
der Rektor, –en principal
das Rencontre (fr.) run-in, contretemps
**rennen (rannte, ist gerannt) run
der Rest, –e remains, vestige
**retten save, rescue
**die Rettung, –en rescue
die Revanche grudge match
der Richtblock, ⸚e (executioner's) block
**richten direct; judge; correct
*richtig correct, right, real
**die Richtung, –en direction
**riechen (roch, gerochen) smell
rieseln trickle
riesen- huge, gigantic
riesenhaft gigantic
riesig gigantic, tremendous
das Rindvieh cattle; (sl.) numbskull, ass
ringsum all around
rinnen (rann, ist geronnen) run
ritterlich chivalrous
ritzen engrave
*der Rock, ⸚e coat; skirt
roh raw, coarse, brutal
der Rolladen rolling shutters
der Roman, –e novel
*rot red
routiniert experienced, knowledgeable
rücken pull out, offer
**der Rücken, – back, spine
das Rückgrat, –e backbone (hence "courage")

die Rücksicht consideration, respect
rücksichtslos ruthless, reckless
die Rückwanderung, –en repatriation
ruderschlagend rowing
*der Ruf, –e call, shout; name
*rufen call, shout
rügen scold, reprimand
*die Ruhe rest, peace, calm
*ruhen rest
ruhend resting, stationary
*ruhig quiet, peaceful; just go right ahead and . . .
rühmen praise
rühmlich venerable
**(sich) rühren touch, move, stir
*rund round
der Russe, –n, –n Russian
rüsten prepare, throw together

*die Sache, –n thing, matter, affair
die Sachkunde, –n knowledgeability, expertise
der Sachse, –n, –n Saxon
*sagen say, tell
sägen saw
die Saite, –n string (of an instrument)
salbungsvoll unctuous
der Salon, –s drawing room
das Salz salt
*sammeln collect, gather
**der Samstag Saturday
samt together with
die Samtkappe, –n velvet cap
sämtlich all, every single
**sanft gentle, soft
der Sarg, ⸚e coffin
satt sated, satisfied
die Sau, ⸚e sow, pig
sauber neat, clean
**schade too bad, pity
**schaden hurt

**schaffen (schaffte, geschafft;
schuf, geschaffen) do; create,
make
der Schaffner, — conductor
der Schalk, —e rogue, rascal
der Schalter, — light switch
(sich) schämen be ashamed
die Schamröte blush of
embarrassment
schänden shame, ravish
die Schar, —en multitude, mass
scharf sharp, acute, severe
****der Schatten** shadow, shade
****der Schatz, ⸚e** treasure;
sweetheart
schätzen appreciate, treasure
schaudern shudder
schauen look
die Scheibe, —n pane; slice
****scheiden (schied, ist geschieden)**
separate, leave, part, go away;
divorce
die Scheidung, —en divorce
der Schein, —e light; appearance;
bill; document, license
scheinbar apparent
scheinen (schien, geschienen)
shine, appear
schelten (schalt, gescholten,
schilt) blame, reprove
der Schemel, — footstool
****schenken** give, present
scheppern (*sl.*) quiver
(sich) scheren *coll.* be off, go
scheren (schor, geschoren)
shear, shave
scherzen jest, joke
die Scheu reluctance
die Schicht, —en shift
schicken send
****das Schicksal, —e** fate
****schieben (schob, geschoben)**
push, shove

****schießen (schoß, geschossen)**
shoot
das Schiff, —e ship
der Schiffsbau, —ten naval
architecture, shipbuilding
das Schild, —er sign, plate
schildern reveal, describe
die Schilderung, —en description
die Schildkröte, —n turtle
der Schimpf, —e insult
schimpfen insult
die Schläfe, —n temple
schlafen (schlief, geschlafen,
schläft) sleep
der Schlag, ⸚e blow; song
schlagen (schlug, geschlagen,
schlägt) strike, beat; defeat
die Schlagzeile, —n headline
****schlank** slender
schlau wily, sly, cunning
schlecht bad, poor
schlechtberaten ill-advised
schleichen (schlich, ist
geschlichen) creep
der Schleier veil
schleifen (schliff, geschliffen)
skid, slide; drag
schleudern hurl, fling
schließen (schloß, geschlossen)
close, lock; conclude
****schließlich** after all; finally
schlimm bad, evil, adverse
die Schlinge, —n sling, noose
schlingen (schlang, geschlungen)
tie; entwine
schlottern tremble, wobble
schluchzen sob
der Schluck, —e swallow, drink
schlucken gulp, swallow
der Schluß, ⸚(ss)e end
der Schlüssel, — key
****schmal** narrow
****schmecken** taste (good)
die Schmeichelei, —en flattery

schmeicheln flatter
schmeichlerisch flattering
schmeißen (schmiß, geschmissen)
  throw, fling
**der Schmerz, —en pain, ache,
  grief, sorrow, misery
schmutzig dirty
schnappen grab, snap up
schnaufen breathe heavily
*der Schnee snow
das Schneetreiben, — snowdrift
die Schneid, — (coll.) courage,
  pluck
*schneiden (schnitt, geschnitten)
  cut
schneien snow
*schnell fast, quick
schnitzen whittle
schnüffeln sniff about
der Schnurrbart, —e moustache
*schon already; even; all right,
  etc.
*schön beautiful; good;
  all right, O.K.; nice
die Schonung, —en sparing,
  consideration
der Schopf, —e crown, head of
  hair
der Schotte, —n, —n Scot
**der Schrank, —e wardrobe,
  cupboard, closet
der Schreck fright, fear, terror,
  horror
**schrecklich terrible
*der Schrei, —e shout, scream, cry
*schreiben (schrieb, geschrieben)
  write
das Schreiben writing, letter,
  correspondence
*schreien (schrie, geschrien) shout,
  scream, cry
**schreiten (schritt, ist geschritten)
  step, walk, stride
die Schrift, —en writing

der Schriftsteller, — writer
*der Schritt, —e step, pace
schüchtern timid, shy
*die Schuld, —en fault, blame;
  guilt; debt
*schuld at fault
*schuldig guilty, owing
*die Schule, —n school
der Schüler, — pupil
**die Schulter, —en shoulder
der Schurke, —n scoundrel, rogue,
  cad
die Schürze, —n apron
der Schuß, —(ss)e shot
der Schutt rubble
**schütteln shake
die Schuttwüste ruins
**der Schutz protection
**schützen protect
das Schützenbataillon, —e rifle
  batallion
der Schutzmann, —er policeman
der Schwabe, —n, —n Swabian
*schwach weak
der Schwager, — brother-in-law
schwanken totter, falter, stagger,
  fluctuate
der Schwanz, —e tail
*schwarz black, dark
schweben soar, float
der Schweif, —e tail
*schweigen (schwieg, geschwiegen)
  be silent
schwelgerisch luxurious, opulent
*schwer heavy, difficult
*die Schwester, —n sister
der Schwiegersohn, —e son-in-law
**schwierig difficult
**die Schwierigkeit, —en difficulty
schwindelig dizzy
schwören (schwur, geschworen)
  swear
*der See, —n lake
*die See, —n sea, ocean

*die Seele, —n soul
*seelig spiritual
 seelisch psychical
*sehen (sah, gesehen, sieht) see, look
 die Sehenswürdigkeit, —en sight, attraction
*sehr very (much)
 die Seife, —n soap
 das Seil, —e rope
*sein (war, ist gewesen, ist) be; seem
 seinerzeit once, one time
*seit since, for
*die Seite, —n side; page
 der Seitenblick, —e sidelong glance
 seither since then
 seitwärts sideways
 der Sekondeleutnant, —s second (*in an affair of honor*)
 der Sekt, —e champagne
*selb— (derselbe) same
*selber oneself
*selbst oneself; even
 selbstverständlich of course, without saying
*selten seldom, rare
**seltsam strange, unusual, peculiar
**senden (sandte, gesandt) send
 senken (cause to) sink
 senkrecht vertical
 der Sessel, — chair
 seßhaft settled, resident
*(sich) setzen (sit down); set, place, put
 das Setzen wager, bet
**seufzen sigh
**der Seufzer sigh
*sich oneself; each other
*sicher certain, safe, sure
 die Sicherheit security
 sichtbar visible

**der Sieg, —e victory
**siegen conquer, defeat
 der Sieger, — conquerer, winner
 silbern silver
*der Sinn, —e sense; mind
 sinnig thoughtful, well planned
*sinnlos senseless, futile
 die Sitte, —n custom, practice
 sittlich moral, ethical
*sitzen (saß, gesessen) sit
 das Skelett, —e skeleton
**sobald as soon as
 der Sockel, — base
 sodann then, after that
**sofort immediately
**sogar even
**sogleich immediately
*der Sohn, ⸚e son
*solch such (a)
*der Soldat, —en, —en soldier
*sollen shall, should; be said to; be to, etc.
 sonderbar unusual
**sondern but; on the other hand
**der Sonnabend Saturday
*die Sonne, —n sun
**der Sonntag Sunday
*sonst otherwise; formerly
 die Sophistik specious arguments, casuistry
**die Sorge, —n worry; care
**sorgen worry; care
 sorgfältig careful
 sorgsam careful, exhaustive
 sowie as well as
 sowieso anyway, in any case
 spähen peer, watch
 die Sparsamkeit, —en frugality
 Spaß machen please, find amusing, enjoy, like to
*spät late
*spazieren (ist) walk
 spazieren-gehen (ging, ist gegangen) go for a walk

**der Spaziergang, ⁼e walk
der Speicher, – storage place, loft
das Speisezimmer, – dining room
der Spektakel, – uproar, row
der Spender, – donor
die Sperre, –n barrier
die Spesen (*f. pl.*) expenses
der Spiegel, – mirror
spiegeln reflect
*das Spiel, –e game, play
*spielen play
das Spielhonorar, –e honorarium
  for a single performance
spitz pointed
der Spitzbubenstreich, –e
  rascality, prank
**die Spitze, –n tip, end, point;
  holder
der Sporn, Sporen spurs
der Spötter, – mocker, practical
  joker
*die Sprache, –n language, speech
sprachlich linguistic
*sprechen (sprach, gesprochen,
  spricht) speak
springen, (sprang, ist gesprungen)
  spring, jump, leap
spröd brittle
spucken spit
spülen rinse
die Spur, –en trace
spüren feel, sense
(sich) sputen hurry
*der Staat, –en state, nation
die Staatsbahn, –en National
  Railway
der Staatsmann, ⁼er statesman
der Stab, ⁼e bar (of a cage);
  cane; pointer
*die Stadt, ⁼e city
der Stall, ⁼e hutch, pen
stammeln stammer
stampfen stamp
der Stand, ⁼e social class

der Standesunterschied, –e
  social distinction
stapfen plod
*stark strong
die Stärkung, –en strengthening,
  tonic
starren stare
*statt (anstatt) instead of
**statt-finden (fand, gefunden)
  take place
der Staub dust
*stecken put, stick; (*intrans.*)
  remain, be
*stehen (stand, gestanden) stand;
  (*plus dat.*), suit, go well with
*stehen-bleiben (blieb stehen, ist
  stehen geblieben) stop
stehlen (stahl, gestohlen, stiehlt)
  steal
steif stiff
*steigen (stieg, ist gestiegen)
  climb, rise
*der Stein, –e stone
der Steinbock, ⁼e ibex
*die Stelle, –n place
*stellen place
**die Stellung, –en position
stemmen prop
*sterben (starb, ist gestorben,
  stirbt) die
**der Stern, –e star
das Sternbild, –er constellation
der Sternenglanz starlight
stets always, constantly
der Stiefel, – boot
die Stiege, –n flight of stairs
der Stier, –e bull
die Stille stillness, quiet,
  tranquility
*die Stimme, –n voice
**stimmen be correct
die Stimmung, –en mood
**die Stirn(e), –(e)n forehead
stochern poke

der Stock, ¨e stick, cane
der Stock, –e floor, story
der Stockfleck, –e mildew, spot
das Stockwerk, –e story
der Stoff, –e matter, material
stöhnen groan
stolz proud
der Stolz pride
stören disturb
stoßen (stieß, gestoßen, stößt)
push, hit, thrust; (*with* **ist**)
expel
stottern stutter
die Strafe, –n punishment, penalty
strafen punish
strahlen beam, shine
strampeln toss about
der Strand, –e beach
die Straße, –n street
die Straßenbahn, –en streetcar,
tram
streben strive
strecken stretch
streicheln stroke, caress
streichen (strich, gestrichen)
stroke; brush; cancel;
cross out; (*with* **ist**) move,
rove; sweep
der Streit, –e quarrel
streiten (stritt, gestritten) quarrel
streng severe, strict
streuen strew, spread
der Strich, –e stroke, line
der Strick, –e cord
der Strom, ¨e stream, current
die Stube, –n room, parlor
das Stück, –e piece; play
studieren study
das Studium, –ien study
die Stufe, –n step; stage
der Stuhl, ¨e chair
stumm mute, silent, dumb
die Stunde, –n hour; moment;
lesson

stupsen nudge
stürzen (ist, hat) rush; fall;
plunge; throw
(sich) stützen support, prop
(oneself)
suchen look for, seek
der Süd(en) south
südlich southerly
süffig nice to drink
summen hum
die Sünde, –n sin
süß sweet
Sylvesternacht New Year's Eve
(Feast of St. Sylvester)
sympatisch congenial, agreeable,
likable

tadeln reproach
die Tafel, –n plaque, sign, board,
record
der Tag, –e day
tagen dawn, come into view
die Tagesordnung, –en order of
the day
täglich daily
der Takt, –e tempo; tact
das Tal, ¨er valley
der Taler, – former German coin
die Tante, –n aunt
der Tanz, ¨e dance
tanzen dance
die Tapete, –n wallpaper
tappen grope, feel one's way
die Tasche, –n pocket; bag
das Taschenbuch, ¨er notebook
die Taschenlampe, –n flashlight,
torch
die Tasse, –n cup
die Tat, –en deed
die Tätigkeit, –en activity
die Tatsache, –n fact
tatsächlich actually, really
der Tauchsieder, –e immersible
electric coil for heating liquid

taufen christen, baptize
taumelbunt intoxicatingly colorful
täuschen deceive
teeren tar
*der (das) Teil, –e part
teilhaft partially
teilnahmslos indifferent,
  disinterested
*der Teller, – plate
der Teppich, –e carpet
die Teppichstange, –n rack for
  beating carpets
*teuer expensive; dear
der Teufel, – devil
teuflisch diabolical
*tief deep
tiefbekümmert anguished
die Tiefe, –n depth
der Tiegel, – crucible
*das Tier, –e animal
**die Tinte, –n ink
*der Tisch, –e table
*die Tochter, ⸚ daughter
*der Tod, –e death
**der Ton, ⸚e sound, tone
**tönen sound
das Tor, –e gate, street door
töricht foolish
*tot dead
*töten kill
die Totenwacht, –en deathwatch
die Tournee, –n tour
*tragen (trug, getragen, trägt)
  carry; wear
trällern hum, trill
**die Träne, –n tear
tränenblind blinded by tears
transponieren transpose
die Traube, –n grape
(sich) trauen dare
die Trauer grief
*der Traum, ⸚e dream
*träumen dream
*traurig sad, melancholy

*treffen (traf, getroffen, trifft)
  meet; hit
treffend appropriate, right, fitting
*treiben (trieb, getrieben) drive;
  do; force; take part;
  blow about
**trennen separate
(sich) trennen part, separate
**die Trennung, –en separation
**die Treppe, –n stairs
**treten (trat, getreten, tritt) (with
  ist) step, walk; (with hat) kick
*treu loyal, faithful
der Trieb, –e drive, compulsion,
  urge
triefen (ist, hat) drip
*trinken (trank, getrunken) drink
das Trinkgeld, –er tip
das Trittbrett, –er footboard,
  runningboard
**trocken dry, arid
**trocknen dry
die Trommel, –n drum
der Troß, –(ss)e gang, followers
**der Trost comfort
**trösten console, comfort
der Trottel, – fool, idiot
**trotz in spite of
trotzdem nevertheless
trüb sad
trüben dim, cloud
die Truhe, –n chest, trunk
**das Tuch, ⸚er cloth, shawl
der Tuchknopf, ⸚e cloth-covered
  buttons
tüchtig capable, skillful
die Tüchtigkeit, –en cleverness
*tun (tat, getan) do; act; put
tünchen whitewash
*die Tür(e), –(e)n door
der Türgeknall, –e door slam
der Türhüter doorkeeper
**der Turm, ⸚e tower
der Turmfalke, –n kestrel

turnen do gymnastics, take
exercises
der Türseher doorkeeper, guard
tuschen draw, write in India ink
der Tyrann, —en tyrant
**übel bad
übelwollend spiteful, malevolent
**üben practice, exercise
*über over; about
*überall everywhere
**überbringen (überbrachte,
überbracht)** deliver
überdies furthermore
der Überfall, ⸚e surprise attack,
surprise
über-fallen (fiel, ist gefallen, fällt)
fall over
**übergeben (übergab, übergeben,
übergibt)** transmit
*überhaupt at all, altogether,
really; in general
(sich) überlegen consider, reflect,
think out, ponder
überlegen superior
die Überlegung, —en reflection,
calculation, consideration
übermächtig overwhelming
übermütig arrogant, rash
**überraschen surprise
**die Überraschung, —en surprise
überreden convince, talk
(someone) into something
**übersetzen translate
**die Übersetzung, —en translation
übersiedeln move
**übersteigen (überstieg,
überstiegen)** exceed
**übertragen (übertrug, übertragen,
überträgt)** entrust
**übertreiben (übertrieb,
übertrieben)** exaggerated
die Übertreibung, —en
exaggeration

**(sich) überwinden (überwand,
überwunden)** bring oneself to
**überzeugen convince
**übrig remaining, left over
übrig-bleiben (blieb, ist geblieben)
remain, be left to do
**übrigens moreover, by the way,
incidentally; besides; in other
respects
**die Übung, —en practice, exercise
der Übungshang practice ski
slopes
das Ufer, — shore
*die Uhr, —en clock, watch;
o'clock
*um around, about; for, etc.;
in order (to)
umarmen embrace
um-bringen (brachte, gebracht)
kill
(sich) um-drehen turn around
um-fallen (fiel, gefallen, fällt) fall
down, collapse
der Umfang, ⸚e bulk, scope
**umfangen (umfing, umfangen,
umfängt)** surround, embrace,
clutch
umfangreich comprehensive,
extensive
****umgeben (umgab, umgeben,
umgibt)** surround
**die Umgebung, —en surroundings,
vicinity
um-gehen (ging, ist gegangen)
be about, be in the vicinity;
skirt around, get out of; deal
with, live with
umher-irren (ist) wander around
um-kommen (kam, ist gekommen)
die, perish
der Umschlag, ⸚e envelope
**umschließen (umschloß,
umschlossen)** envelope,
encompass

der Umstand, ∷e circumstance
um-stimmen to change a person's
mind
um-treten (trat, getreten, tritt)
(ist, hat) kick over, step on
umwickelt wrapped
unausdenkbar unpredictable
unausstehlich insufferable
unbedenklich without hesitation
unbegreiflich incomprehensible
unbeherrscht out of control
die Unbeherrschtheit, –en lack of
self-control
unbekümmert blithe
unbequem uncomfortable,
disagreeable
unberührt unfazed
unbesiegbar invincible
unbewußt unconscious
*__und__ and
uneingedenk unmindful
unentgeltlich free of charge
die Unentschiedenheit, –en
indecision
unerhört unheard of
unersättlich insatiable
unerschöpflich inexhaustible
unerschütterlich unwavering
ungebührlich unseemly
**ungefähr approximate
ungeheuer monstrous, vast,
colossal
die Ungeheurlichkeit, –en
monstrosity
ungemein uncommon
ungern reluctantly, unwillingly
das Ungestüm violence,
impetuosity, fierceness
das Ungetüm, –e monster
das Unglück misfortune, disaster
unlauter questionable,
disreputable
unschuldig innocent
die Untat, –en misdeed

*__unten__ below, downstairs
*__unter__ under; among
unterbrechen (unterbrach,
unterbrochen, unterbricht)
interrupt
unter-bringen (brachte, gebracht)
keep, store
der Untergang, ∷e downfall
**(sich) unterhalten (unterhielt,
unterhalten, unterhält)
converse; entertain
**die Unterhaltung, –en
conversation
unterlassen (unterließ, unterlassen,
unterläßt) neglect, fail to do
unterlegen subject to
unternehmen (unternahm,
unternommen, unternimmt)
undertake
das Unternehmen, – undertaking,
project
**der Unterricht instruction
**unterrichten instruct
**unterscheiden (unterschied,
unterschieden) differentiate
**(sich) unterscheiden be different
**der Unterschied, –e difference
unterschlagen (unterschlug,
unterschlagen, unterschlägt)
leave out
die Unterschrift, –en signature
unterst lowest (ranking)
(sich) unterstehen (unterstand,
unterstanden) presume, be so
bold
**untersuchen investigate
**die Untersuchung, –en
investigation
(sich) unterziehen (unterzog,
unterzogen) submit to
untröstlich inconsolable
ununterbrochen uninterrupted
unverändert unchanged
unverlöschlich inextinguishable

unvernünftigerweise foolish,
without thinking
unzuverlässig untrustworthy
üppig exuberant
uralt ancient
**die Ursache, —n cause
**der Ursprung, ⸚e origin
**das Urteil, —e judgment;
sentence
**urteilen judge, pass sentence

die Vakanz vacation, recess
*der Vater, ⸚e father
(sich) verabreden make an
appointment
(sich) verabschieden say good-
bye, take one's leave
verachten scorn, despise
verächtlich despicable
(sich) verändern change
die Veranstaltung, —en
arrangement, performance
der Verband, ⸚e bandage
****verbergen (verbarg, verborgen,
verbirgt)** hide, conceal
die Verbesserung, —en correction,
improvement
**verbieten (verbot, verboten)
forbid
**verbinden (verband, verbunden)
connect
**die Verbindung, —en
connection, combination,
association
verbittert embittered
verboten forbidden
das Verbrechen, — crime, misdeed
der Verbrecher, — criminal, felon
der Verdacht suspicion, distrust
verdächtig suspicious
verdammen curse, damn
**verderben (verdarb, verdorben,
verdirbt)** ruin, spoil
*verdienen deserve; earn

verdorben ruined, worn out
der Verdruß trouble, annoyance
verdutzt bewildered, nonplussed
verehren honor, revere
verehrlich venerable
**der Verein, —e association, club
vereinsamt solitary, lonely
verewigt late, immortal
**verfahren (verfuhr, verfahren,
verfährt)** act, proceed
**verfangen (verfing, verfangen,
verfängt)** avail
verfluchen curse
verfolgen follow, pursue
verführen seduce
**die Vergangenheit, —en past
**vergeben (vergab, vergeben,
vergibt)** forgive
**vergebens in vain
vergehen (verging, ist vergangen)
vanish, fade; pass (of time),
slide by
*vergessen (vergaß, vergessen)
forget
vergeuden squander
vergießen (vergoß, vergossen)
shed, spill
vergittert grilled, barred
**der Vergleich, —e comparison
**vergleichen (verglich, verglichen)
compare
**das Vergnügen, — pleasure
**das Verhältnis, —se relationship
verhehlen (*part.* **verhehlt** or
verhohlen) conceal
das Verhör, —e inquiry,
interrogation
(sich) verirren (ist) become lost
*verkaufen sell
verkleiden disguise
die Verkleidung, —en disguise
verknüpfen tie, bind
verkorken bungle, botch
verkrüppelt crippled

(sich) verkühlen get a chill
***verlangen** demand, ask; long for
***verlassen (verließ, verlassen, verläßt)** leave, desert
(sich) verlassen auf depend on
der Verlauf, ∸e course, program; lapse
verlegen embarrassed
die Verlegenheit, —en embarrassment, quandry
verleihen (verlieh, verliehen) lend
die Verletzung, —en infringement, injury
***verlieren (verlor, verloren)** lose
verlocken tempt
verloren (*p. part.*** of verlieren)** lost, forlorn, forsaken
verlöschen extinguish
der Verlust, —e loss
(sich) vermehren increase, reproduce, multiply
vermeiden (vermied, vermieden) avoid
vermessen presumptuous
vermögen (vermochte, vermocht, vermag) be able
das Vermögen fortune, estate
vernehmen (vernahm, vernommen, vernimmt) interrogate, hear
die Vernunft sense, reason
vernünftig sensible
verpflichten oblige, bind to
****verraten (verriet, verraten, verrät)** tell on, betray
verräuchert smoke-filled
verreisen (ist) go away
verrohen become savage
verrückt crazy
(sich) versagen deny (oneself)
versäumen neglect, miss
****verschieden** different
verschimmelt mouldy
der Verschleiß margin of error
verschleudern squander

verschließen (verschloß, verschlossen) close
verschlucken swallow
(sich) verschlucken choke, gag
verschuften tattle
verschweigen (verschwieg, verschwiegen) conceal
verschwenderisch prodigal
****verschwinden (verschwand, ist verschwunden)** disappear
versetzen transfer
versichern assure
versinken (versank, versunken) sink, founder
(sich) versöhnen (become) reconcile(d)
***versprechen (versprach, versprochen, verspricht)** promise
verständlich understandable
verstärken raise (a bid)
verstaubt dusty
***verstehen (verstand, verstanden)** understand
(sich) verstellen dissemble, feign
verstieben (verstob, ist verstoben) scatter
verströmen pour forth
verstummen (ist) fall silent
***der Versuch, —e** attempt, experiment
***versuchen** try
versuchsweise tentatively, by way of experiment
die Versuchung, —en temptation
vertauschen exchange
die Verteidigung, —en defense
verteufelt devilish
der Vertrag, ∸e contract
vertragen (vertrug, vertragen, verträgt) stand, bear
(sich) vertragen be compatable, be reconciled with
****vertrauen** trust

vertraulich confidential
vertraut familiar, acquainted
die Vertretung, —en business
  agency or franchise
verüben perpetrate
verunglimpfen besmirch
verwachsen misshapen
**verwandeln transform
**die Verwandlung, —en
  transformation
verwandelt changed
**verwandt related
**der Verwandte (*as adj.*) relative
verwehen (ist, hat) blow away
verweigern refuse
verweilen linger
verwenden (verwendete,
  verwendet) use, employ
verwerfen (verwarf, verworfen,
  verwirft) reject
verwirren confuse
verwirrt confused
die Verwirrung, —en confusion
verwunden wound
verwundert astonished
(sich) verzählen miscount, lose
  count
verzehren consume
verzeihen (verzieh, verziehen)
  excuse, pardon, forgive
verzichten renounce
verzweifelt desperate
die Verzweiflung, —en despair
**der Vetter, —n cousin
**das Vieh cattle, beast
*viel much; *pl.* many
*vielleicht perhaps
vielmehr rather
*der Vogel, ∺ bird
*das Volk, ∺er people
die Volksschule, —n primary
  school

*voll full (of)
vollbringen (vollbrachte,
  vollbracht) carry off, achieve to
**vollenden complete, perfect
**die Vollendung, —en completeness,
  perfection
vollführen carry out, describe
**vollkommen perfect, completely
**vollständig complete
*von of; from; by, etc.
das Voranbieten advanced
  preparation
**voraus ahead, in advance
voraus-sehen (sah, gesehen, sieht)
  foresee
vorbei over, past
der Vorbeigang, ∺e passage, lapse
(sich) vor-bereiten prepare in
  advance, get ready
voreilig hasty, premature
vor-fallen (fiel, ist gefallen, fällt)
  happen, take place
der Vorgang, ∺e procedure
der Vorgesetzte (*as adj.*) person in
  authority
**vorhanden on hand, present
der Vorhang, ∺e curtain
**vorher before(hand), in advance
vorig— previous, former
**vor-kommen (kam, ist gekommen)
  occur; appear
das Vorkommnis, —se occurrence
vorläufig for the present
vor-liegen (lag, gelegen) exist;
  obtain
vornehm refined, genteel
(sich) vor-nehmen (nahm,
  genommen, nimmt) make up
  one's mind
der Vorsatz, ∺e resolution
**der Vorschlag, ∺e proposal
**vor-schlagen (schlug, geschlagen,
  schlägt) propose

der Vorschuß, ⸚(ss)e advance
(of money)
**die Vorsicht caution
**vorsichtig careful, cautious
die Vorstadt, ⸚e suburb
vor-stehen (stand, gestanden)
direct, manage, be in charge of
(sich) vor-stellen imagine, feature,
fancy
die Vorstellung, —en performance;
idea, conception, notion
**der Vorteil, —e advantage, profit
der Vorwand, ⸚e pretext
vor-wölben swell, puff up
der Vorwurf, ⸚e recrimination,
accusation, reproach
vorwurfsvoll reproachful
**vor-ziehen (zog, gezogen) prefer
vorzüglich very well, excellent,
wonderful

**wach awake
**wachen be awake, wake
*wachsen (wuchs, ist gewachsen,
wächst) grow
**die Waffe, —n weapon
die Waffenehre, —n honor of
bearing weapons
waffenfreudig martial, eager for
battle
*der Wagen car; wagon
**wagen dare
**die Wahl, —en choice, election
**wählen choose, elect
*wahr true
*während while; during
die Wahrheit truth
**wahrscheinlich probably, likely,
evident
das Waisenkind, —er orphan
*der Wald, ⸚er forest
walten rule, prevail
*die Wand, ⸚e wall

das Wanderleben nomadic life
*warten wait
**—wärts —ward (e.g., rück—,
seit—, vor—)
*warum why
*was what; which, that;
whatever; short form of etwas
*was für ein what sort of
*das Wasser water
die Watte, —n cotton wool
weben weave
**der Wechsel, — change
**wechseln (ist, hat) change
wedeln wag
**weder...noch neither...nor
**weg away; gone
*der Weg, —e way, road
*wegen because of; about, etc.
weg-huschen slip away
weg-rücken move away
**das Weh misery, pain
**weh alas
wehen blow, waft
(sich) wehren fight against
**weh-tun (tat, getan) hurt
das Weib, —er woman, wife
weiblich female
**weich soft, weak
die Weiche, —n siding
**weichen (wich, ist gewichen) yield
die Weide, —n meadow
**das Weihnachten Christmas
*weil because
*die Weile while
*weinen cry
*die Weise, —n manner, way
**weisen (wies, gewiesen) point,
show
die Weisheit, —en wisdom
*weiß white
*weit far, wide
weiter further, "keep on,"
"continue to"

*welch   which, what, who, that
*die Welt, —en   world
  die Weltabgeschiedenheit, —en
    isolation from everything
  die Weltanschauung, —en   way of
    looking at things
  die Weltausstellung, —en   world
    exposition
*wenden (wandte, gewandt)   turn
*wenig   little;   (pl.) few
  wenigstens   at least
*wenn   if, when, whenever
  wenngleich   although
*wer   who;   whoever
*werden (wurde, ist geworden, wird)
    become;   shall, will;   be (in
    passives)
*werfen (warf, geworfen, wirft)
    throw
*das Werk, —e   work
**der Wert, —e   value, worth
  wertvoll   valuable
**das Wesen, —   being, creature;
    nature;   system
  die Weste, —n   waistcoat, vest
  die Wette, —n   bet, wager
*das Wetter   weather
*wichtig   important
  wickeln   wrap
**wider   against
  widerlegen   refute
  widerlich   repugnant, loathsome
  widersprechen (widersprach,
    widersprochen, widerspricht)
    contradict
  der Widerstand, ⸚e   resistance
  widerstehen (widerstand,
    widerstanden)   resist
  widerstreben   resist
*wie   how;   as;   like;   as if
*wieder   again, in turn
  die Wiedergabe, —n   rendering
**wiederholen   repeat
**die Wiederholung, —en   repetition

**wiegen (wog, gewogen)   weigh;
    shake, move to and fro
**die Wiese, —n   meadow
  wildfremd   utterly strange,
    unknown
  winzig   tiny
  der Wirbel, —   whirl;   roll (of
    drum)
  das Wirbeltier, —e   vertebrate
**wirken   (have an) effect;   work
*wirklich   real, actual
*die Wirklichkeit, —en   reality,
    actuality
**der Wirt, —e   host, landlord,
    hotelkeeper
  die Wirtin, —nen   landlady
  das Wirtshaus, ⸚er   inn, tavern
  wischen   wipe
*wissen (wußte, gewußt, weiß)
    know
  das Wissen   knowledge
  die Wissenschaft, —en   science
  der Witwer   widower
  der Witz, —e   joke
*wo   where;   when
*die Woche, —n   week
  die Woge, —n   wave, billow
*woher   where . . . from
*wohin   where . . . to
*wohl   probably;   surely;   well,
    comfortable
  wohlanständig   decorously,
    properly
  wohlfeil   dirt cheap
  wohlhabend   wealthy
  das Wohlsein   (state of) well-being
  wohl-tun (tat, getan)   be good for
  wohlwollend   benign
*wohnen   live, dwell
*die Wohnung, —en   dwelling,
    apartment
**die Wolke, —n   cloud
*wollen (wollte, gewollt, will)   want
    to;   claim to;   be about to

wollen cotton, woolen
***das Wort, –e** *and* **–er** word
wozu why, for what purpose
****das Wunder, –** miracle, wonder
****(sich) wundern** be surprised, wonder
***der Wunsch, –e** wish
***wünschen** wish
****die Würde, –n** dignity
****würdig** dignified; worthy
würdigen praise
die Wurst, –e sausage
****die Wurzel, –n** root
der Wüstling, –e libertine, lecher
wütend furious

zaghaft timorous, timid
****die Zahl, –en** number
****zahlen** pay
****zählen** count
****der Zahn, –e** tooth
****zart** tender, delicate
****der Zauber, –** magic, enchantment
der Zauberkram hocus-pocus
****das Zeichen, –** sign
****zeichnen** draw
****die Zeichnung, –en** drawing
der Zeigefinger, – index finger
der Zeigefingernagel, – nail of index finger
***zeigen** show, point
****die Zeile, –n** line
***die Zeit, –en** time
die Zeitlang time, period, while
****die Zeitung, –en** newspaper
die Zelle, –n booth
zerbrechen (zerbrach, zerbrochen, zerbricht) break to pieces; collapse
zerfallen (zerfiel, zerfallen, zerfällt) disintegrate
zerfetzen rip to pieces, tear to bits
zerknittert wrinkled
zermahlen grind, mill

zerplatzen explode
zerreißen (zerriß, zerrissen) tear to pieces
zerrinnen vanish away
zerschmelzen (zerschmolz, ist zerschmolzen, zerschmilzt) melt
****zerstören** destroy, devastate
****die Zerstörung, –en** destruction
zerstreut absentminded
der Zettel, – note, slip of paper; label
das Zeug, –e stuff; apparatus, vehicle
der Zeuge, –n, –n witness
das Zeugnis, –se report card
die Ziege, –n goat
***ziehen (zog, hat gezogen)** pull; (*with* **ist**) go, move
****das Ziel, –e** goal, destination
****ziemlich** rather, fairly
die Zierart, –en flourish
die Ziffern, –n figure, number
***das Zimmer, –** room
zitieren cite, summon
zittern tremble, quake
der Zivilist, –en civilian
zögern hesitate
zögernd with pause, hesitant
der Zoll, –e, –e inch; customs
****der Zorn** anger
****zornig** angrily
zornzitternd trembling with rage
***zu** to; at; too
züchtigen pnish, discipline
zucken shrug
***der Zucker** sugar
zu-decken cover
****zuerst** at first
****der Zufall, –e** chance, coincidence
****zufällig** accidental, by chance
****zufrieden** content, satisfied
****die Zufriedenheit** satisfaction

*der Zug, ⸚e train; feature; move

zugänglich accessible

zugehörig belonging (to)

**zugleich at the same time

**zu-hören listen (to)

der Zuhörer, — listener; *pl.*, audience

zu-jubeln cheer at

zu-klappen snap shut

zu-knöpfen button

zu-kommen (kam, ist gekommen) befit; be allotted to

**die Zukunft future

zu-lassen (ließ, ist gelassen, läßt) permit, let happen

*zuletzt at last, finally

**zu-machen close

**zunächst first (of all), next

zurückgezogen secluded, retired

(sich) zurück-halten (hielt, gehalten, hält) restrain oneself

zurückhaltened reserved

zurück-kehren (ist) return

zurück-schrecken (schrak, ist geschreckt, schrickt) shrink from

zurück-weichen (wiech, gewichen) shrink back, recoil

(sich) zurück-ziehen (zog, gezogen) retire; retreat, withdraw

*zusammen together

zusammengesackt sagging, buckling

(sich) zusammen-nehmen (nahm, genommen, nimmt) pull (oneself) together

zu-schneien cover with snow

zusehends visible, noticeable

**der Zustand, ⸚e condition

die Zustimmung, —en assent

zuungunsten to the disadvantage

die Zuverlässigkeit, —en dependability

**zuweilen occasionally, sometimes, at times

zuwider contrary to; offensive

zu-winken beckon to

*zwar to be sure; specifically

*der Zweck, —e purpose

zweideutig ambiguous

**der Zweifel, — doubt

zweifelhaft dubious

zweifeln doubt

**der Zweig, —e branch

der Zweikampf, ⸚e duel

der Zwerg, —e dwarf

der Zwicker, — pince-nez

der Zwilling, —e twin

**zwingen (zwang, gezwungen) compel

zwinkern wink, blink

zwirbeln twirl

der Zwirnsfaden, ⸚ piece of thread or cotton

*zwischen between, among

zwitschern chirp, twitter

der Zylinder, — top hat